PROCESSOS GRUPAIS E INTERVENÇÕES PSICOSSOCIAIS

Dados Internacionais de Catalogação na Publicação (CIP)
Angélica Ilacqua CRB-8/7057

Processos grupais e intervenções psicossociais : ações e reflexões / organização de Bruna Suruagy do Amaral Dantas, Andréia De Conto Garbin, Maria Aparecida Fernandes Martin. - São Paulo : Editora Ágora, 2025.
296 p.

ISBN 978-85-7183-354-8

1. Psicologia social 2. Grupos sociais 3. Intervenção psicossocial 4. Processos grupais I. Dantas, Bruna Suruagy do Amaral II. Garbin, Andréia de Conto III. Martin, Maria Aparecida Fernandes

25-2627 CDD 150.195

Índices para catálogo sistemático:

1. Psicologia social - Grupos sociais

www.editoraagora.com.br

PROCESSOS GRUPAIS E INTERVENÇÕES PSICOSSOCIAIS

Ações e reflexões

Bruna Suruagy do Amaral Dantas

Andréia De Conto Garbin

Maria Aparecida Fernandes Martin

[orgs.]

EDITORA
ÁGORA

PROCESSOS GRUPAIS E INTERVENÇÕES PSICOSSOCIAIS
Ações e reflexões

Editora executiva: **Soraia Bini Cury**
Preparação: **Michelle Campos**
Revisão: **Marcelo Madeira**
Capa: **Alberto Mateus**
Projeto gráfico: **Crayon Editorial**
Diagramação: **Natalia Aranda**

Editora Ágora
Departamento editorial
Rua Itapicuru, 613 – 7º andar
05006-000 – São Paulo – SP
Fone: (11) 3872-3322
http://www.editoraagora.com.br
e-mail: agora@editoraagora.com.br

Atendimento ao consumidor
Summus Editorial
Fone: (11) 3865-9890

Vendas por atacado
Fone: (11) 3873-8638
e-mail: vendas@summus.com.br

Impresso no Brasil

SUMÁRIO

PREFÁCIO

Com alegria, abrimos este livro afirmando a potência dessa realização coletiva que proporciona colocar no centro da reflexão as práticas e os processos grupais na psicologia social. Essa disciplina, em sua tradição no Brasil, nos trouxe a importante tarefa de estabelecer as práticas com grupos como processo de emancipação e transformação social.

Após décadas de amadurecimento e produção de conhecimento nessa área, temos vivenciado no país o estabelecimento da agenda neoliberal que avança sobre o comum, privatizando todas as esferas da vida, trazendo novos desafios na árdua tarefa de resistência. Os mecanismos de dominação se refinaram, produzindo discursos sedutores acerca da ideia de enriquecimento através do mérito individual. A ordem do dia é "ser o empresário de si mesmo", "criar as suas próprias oportunidades" e trazer a ideia de que "só depende de você". Esses discursos imperativos e falaciosos que se apresentam como empoderadores invisibilizam as formas de desigualdade e de exclusão social, culpabilizando o indivíduo e formalizando a experiência do fracasso como estigma e símbolo do sofrimento ético-político[1] de nossa contemporaneidade. Esse fenômeno é gerado por práticas políticas, econômicas e sociais que variam de acordo com campos de forças no processo de exclusão social, levando em conta a interseccionalidade de opressões.

A desregulamentação e precarização alçadas pelas novas modalidades de trabalho e agenciadas pela doutrina do individualismo operam um aumento da individualização do sofrimento que aparta o sujeito de sua coletividade e da consciência de sua produção social.

A essa contingência se atravessa o advento das novas plataformas virtuais que isolam os sujeitos atrás das telas de computadores e celulares, monopolizadas pelas *big techs*, que, através de seus algoritmos, capturam o desejo com o bombardeamento

1 Sawaia, B. B. "O sofrimento ético-político como categoria de análise da dialética exclusão/inclusão". In: Sawaia, Bader B. (org.) *As artimanhas da exclusão: análise psicossocial e ética da desigualdade social.* Petrópolis: Vozes, 1999.

de discursos de "motivação", "competência", "otimização" e "alta performance", bem como fazem circular os afetos essenciais para o aumento da autoexploração e da custosa eficiência.[2]

Somado a essa conjuntura, o esgotamento ambiental produzido pelo capitalismo em sua forma neoliberal nos impôs a pandemia da covid-19, escancarando a necropolítica agenciada pelo estado que organiza a morte localizando-a nos corpos daqueles mais dominados — em nosso contexto, corpos pretos e periféricos. Essa circunstância estabeleceu restrições para estar em grupos, constituindo uma intensificação das formas de sofrimento psíquico.

Diante dessa realidade, tornam-se urgentes as reflexões e proposições na psicologia social acerca das intervenções em processos grupais para a produção do comum, compreendendo o comum como "o autogoverno dos seres humanos, das instituições e das regras criadas para ordenar suas relações mútuas. Está, portanto, enraizado na tradição política da democracia"[3].

Entendemos, assim, o processo grupal como condição para criar formas de enfrentamento ao sofrimento ético-político[4], tendo como direcionamento da intervenção do(a) coordenador(a) a produção do comum, ou seja, a realização de intervenções que favoreçam a "variação dos corpos para entrarem em relações de composição com outros corpos produzindo recursos materiais e imateriais (saúde, educação, conhecimento. etc.) que aumentem sua potência de agir nas forças que lhe atravessam e evitem as relações que possam decompor e destruir essa potência"[5].

Nesse contexto, é necessário vislumbrar que a dinâmica grupal é entremeada pelos atravessamentos institucionais e sócio-históricos nos quais ela se insere, e que, portanto, os elementos contextuais aqui destacados participam das contradições a serem vividas no processo de emancipação e necessitam ser pontos de atenção na coordenação de grupos, colocando como centro da afirmação o critério de não apenas estar em grupo para o processo de superação das formas de dominação, mas também "como" estar em grupo, ou seja, valorizar um estar que se estabeleça com bases éticas e a construção coletiva com escuta empática e disponibilidade de lidar com o diferente de maneira respeitosa e horizontal, desbloqueando a potência de afetar e ser afetado nos

2 Han, B. C. *Psicopolítica: o neoliberalismo e as novas técnicas de poder*. Belo Horizonte: Ayiné, 2018.

3 Laval, C.; Dardot, P. *Comum: ensaio sobre a revolução no século XXI*. 1. ed. São Paulo: Boitempo, 2017, p. 519.

4 Pereira, E.; Sawaia, B. B. *Práticas grupais: espaço de diálogo e potência*. 1. ed. São Carlos, SP: Pedro e João editores, 2020.

5 Garcia, D. F. *Cartografia teatral e teatro do oprimido: novos agenciamentos na análise da opressão*. Dissertação (Mestrado em Psicologia Escolar e do Desenvolvimento Humano) — Instituto de Psicologia, Universidade de São Paulo, São Paulo, 2023. doi:10.11606/D.47.2023.de-07122023-170915. Disponível em: https://www.teses.usp.br/teses/disponiveis/47/47131/tde-07122023-170915/pt-br.php. Acesso em: 13 abr. 2025.

encontros, ampliando a potência de sentir, pensar e agir em direção à transformação de realidades opressivas.

A diversidade de intervenções — muitas se utilizando de atividades criativas, rodas de conversa, fotolinguagem©, música, dramatização, entre outras — traz à tona o "afeto" como conceito político nos processos grupais. Vale ressaltar que o afeto aqui não se trata do senso comum relacionado a carinho e/ou amorosidade, mas da perspectiva espinosana ligada à materialidade, relacionada às afecções que determinam e alteram o estado de um corpo no qual sua potência de agir é aumentada, diminuída, estimulada ou refreada. O afeto, neste sentido, é da ordem dos encontros com outros corpos e ideias, definido simultaneamente no corpo e na mente. Assim, é preciso conhecer o que afeta o corpo para entender o que afeta a mente e vice-versa.[6]

Essa colocação é importante para que se compreenda a importância de o corpo estar envolvido no processo de transformação dos sujeitos e da sociedade, sendo essa uma das ideias centrais da importância da arte, que aparece entre tantas narrativas dos textos aqui apresentados como dispositivo de atuação na psicologia social.

Este livro oferece, além de um arcabouço teórico, uma coletânea de diferentes experiências que inspiram aqueles que buscam atuar com grupos. A multiplicidade de abordagens teóricas e métodos de intervenção aqui relatados tem como horizonte ético-político comum a conscientização como um processo que articula elementos da racionalidade e afetividade para a composição de modos de enfrentamento das formas de dominação e do sofrimento.

Esperamos, assim, que as escritas aqui apresentadas inspirem e fomentem novas formas de estar e intervir em grupo que estejam a serviço da emancipação.

Boa leitura!

Daniela Fontes Garcia
Kelly Cristina Fernandes

6 Fernandes, K. C. (2019). *Teatro social dos afetos*. Tese (doutorado em Psicologia Social) — Pontifícia Universidade Católica de São Paulo. Repositório PUC-SP, 2019. Disponível em: https://tede2.pucsp.br/handle/handle/22108. Acesso em: 13 abr. 2025.

APRESENTAÇÃO

Este livro reúne relatos e análises de práticas grupais realizadas por estagiários do sétimo semestre do curso de psicologia da Universidade Presbiteriana Mackenzie. O Estágio Específico de Práticas Psicossociais de Grupos, implementado no início de 2018, é uma disciplina semestral obrigatória cuja implementação exigiu do corpo docente articulação, comprometimento, diálogo e disposição para preparar e organizar a estrutura do estágio, que se mostrava complexa dada a quantidade de estagiários, instituições e supervisores envolvidos. No semestre que antecedeu a inauguração da disciplina, os professores participaram sistematicamente de reuniões periódicas nas quais discutiram a organização dos estágios, o estabelecimento de parcerias com diversas instituições e a elaboração de projetos de intervenção.

Para favorecer as parcerias interinstitucionais, os docentes dedicaram-se inicialmente à construção de propostas de práticas grupais destinadas a distintos públicos, em diferentes espaços de cuidado, assistência e socialização. No total, foram confeccionados trinta projetos, dentre os quais se destacam a desconstrução do racismo por meio da memória histórica, reflexão sobre as formas de violência e a naturalização do *bullying*, participação política dos jovens, promoção do letramento como prática social de leitura e escrita, intersecção entre pobreza, vulnerabilidade social e saúde mental, fenômeno de rualização nos espaços urbanos, iniciação ao mundo do trabalho, sexualidade na adolescência, os sentidos do envelhecer e as vivências da maturidade, a escuta do sofrimento em círculos de conversação, um olhar para as angústias históricas e experiências contemporâneas das mulheres e as dificuldades de migrantes e refugiados nos novos contextos culturais.

Os projetos elaborados foram apresentados às instituições nas primeiras conversas sobre o estágio específico de práticas grupais a fim de sinalizar possíveis modificações e adaptações conforme as especificidades de cada realidade. As propostas interventivas serviram de balizadores para as experiências grupais, não funcionando como um roteiro rígido de atuação. Desde a implantação dessa disciplina no curso, foram formalizados convênios com cinquenta equipamentos sociais e saúde, públicos e privados. A fim de ilustrar a diversidade do campo de estágio, cabe discriminar os tipos de instituições conveniadas à universidade: Centro para Crianças e Adolescentes (CCA), Centro de Atenção Psicossocial (Caps), Casa de Acolhida Especial para Famílias (Caef), Casa de Acolhida Especial para Idosos (Caei), casa de acolhida para adultos em condição de extrema vulnerabilidade social, casa de convivência à população em situação de rua, Centro Temporário de Atendimento (CTA), Serviço Integrado de Acolhida Terapêutica (Siat), Centro de Desenvolvimento Social e Produtivo (Cedesp), Serviço de Acolhimento Institucional para Crianças e Adolescentes (Saica), Centro de Defesa dos Direitos da Criança e do Adolescente (Cedeca), Instituição de Longa Permanência para Idosos (Ilpi), escola estadual e municipal, centro de educação infantil e instituição de acolhimento para migrantes, refugiados e apátridas.

Além das parcerias com equipamentos públicos e organizações não governamentais, o estágio também pode ser desenvolvido no serviço-escola de psicologia, que oferece à comunidade local atividades grupais para distintos públicos e faixas etárias, como os grupos de mulheres, de adolescentes, de idosos, de estudantes universitários e de jovens negros. Os grupos são espaços democráticos de trocas simbólicas e afetivas, nos quais temáticas diversificadas são abordadas e discutidas, visando ampliar o diálogo, criar e fortalecer vínculos, desenvolver consciências e expandir horizontes. As práticas grupais, realizadas semanalmente, são supervisionadas com a mesma periodicidade. A despeito da existência de projetos de intervenção previamente elaborados, cada atividade é (re)construída a partir das vivências específicas entre os participantes, que ocorrem em cada encontro e em cada instituição.

As práticas psicossociais com grupos visam ampliar o olhar para a importância do desenvolvimento humano, considerando em sua composição o Eu, o Tu e o Nós, o individual e o coletivo, o solitário e o solidário, compreendendo que o indivíduo é constituído pelo contexto social que vivencia, ao mesmo tempo que o constitui. Entendemos que grupos não são simplesmente um aglomerado de indivíduos, mas pessoas com diferentes propostas de relação que se unem, coconstruindo objetivos comuns e desempenhando papéis que se integram e se complementam.

Assim, dispositivos grupais não estão a serviço da otimização de práticas interventivas por altas demandas dos serviços de assistência, educação, socialização e saúde, mas suas características potencializam ações compostas pela intersubjetividade de seus integrantes, que deixam sinais, marcas, partículas dessas vivências que também afetam o Eu, além de comporem novas histórias, manifestando-se assim de maneira, inter, intra e transubjetiva.

As diferentes modalidades grupais praticadas e discutidas nas intervenções destacadas neste livro visam atender as demandas dos grupos e ser suficientemente flexíveis para propiciar o trabalho com temáticas diversas e com a participação de públicos heterogêneos, como as ações com grupos precisam ser, contemplando a diversidade existente em nossa cultura e sociedade, em suas necessidades e atentando aos diversos sofrimentos e constituições desses.

Dessa forma, as intervenções ora privilegiam grupos abertos e fechados, ora contemplam processos grupais com vários encontros sequenciais, ora se desenvolvem a partir de atos interventivos, proporcionando escutas, coconstruções e cocriações dos diversos contextos sociais à nossa volta.

Esse processo diverso também se deu na construção deste livro. São várias vozes, saberes e fazeres expressos, compostos pelas trocas e aprendizados constantes de nossos encontros com grupos, e que certamente não são finalizados com sua publicação. Assim, convidamos o leitor a somar nessa atenção e construção cotidiana e coletiva que se faz necessária para a prática da psicologia como ciência e profissão.

As experiências grupais reverberam na formação de nossos alunos promovendo deslocamentos analíticos na perspectiva de superar as dicotomias entre o individual e o grupal, a subjetividade e a objetividade. O exercício de reconhecer a realidade institucional e dos grupos e dialogar com os pressupostos teóricos que sustentam os projetos/intervenções promove encantamentos e angústias. O relato das alunas, nas supervisões, revela a magnitude, a potência e o comprometimento com a prática e desvela preocupações e compromissos éticos. Nesse contexto, reconhecemos um processo que tende a uma interpretação individualizante e reducionista dos fenômenos institucionais e grupais, por vezes patologizantes e culpabilizantes, sustentada em diagnósticos e estigmas. Essa percepção motivou esse projeto de registrar as experiências formativas na graduação em psicologia. É possível que ressoe familiar a muitos docentes, mas nos move o desejo de problematizar como a dimensão "social" pode revelar reducionismos conceituais.

Os estágios, em sua maioria, ocorrem em instituições vinculadas ao Sistema Único de Assistência Social. Neste contexto, a categoria vulnerabilidade social, presente nas políticas sociais, rapidamente passa a explicar as situações vivenciadas pelas pessoas por suas carências e fragilidades: *sem teto, sem pai, sem dinheiro, sem família, sem comportamento.* São recolhidos registros nos diários de campos nos quais as condições sociais são reconhecidas da perspectiva do indivíduo ou grupo vulnerável e, consequentemente, recai sobre cada um a responsabilização pelas desigualdades que vivem; portanto, a categoria explicativa mantém o viés individualista e a naturalização da desigualdade social. Assim, o estágio em práticas grupais ancora-se na problematização do universalismo aplicado ao sujeito, ao humano e às condições sociais e recupera a dimensão histórica dos fenômenos marcados por formas de opressão no país. O sistema de dominação e opressão marca a dimensão estrutural de classe, raça e gênero a ser reconhecida nas intervenções em práticas grupais.

A experiência dessa modalidade de estágio tem mostrado uma ampliação teórica-conceitual e a ressignificação da dimensão social e grupal. Também possibilita a imersão nos universos das políticas públicas sociais e nas redes solidárias e comunitárias existentes. Espera-se que a experiência favoreça o exercício da criticidade por parte dos estagiários e os projetos reverberem na construção de práticas menos autoritárias nas instituições. A transformação social, compreendida como processo histórico, constitui o eixo transversal das experiências aqui relatadas.

Boa leitura!

Parte I

PERSPECTIVAS TEÓRICAS E POSSIBILIDADES METODOLÓGICAS DOS PROCESSOS GRUPAIS

1 PRÁTICAS GRUPAIS E AS POLÍTICAS DO COMUM: DESAFIOS (IN)SUPERÁVEIS?

ELIANE REGINA PEREIRA

ALLAN HENRIQUE GOMES

No livro *Práticas grupais: espaço de diálogo e potência*, Pereira e Sawaia (2020) assumem a importância da temática grupos para a psicologia social, mas esclarecem que optam pela expressão prática grupal por entenderem que falam das ações coletivas planejadas e executadas nos espaços das políticas públicas. Falam, portanto, de relações de cuidado, circunscritas em um tempo e um espaço cuja intencionalidade não se restringe à reunião de pessoas, mas tem como objetivo a potencialização da vida.

Pereira e Maheirie (2022) iniciam o capítulo "Práticas grupais: a dialética na formação do comum" assumindo também que o estudo dos grupos é fundamental para a psicologia social. Na sequência, buscam compreender as práticas grupais a partir do conceito de zona de desenvolvimento proximal de Vigotski e da compreensão de Sartre de que a prática grupal se faz práxis coletiva enquanto é *locus* de emancipação.

No artigo "Grupos dialógicos: inspirando fazeres grupais a partir de conceitos bakhtinianos", Turci, Pereira e Rasera (2023) defendem o espaço do grupo como dialógico, entendendo que as falas precisam ser horizontalizadas, ou seja, todos precisam de espaço de fala e escuta. Seria, portanto, um espaço de acolhimento das falas, não necessariamente de concordância, mas de acolhimento. Ao mesmo tempo, é preciso entender que a fala é em si polifônica, ou seja, cada um dos sujeitos carrega em suas palavras a sua história, tramada no contexto histórico e social que lhe é constitutivo. O "grupo dialógico não se constitui como lugar em que os sujeitos se expressam, apenas, pois esse lugar seria o lugar da simples reprodução de outros dizeres, mas sim o lugar da ativa coautoria de discursos, da criação de enunciados" (Turci, Pereira e Rasera, 2023, p. 85), evidenciando, assim, o modo como práticas grupais éticas, devidamente planejadas e teoricamente orientadas, podem compor potencialmente as histórias dos usuários dos serviços psicossociais.

No capítulo que agora escrevemos, seguimos a mesma compreensão de grupo como espaço de cuidado e de potencialização da vida, que se dá no encontro, na práxis coletiva e na busca pelo comum. Mas como produzir espaços coletivos de encontro se vivemos momentos de rede social e isolamentos cada vez maiores? Talvez a resposta exija de nós uma compreensão anterior, portanto, antes de falar em prática grupal, precisamos falar em sofrimento ético-político.

> O sofrimento ético-político é gerado por práticas econômicas, políticas e sociais que variam de acordo com as variáveis dominantes (uma ou mais de uma) no processo de exclusão social: raça, gênero, idade e classe. A força do sofrimento pode ser tão intensa que chega ao limite da recusa da vida ou morte em vida. (Sawaia, 2003, p. 56)

Vivemos em uma sociedade que valoriza a individualidade, aquilo que denominamos "eu". Ao buscar dar valor ao indivíduo, essa sociedade passa a compreender o sofrimento como sofrimento do "eu". Passamos a olhar para esse sofrimento, por ser vivido pelo sujeito, por ser experienciado em seu corpo, como se tivesse uma causa exclusivamente nele. Não negamos aqui que a dor é experimentada no corpo singular, mas sua origem e seus efeitos têm relação com as condições de existência dos sujeitos.

Somos constituídos da história e da cultura que nos precede, assim como dos sentidos, signos, atos, pessoas e lugares com os quais vivemos. Deste modo se dá a constituição do sujeito: constituindo o lugar em que vive e sendo constituído por ele. Existe, no entanto, um pressuposto de cisão dos sujeitos entre si e deles com a realidade, inaugurada a partir do conteúdo ideológico trazido pela racionalidade linear da Idade Moderna de que os sujeitos são independentes do contexto no qual se inserem, são livres e "independentes uns dos outros, donos de seus próprios destinos" (Santi, 2009, p. 11). Figueiredo (1995) chama isso de "subjetividade privatizada", que, não muito depois de seu advento, mostrou-se em crise a partir da constatação de que não somos tão livres e independentes. A realidade, assim como o sujeito, também se encontra fragmentada, como consequência do imediatismo das criações e da vida contemporâneas e da necessidade de respostas cada vez mais rápidas a demandas do meio, concepções e comportamentos que "afastam o homem tanto de sua história pessoal, da história de seus grupos de referência, quanto da história da própria civilização humana" (Zanella, Lessa e Da Ros, 2002, p. 212).

"E precisamente porque estamos tão absortos em nós mesmos, é-nos extremamente difícil chegar a um princípio privado, dar qualquer explicação clara para nós mesmos ou para os outros daquilo que são as nossas personalidades" (Sennett, 1998, p. 16). Sennett discute como os sentidos da vida privada emergiram na modernidade, alterando substancialmente as relações sociais. Nossos principais valores agora são as emoções particulares, as habilidades pessoais, o retraimento da vida pública e o autoconhecimento de si.

Sawaia (1995) apresentou o conceito de sofrimento ético-político, conversando com uma série de autores e aprimorando desde a sua tese de doutorado o conceito comumente utilizado por nós, psicólogos, até então denominado sofrimento psicossocial.

Já é sabido que moradia, alimentação, saneamento básico, educação de qualidade, esportes e lazer são fundamentais para a saúde. A Comissão Nacional sobre os Determinantes Sociais de Saúde (CNDSS) destaca que estilo de vida ou fatores hereditários seriam apenas um dos aspectos a ser observados no adoecimento dos sujeitos, uma vez que questões como rede de apoio comunitário, condições de vida e trabalho e, ainda, condições socioeconômicas, culturais e ambientais têm peso maior. O que muitas vezes esquecemos é que a ausência desse mínimo de condições, produzida pela desigualdade social, gera um sofrimento que chamamos de psicossocial. A comunidade que não tem acesso a saneamento básico não está apenas sujeita à desidratação, à diarreia ou a outras doenças que possam ser medicalizadas, mas há ali um sofrimento, uma dor tão maléfica quanto as doenças diagnosticadas pela medicina. São fatores intervenientes do estado de bem-estar, que nós comumente não enxergamos quando focamos em um adoecimento específico do sujeito.

Comunidade é também uma palavra que sofre prejuízos no modo como tem sido representada. Fala-se dela para fazer referência aos territórios periféricos das grandes cidades, algo que mais parece uma tentativa discursiva de reducionismo da desigualdade social no espaço urbano. A ideia de comunidade nesses discursos é uma manobra reducionista da experiência comum de quem habita a cidade em condições que ameaçam a vida e a dignidade.

Sawaia (1995) aponta, então, que temos uma grande dificuldade de compreender onde está o social no sofrimento psicológico. Ao defender o termo sofrimento ético-político, a autora traz para o centro da discussão a indissociável relação entre emoção e desigualdade social. Ela diz que esse sofrimento não nega o sofrimento vivido pelo sujeito singular, mas indica que há nele algo a mais, algo que fala de um "sofrimento que é vivido como perda do futuro, desamparo, sem voz, sem valor, sem reconhecimento" (Sawaia, 2016, p. 25).

É impossível ler Sawaia sem nos lembrarmos dos Titãs, que em 1987 lançaram a música "Comida" e nos questionavam: temos fome de quê? Temos sede de quê?

Investigar o sofrimento do sujeito que encontramos nas políticas sociais exige compreender as condições materiais de existência, mas exige ainda mais, algo que compreenda a potência de vida que ele tem — se ele se vê como alguém que tem futuro, se ele planeja, deseja, enxerga futuro para si e para os seus, ou se ele está apenas preso em um presente que o oprime, humilha, despotencializa.

É sempre relevante que não percamos de vista que o singular e o coletivo se abastecem de relações sociais e, portanto, ao falar da condição de uma vida, estamos tratando de uma experiência que não é exclusiva, mas que, sob outros efeitos, está tristemente nutrida pela privatização da vida:

> Os corpos, individual e político, impedidos de serem afetados e de afetar, embotam a capacidade de sentir e, portanto, de ter ideia adequada das necessidades de seu ser, colocando o desejo fora de si, nos desejos e ideias de outros. Dessa forma, podem facilmente, enredarem-se em uma cadeia de paixões de padecimento e servidão. (Sawaia, 2004, p. 38)

Não pode passar despercebido do nosso olhar e da nossa perspectiva no trabalho com grupos que, frente às formas agressivas do consumo e do acúmulo, até a própria dor parece precisar ser suportada somente em si. Lapoujade (2002, p. 85), em um texto intitulado "O corpo que não aguenta mais", escreve:

> Todo o problema consiste, então, em encontrar uma saúde no sofrimento: ser sensível ao sofrimento do corpo sem adoecer. [...] que o sofrimento não seja mais uma doença, que ele se torne um meio para a saúde [...] que pode o corpo? O que é o corpo que sofre?
> A primeira coisa, é que o sofrimento não é um estado particular do corpo. Sofrer é a condição primeira do corpo. Sofrer é a condição de estar exposto ao fora.

O autor nos questiona, ainda, sobre como suportar o insuportável, como viver o inviável:

> Nosso corpo se protege contra os ferimentos que sofre, tanto pela fuga, pela insensibilidade, como pela imobilização (fingir-se de morto), ou seja, por processos de fechamento, de enclausuramento. [...] A potência do corpo (aquilo que ele pode) se mede pela sua exposição aos sofrimentos ou às feridas. (p. 87)

E termina o texto dizendo:

> O "eu não aguento mais" não é, portanto, o signo de uma fraqueza da potência, mas exprime, ao contrário, a potência de resistir do corpo. Cair, ficar deitado, bambolear, rastejar são atos de resistência. É a razão pela qual toda doença do corpo é, ao mesmo tempo, a doença de ser agido, a doença de ter uma alma-sujeito, não necessariamente a nossa, que age nosso corpo e o submete às suas formas. (p. 89)

Lapoujade nos faz pensar na importância de não nos superarmos, mas nos enxergarmos, entendermos até onde nosso corpo aguenta. Dizer "não aguento mais" não é sinônimo de fraqueza, mas é resistência. É parar e perceber como o mundo à nossa volta nos afeta, identificarmos os afetos que aumentam a potência de existir e escolhê-los.

Nós vivenciamos uma pandemia em um país que agravou ainda mais nosso sofrimento e voltamos para nossas rotinas, um pouco alteradas, mas continuamos como se não tivéssemos perdido parentes, amigos e companheiros de trabalho. Como se os sujeitos do cuidado, que encontramos nas políticas públicas, não estivessem sofrendo as consequências seja por sequelas da doença, seja por sequelas de uma economia capitalista que tem nos empobrecido a cada dia e aumentado as desigualdades sociais.

Não podemos viver de modo saudável se não olharmos para isso, se não escutarmos nossas dores, se não valorizarmos nosso cansaço, se não resistirmos. Estamos trabalhando e correndo para quê? Não estamos aqui fazendo apologia ao pessimismo — ao contrário, como leitores de Baruch Espinosa, sabemos que o segredo da saúde é a alegria. Espinosa (1980) nos convoca a um "contentamento de si", e por contentamento de si entende-se reconhecimento de que sou causa ativa da minha própria potência. Que eu tenho um corpo que, em contato com outros corpos, tem sua potência aumentada ou diminuída e que, portanto, é fundamental vivenciar bons encontros, experimentar encontros que aumentem minha potência de vida.

Então, produzir cuidado nos espaços das políticas públicas exige compreender as condições materiais de existência desse sujeito, bem como a potência de vida que tem. Imaginar, para si e para os outros, um futuro melhor do que o que temos hoje é fundamental para que possamos manter nossa saúde. Sem essa noção de futuro, ficamos presos no presente e paralisados. Adoecidos.

(1)

assim que me viu perdida
e atordoada
ela me abraçou
cantou e dançou comigo
sussurrou
vou te elevar
algumas pessoas
cessam guerras
num instante

(2)
ela abriu meus olhos com a ponta dos dedos
para que eu pudesse
admirar
novamente
tudo o que é simples
(Leão, 2020, p. 89)

Precisamos nos perguntar quem são, onde estão e como acionamos as pessoas que abrem nossos olhos e cessam nossas guerras. Pedir ajuda, descansar, parar, não seguir como se nada estivesse acontecendo é resistir ao adoecimento e, assim, produzir saúde ético-política, como dizem Souza e Sawaia (2016), ou, ainda, felicidade pública, como escreve Sawaia (1995).

É preciso caminharmos para a compreensão de uma saúde ético-política. Uma saúde que extrapola a biologia e os serviços de saúde, que exige, portanto, o desenvolvimento pleno, com liberdade de pensar, criar e produzir sentidos. E acreditamos que isso aconteça em nós, no coletivo, na multidão. Fernandes (2021) descreve a saúde como potência de ação transformadora, que mantém e aumenta a capacidade de afetar e ser afetado pelo mundo, pelas experiências dos encontros dos sujeitos entre si, cuja base é a da convivência humana, da potência e do poder de luta pelo combate à desigualdade social.

Entender isso talvez nos ajude a pensar sobre a importância das práticas grupais nos espaços das políticas públicas e nas condições sociais de isolamento e medo que vivenciamos. É exatamente nessa hora que mais precisamos de práticas grupais, de espaços coletivos de fortalecimento do "nós", de reconhecimento das diferentes experiências de desigualdade e dos sofrimentos produzidos por elas.

Hardt e Negri (2014) nos convocam a nos constituir como multidão, dizendo que é preciso lutarmos pelo comum. Para Chaui (2003, p. 250), "o comum é o sentimento de que nossa potência de vida só é possível por meio do outro, que é favorecido quando a lógica dos afetos permite a percepção da amizade e da generosidade como algo útil".

O comum é a produção de uma realidade compartilhada. A multidão é essa soma de singularidades, é esse coletivo que se une, não por sua capacidade de transformar todas as pautas em uma pauta única, mas exatamente por sua capacidade de tensionar aquilo que nos aprisiona, que nos causa sofrimento.

> A tarefa do homem comum, então, não é só prover acesso aos campos e rios, para que os pobres possam se alimentar, mas também criar meios para a livre troca de ideias, imagens, códigos,

músicas e informações. [...] Não, o comum não tem nada a ver com uniformidade. Ao contrário, na luta, grupos sociais distintos interagem como singularidades, e são esclarecidos, inspirados e transformados pelas trocas uns com os outros. (Hardt e Negri, 2014, p. 140-41)

E o que é a prática grupal nas políticas públicas senão esse espaço de constituir multidão, de reconhecimento de que o sofrimento é vivido na singularidade, no corpo, mas entretecido na desigualdade social, produzido na materialidade que nos constitui, e que, portanto, é na força do "nós" que podemos enfrentar algumas das forças produtoras da desigualdade? O que é a prática grupal senão esse espaço de compartilhamento de ideias, imagens, códigos, músicas e sentidos? É preciso entender que somos feitos do coletivo, que somos feitos de um nós.

O grupo deve ser espaço de bons encontros, que permitam reconhecer o comum e identificar como juntos enfrentamos as adversidades. Peter Pelbart, em uma palestra no YouTube, diz que viver não é sobreviver, não é apenas existir. Segundo o filósofo, é preciso arrancar da existência uma vitalidade, um encontro, uma dimensão poética. Viver é criar e recriar a própria existência. Como temos percebido, a maquinaria capitalista tem capturado um tanto desse poder de invenção, da potência humana de imaginar outras formas de ser e estar no mundo. Em grande medida, a fantasia está a serviço da mercadoria, tanto da criação como do consumo.

Todavia, é preciso reconhecer as resistências e as diversas formas de ações coletivas como práticas inventivas de mundos. Partilhamos de uma perspectiva em que as relações arte e vida são intensas, justamente porque a criação é uma possibilidade de ir além, de inventar outras versões daquilo que existe. Neste sentido, pensamos que é propriamente humano a "capacidade de superar a fisicidade e as amarras do cotidiano e da natureza, transformando o existente, qualidade que para Vigotski é base da liberdade política e individual" (Sawaia, 2006, p. 85). A emoção está presente na obra de Vigotski (2001, p 266) sob o prisma psicologia da arte:

> Creio que só desse ponto de vista é possível enfocar a arte, que parece suscitar em nós emoções extraordinariamente fortes, emoções essas que ao mesmo tempo não se manifestam em nada. A meu ver, essa diferença enigmática entre o sentimento artístico e o sentimento comum deve ser interpretada como sendo o mesmo sentimento resolvido por uma atividade sumamente intensificada da fantasia.

Nesta perspectiva, "arte e vida", "singular e coletivo", "emoções e criação", "eu e o outro" são relações indissociáveis. Retomamos aqui Sawaia (2004, p. 38), para quem "a afetividade é contagiosa, porque está no meio caminho da objetividade e da subjetividade, constituindo-se em mediação da passagem de um ao outro, bem como é excelente termômetro da potência de autonomia de cada um e do coletivo". Em tempos de individualismo exacerbado, a noção do comum, da alegria de viver coletivamente, de experimentar formas solidárias e de que existe mais entre nós do que somente em si mesmo pode estar sendo paulatinamente fragilizada. Diante disso, do reconhecimento de que as práticas grupais podem ser uma experiência inventiva, de resistência ao reducionismo da vida, e que as ações coletivas podem ser espaços-tempos de alegrias, a pergunta importante aqui é: temos construído espaços de criação e recriação de nós mesmos? Nossas práticas grupais têm de fato sido espaço de cuidado, de potencialização da vida, de reconhecimento de si na diferença?

Talvez nosso maior desafio seja o fato de que as políticas públicas nos convocam à prática de grupo e muitos de nós não sabem por que fazem, apesar de saber que precisam fazer. Nosso maior desafio talvez seja nossa formação, mas também uma incompreensão de que nos constituímos no coletivo e produzimos saúde e doença no coletivo. Nosso desafio talvez seja nossa paralisia diante do sofrimento que tem origem na desigualdade social. Ou, ainda, um espaço de grupo que visa a uma psicoeducação, uma transmissão de conteúdos, e não a um espaço de escuta e de acolhimento da diferença.

Se não se busca a emancipação da vida, até a própria prática de saúde pode se tornar adoecedora, fortalecendo formas limitantes de constituir a vida. Entretanto, é fundamental que as atuações em saúde sejam altamente contextualizadas. Cada problemática deve ser compreendida a partir da história e da especificidade do grupo, deste modo o primeiro passo em direção à saúde é sempre conhecer o meio onde se está atuando. A formatação tradicional dos atendimentos médicos — pautada pela impessoalidade e pelo alto grau de especialização — torna-se limitada nesta nova prática. Pelo contrário, é preciso uma relação dialógica: ao mesmo tempo que se ensina, aprende; ao mesmo tempo que cuida, é cuidado.

Referências

Chaui, M. *Política em Espinosa*. São Paulo: Cia. das Letras, 2003.

Espinosa, B. *Ética demostrada según el orden geométrico*. Trad. Vidal Peña. Madri: Editora Nacional, 1980.

Fernandes, D. *Em busca da saúde ético-política: a atuação da psicologia social no desastre em mineração*. Tese (Doutorado em Psicologia Social), Pontifícia Universidade Católica de São Paulo, PUC-SP, 2021.

FIGUEIREDO, L. C. *Psicologia: uma introdução. Uma visão histórica da psicologia como ciência*. São Paulo: EDUC, 1995.

HARDT, M; NEGRI, A. *Declaração: isto não é um manifesto*. Trad. Carlos Szlak. São Paulo: N-1, 2014.

LAPOUJADE, D. "O corpo que não aguenta mais". In: LAPOUJADE, D.; GADELHA, S.; LIMA, D. (orgs.). *Nietzsche e Deleuze: que pode o corpo*. Rio de Janeiro: Relumé Dumará, Fortaleza: Secretaria da Cultura e Desporto, 2002.

LEÃO, R. *Jamais peço desculpas por me derramar*. São Paulo: Planeta, 2020.

PELBART, P. P. Palestra de encerramento no FACES — Festival de Arte e Cultura Erico Stickel. 2021. Disponível em: https://www.youtube.com/watch?v=sA4Uiajsu-g&t=1531s. Acesso em: 13 abr. 2025.

PEREIRA, E.; SAWAIA, B. B. *Práticas grupais: espaço de diálogo e potência*. 1. ed. São Carlos, SP: Pedro e João Editores, 2020.

PEREIRA, E.; MAHEIRIE, K . "Práticas Grupais: a dialética na formação do comum". In: MOREIRA, M. I. C.; SOUSA, S. M. G. (orgs.). *Psicologia sócio-histórica: bases epistemológicas, categorias fundamentais e intervenções psicossociais*. 1. ed. Goiânia: Editora PUC-Goiás, 2022. p. 219-41.

SANTI, P. L. R. *A construção do eu na modernidade: da Renascença ao século XIX*. 6. ed. Ribeirão Preto: Holos, 2009.

SAWAIA, B. B. "Dimensão ético-afetiva do adoecer da classe trabalhadora". In: LANE, T. S. M.; SAWAIA, B. B. (orgs.). *Novas veredas da psicologia social*. São Paulo: Brasiliense: Educ, 1995. p.157-68.

_____. "Fome de felicidade e liberdade". In: Centro de Estudos e Pesquisas em Educação, Cultura e Ação Comunitária — Cenpec. *Muitos lugares para aprender*. São Paulo: Fundação Itaú Social/Unicef, 2003. p. 53-64.

_____. Uma análise da violência pela filosofia da alegria: paradoxo, alienação ou otimismo ontológico crítico? In: SOUZA, L.; TRINDADE, Z. A. (orgs.). *Violência e exclusão: convivendo com paradoxos*. 1. ed. São Paulo: Casa do Psicólogo, 2004.

_____. "Introduzindo a afetividade na reflexão sobre estética, imaginação e constituição do sujeito". In: DA ROS, S. Z.; MAHEIRIE, K.; ZANELLA, A. V. *Relações estéticas, atividade criadora e imaginação: sujeitos e (em) experiência*. Florianópolis: NUP/CED/UFSC, 2006.

_____. Conferência de abertura. Conselho Regional de Psicologia de São Paulo. *Psicologia na assistência social e o enfrentamento da desigualdade social*. Conselho Regional de Psicologia de São Paulo. São Paulo: CRP SP (Cadernos Temáticos CRP SP), 2016. p. 22-27. Disponível em: https://www.crpsp.org/uploads/impresso/95/t48t0ycwSv01GSQE0fNn1zstlp9k0Cr9.pdf. Acesso em: 13 abr. 2025.

Sennett, R. *O declínio do homem público: as tiranias da intimidade.* Trad. Lygia Araujo Watanabe. São Paulo: Cia das Letras, 1998.

Souza, A. S. A.; Sawaia, B. B. "A saúde como potência de ação: uma análise do coletivo e de Comuna do Movimento dos Trabalhadores Rurais Sem-Terra (MST)". *Psicologia Política,* v. 16, n. 37, 2016, p. 305-20.

Titãs. *Comida.* Rio de Janeiro, WEA, 1987.

Turci, B. M.; Pereira, E.; Rasera, E. "Grupos dialógicos: inspirando fazeres grupais a partir de conceitos bakhtinianos". *Revista da SPAGESP,* v. 24, 2023, p. 74-85.

Vigotski, L. S. *Psicologia da arte.* São Paulo: Martins Fontes, 2001.

Zanella, A. V.; Lessa, C. T.; Da Ros, S. Z. "Contextos grupais e sujeitos em relação: contribuições às reflexões sobre grupos sociais". *Psicologia: Reflexão e Crítica,* v. 15, n. 1, 2002, p. 211-18.

2 O PROCESSO DE DESENVOLVIMENTO GRUPAL E O PAPEL DO COORDENADOR NA PERSPECTIVA DO PSICODRAMA/SOCIODRAMA

MARIA APARECIDA FERNANDES MARTIN

Apresentação

O foco deste texto é abordar o desenvolvimento de práticas psicossociais de grupos e os vários aspectos que permeiam essa temática, como a estrutura da sessão, o papel do coordenador de grupos, o contrato grupal, a formação e o desenvolvimento dos grupos, suas fases e os manejos do coordenador.

Entretanto, para iniciá-lo, é importante entendermos o que consideramos grupo. Partimos da concepção de grupo não como uma simples reunião de pessoas, tampouco como um coletivo definido por características ou objetivos e regras comuns. Vamos compor a compreensão desse importante conceito da psicologia a partir de diversas contribuições e vários autores que pensaram e desenvolveram suas premissas.

Podemos conceituar grupo como uma reunião de pessoas que funcionam e se estruturam de diferentes maneiras, desenvolvem variadas formas de coexistência e se configuram a partir de um conjunto de papéis e de alguns projetos compartilhados (Knobel, 2012).

A partir das premissas de Silvia Lane em seus estudos sobre processos grupais, Martins (2007, p. 77) entende grupo como "relações e vínculos entre pessoas com necessidades individuais e/ou interesses coletivos, que se expressam no cotidiano da prática social [...] como uma estrutura social, uma realidade total".

Para Pichon-Rivière (2009), as interações entre os integrantes do grupo se dão em torno de um objetivo comum. Nesse contexto, os participantes aprendem e se desenvolvem. Para Pichon, aprender significa mudança, de si e do cenário onde vive, e, assim, apropriar-se ativa e criativamente da realidade para transformá-la. Em sua compreensão, o processo grupal se refere à comunicação, às relações e às dinâmicas que ocorrem na direção da integração e coesão grupal à medida que a tarefa vai sendo realizada. Durante a realização da tarefa surgem os conflitos, permitindo um melhor conhecimento e integração de seus participantes.

Assim, quando falamos em grupos, percebe-se que é necessário considerar muitos aspectos, como a dialética entre indivíduo e sociedade, as influências das forças sociais, do contexto cultural, social e histórico, as relações interpessoais e as interações sociais, o estabelecimento dos vínculos, os processos intra e intergrupos e a compreensão dos processos grupais, para, assim, entender seu desenvolvimento, suas estratégias de funcionamento, seu modo de ser e de realizar suas ações. Desta forma, percebermos o grupo em constante movimento, em permanente cocriação e em interação com a realidade social.

Para abordarmos as intervenções grupais, focaremos na proposta de Moreno (1974) denominada socionomia, ciência que abarca as leis sociais e propõe referenciais teóricos que permitem a leitura dos processos e fenômenos grupais. Está alicerçada e subdividida em três ramos: a sociodinâmica, a sociometria e a sociatria.

A sociodinâmica investiga e clarifica as dinâmicas grupais e a forma como os participantes se organizam em função dos papéis assumidos, bem como permite a compreensão das etapas do grupo.

A sociometria pesquisa a organização grupal, suas configurações relacionais e o processo de subdivisões, o posicionamento socioafetivo dos integrantes em um determinado momento, bem como as estruturas de poder em função da afetividade e os conflitos.

A sociatria discorre sobre o tratamento das relações sociais, que é realizado através do psicodrama, quando nos direcionamos a intervenções voltadas ao Eu privado (psicoterapia individual e grupal), e do sociodrama, quando as intervenções são voltadas para o Eu coletivo, como as intervenções psicossociais, foco deste capítulo.

A fim de propiciar o desenvolvimento de uma sessão sociátrica que integre os participantes entre si e com a proposta, buscando atingir um maior estágio de autonomia e apropriação, no qual cada integrante é ativo, funcional e cooperativo no grupo, sugerimos que o coordenador oriente o trabalho de acordo com a estrutura da sessão proposta a seguir, com destaque para as etapas de uma sessão.

A estrutura da sessão

Para a elaboração e a realização de uma sessão ou encontro grupal, é importante considerarmos alguns aspectos que norteiam a organização das propostas e as percepções do coordenador na relação com o grupo, que contribuem para a leitura dos fenômenos grupais e para o manejo técnico.

Para tal, consideramos uma composição denominada, em psicodrama/sociodrama, estrutura sociátrica, composta por três contextos, três etapas e cinco elementos.

Os contextos referem-se às construções privadas e coletivas de indivíduos que se conectam numa circunstância espaço-temporal. Nos atentamos aos contextos social, grupal e psicodramático.

O *contexto social* refere-se à realidade social, à cultura, ao tempo e ao espaço real. É orientado por leis e regras sociais comuns a todos os indivíduos: "De onde, quando, quem e com quem definem os papéis sociais e os sofrimentos dos membros do grupo" (Malaquias, 2012, p. 22). O *contexto grupal* é formado pelo próprio grupo e pelo coordenador, bem como suas interações e resultados destas. Cada indivíduo é responsável por suas ações, interações e palavras frente ao grupo, mas num espaço de maior tolerância e continência inerente à experiência terapêutica. No *contexto dramático* a realidade dá lugar à fantasia e os papéis sociais, aos papéis psico ou sociodramáticos, aos personagens. É marcado pela constituição do "como se", da realidade suplementar, pelo espaço e tempo fenomenológico, onde se dá a ação dramática no palco psicodramático. As relações são estabelecidas a partir dos personagens que dão vida às vivências dos integrantes do grupo num campo simbólico, onde coletivamente buscam clarificar e resolver conflitos e o desenvolvimento de novos olhares e novas possibilidades (Malaquias, 2012; Rojas-Bermúdez, 2016).

A sessão é organizada em três etapas: aquecimento, dramatização e compartilhar. O *aquecimento* é a fase inicial de preparação do grupo para as atividades do dia. Ele é dividido em inespecífico e específico. No *aquecimento inespecífico* busca-se a conexão dos participantes no contexto grupal e na identificação do tema que emerge do grupo ou é proposto pelo coordenador para o encontro do dia. Para tal, são propostas atividades que propiciem esses objetivos. O *aquecimento específico* prepara os participantes para a atividade principal do encontro, focando na temática que emergiu ou no tema previamente elaborado (de acordo com demandas levantadas anteriormente). Consideramos para a elaboração dessas atividades quatro tipos de iniciadores, que são ativados de acordo com os objetivos: *iniciadores corporais*, que visam preparar o corpo para atividades em que ele será necessário, como criação de cenas, jogos que envolvam movimentos e interações; *iniciadores mentais*, quando a proposta envolve atividades reflexivas, como elaboração de textos, desenhos, entre outros; *iniciadores emocionais*, para levar a atenção dos participantes aos seus sentimentos e emoções; *iniciadores sociais*, quando será necessária a interação entre os participantes do grupo. Os iniciadores podem ser usados isolados ou em conjunto, de acordo com a proposta que virá na próxima etapa, que é a dramatização.

A *dramatização* é a atividade principal do encontro — pode ser a criação de cenas, o uso de algum jogo, discussão ou uma outra atividade específica para trabalhar a temática em foco ou o conflito grupal. Essa etapa permite a vivência simbólica, imaginária, a criação do "como se fosse real", o exercício de ampliação de percepções de si e do outro, como também da situação em si, e busca de soluções para possíveis angústias e conflitos quando surgirem.

O *compartilhar* é a etapa de expressão das percepções e sentimentos sobre o que aconteceu nas etapas anteriores. Neste momento surgem as identificações e busca-se o desenvolvimento da empatia. O coordenador traz reflexões, contribuições para que os participantes se conectem com a experiência e levem algum produto do trabalho realizado para o contexto social.

Os *elementos*, também chamados de instrumentos de uma sessão, são os meios utilizados para a realização do método e aplicação das técnicas interventivas. São o protagonista, o diretor, o ego auxiliar, o palco e a plateia. O *protagonista* é o participante que representa o grupo, pois dá voz ao seu sofrimento naquele momento. Pode ser um personagem ou um subgrupo que manifesta o tema ou uma cena que reflete o sofrimento coletivo. Em sessões sociodramáticas, é comum a ausência do protagonista, pois o grupo muitas vezes atua conjuntamente, evidenciando vários aspectos de um fenômeno. O *diretor* é o coordenador do grupo e necessita ter habilidades desenvolvidas para o desempenho desse papel, assim como para manejo de métodos de ação para coordenar sessões de sociodrama. Ele é o responsável pela produção do encontro grupal, propondo as atividades seguindo as etapas da sessão, analisando a dinâmica grupal (leitura sociodinâmica), levantando hipóteses e fazendo intervenções técnicas buscando ampliar a percepção grupal e o contato com os temas vivenciados. Além disso, busca manejos para solucionar os conflitos, melhorar a conexão entre os integrantes e a interrelação grupal. O *ego auxiliar* contribui com o diretor e, sobretudo, com o grupo. Pode ser um profissional ou o que chamamos de ego auxiliar natural, ou seja, algum integrante que desempenhará papéis quando necessário nas dramatizações ou atividades desenvolvidas, contribuindo para as percepções e expressões do grupo. O *palco* é o local pré-combinado com o grupo para que a dramatização aconteça. É o espaço onde é construído o "como se", onde são vivenciados os jogos, cenas, discussões. Normalmente é o espaço que fica no meio da roda formada pelo grupo, todavia é extremamente móvel. No palco o grupo ou o protagonista pode "reencontrar-se, seja através da libertação de pressões insuportáveis ou através da liberdade de expressão e de vivência [...] é uma ampliação da vida além da vida real" (Moreno, 1974, p. 106). Por fim, a *plateia* é composta por todos os participantes do grupo quando não estão em ação; é a caixa de ressonância da vivência assistida. Nem sempre há plateia no sociodrama, pois o grupo pode estar todo envolvido na atividade principal, todavia podemos ter o trabalho dividido em subgrupos, de forma que alguns deles poderão ser plateia de um subgrupo que apresenta sua experiência ou proposta, revezando entre eles este lugar de protagonista e plateia.

Papel do coordenador de grupos

Anteriormente, apresentamos o diretor de grupos, que entendemos como um coordenador grupal. Na literatura, encontramos algumas outras denominações, como mediador, animador, orientador, líder, entre outras. O diretor, nomenclatura especificamente utilizada na abordagem psicodramática, assume, *a priori*, três funções: produtor, terapeuta e analista social. Como produtor, cabe a ele preparar o material que será utilizado (quando necessário), escolher jogos e/ou outros recursos metodológicos para a sessão, preparar o grupo para o trabalho que será realizado, considerando para tal seu objetivo, a fase de desenvolvimento e a identificação dos conteúdos trazidos pelos integrantes durante o encontro que sejam pertinentes à proposta. Entende-se como conteúdos pertinentes à proposta grupal manifestações emocionais, verbais, comportamentais que permeiem esse eu coletivo constituído. É na função de terapeuta do grupo que o diretor/coordenador faz a leitura grupal de suas dinâmicas e inter-relações. Esta lhe dá subsídios para a compreensão do processo grupal e da fase de desenvolvimento mencionadas anteriormente. Como terapeuta, também conecta aos conteúdos trazidos pelos participantes e intervém sobre esse teor identificado como pertinente ao coletivo. Para isso, inicia a sessão, realiza as etapas, faz manejos e intervenções técnicas quando necessário, orienta o grupo para a realização das atividades propostas e estimula a troca grupal. Por fim, como analista social, a partir das vivências, reflexões e apontamentos do grupo, elabora algumas sínteses e devolutivas a ele, além de acompanhar essa movimentação e colocá-la a serviço do grupo durante todo o processo.

Vale destacar que nenhuma dessas funções e ações são preponderantes ao grupo — o coordenador necessita primar pela autonomia e protagonismo dos integrantes, ao mesmo tempo que zela pelas relações ali estabelecidas. A premissa é de um processo em coconstrução e cocriação grupal.

Abordamos algumas especificidades desse papel, que, embora não visualize um lugar protagônico e tenha como principais atribuições a mediação das relações grupais, necessite de muitas habilidades para realizar sua função, propiciando espaço aos integrantes para assumir diversos papéis, sobretudo o protagonismo na realidade suplementar, visando ao desenvolvimento, à cocriação e ao alcance dos objetivos tratados inicialmente com o grupo.

Em síntese, as intervenções do coordenador podem focar na clarificação de conflitos ou necessidades expressas pelo grupo, bem como no desenvolvimento espontâneo, criativo e coletivo de estratégias de resolução dos conflitos e dificuldades identificadas, ou, ainda, atuar sobre as configurações relacionais presentes no grupo.

Para tanto, o coordenador precisa de um referencial teórico no qual possa se fundamentar para compreender as dinâmicas e inter-relações que constituem o processo grupal e, a partir disso, fazer escolhas metodológicas adequadas ao grupo e aos objetivos deste. Além disso, precisa considerar os aspectos éticos que se fundamentam no código de ética do profissional da psicologia, bem como no enquadramento grupal, que trataremos um pouco mais adiante.

Figura 2.1 — Aspectos que envolvem o papel do coordenador em seu trabalho com grupos.

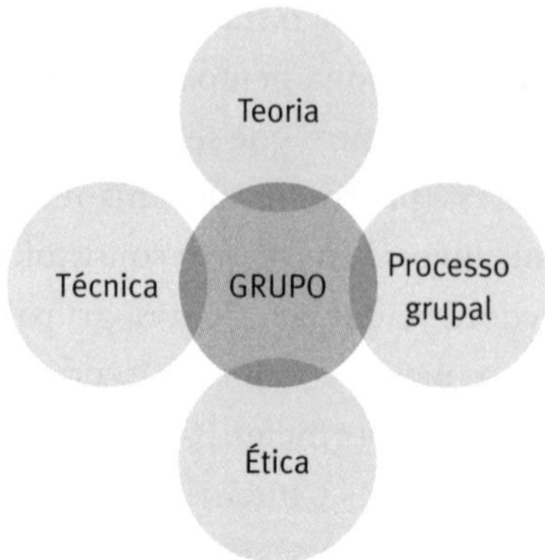

Fonte: Elaborado pela autora.

As reflexões sobre o trabalho do coordenador de grupos é uma permanente inquietação. É relevante destacar que coordenar um grupo está sempre conectado à concepção de ser humano, de grupos e de mundo que orienta o profissional, em quais bases teóricas e metodológicas estão sustentadas sua prática.

Fala-se aqui de uma compreensão de ser humano relacional, constituído social e historicamente a partir das suas inter-relações, que apresenta desde seu nascimento fatores favoráveis ao seu desenvolvimento, à sua vida e à sua criação, que são a espontaneidade, a criatividade e a sensibilidade, que por vezes podem ser desestabilizadas pelo contexto social no qual o indivíduo se insere, necessitando de uma práxis transformadora da realidade social e das relações afetivas (Moreno, 1975).

Ainda com relação ao papel de coordenador de grupos, outro ponto importante a ser destacado refere-se à simplificação de seu trabalho à reduzida aplicação de jogos e dinâmicas. Não raramente pessoas pedem ideias sobre "dinâmicas para utilizar com um grupo" sem sequer contextualizar de que grupo se fala, suas características, seu processo de desenvolvimento ou função / objetivo da atividade que quer propor. A partir das colocações e reflexões apresentadas neste texto, esperamos ter clarificado a profundidade que envolve a construção e o exercício desse papel.

Contrato grupal

O contrato grupal é sempre realizado na primeira sessão com o grupo, podendo ser retomado em algum outro momento do processo. Além disso, ele poderá ser revisto e refeito quando necessário.

É comum delimitá-lo com as pessoas do grupo, pois diz respeito às questões práticas que visam manter uma organização.

Alguns pontos são de grande importância no estabelecimento do contrato grupal:

- Dia e horário: quando e em que momento será realizado, tempo de duração do encontro, além do período e número de encontros, caso tenha tempo delimitado.
- Atrasos: em algumas situações é difícil estabelecer este ponto, todavia ele é importante. Ao iniciarmos o grupo, normalmente é feito o aquecimento a fim de preparar os integrantes para o trabalho. Em seguida, o grupo começa a abordar os elementos principais da sessão. Perder o aquecimento faz com que o participante não se prepare; além disso, pode atrapalhar o andamento do grupo. Assim, vale estabelecer um limite para o tempo de atraso, ou, quando não houver esta possibilidade, solicitar que aquele que chegar atrasado o faça muito silenciosamente. Quando isso ocorrer, o coordenador precisará demandar um tempo para incluí-lo na atividade que estará sendo realizada. Essa situação é minimizada quando trabalhamos com ego auxiliar ou observador, ou, ainda, com dois ou mais coordenadores, pois estes podem fazer a inclusão do participante que chegou atrasado, informando-o dos passos já realizados.
- Faltas dos integrantes do grupo: é importante solicitar, caso alguém não vá comparecer, um aviso prévio, a fim de que os demais não fiquem aguardando ou preocupados. Para grupos que envolvem pagamento dos participantes, estes devem ser feitos normalmente, pois o grupo continuará acontecendo.
- Falta do coordenador: caso aconteça algum imprevisto, é muito importante que todos os integrantes do grupo sejam informados previamente. Nesta situação não há pagamento do encontro.
- Honorários: quando o coordenador atua em instituições, é comum isso não ser tratado com o grupo, todavia, quando o pagamento é realizado pelos participantes, normalmente fica a critério do coordenador como propor este ponto. A maioria dos profissionais cobra um valor mensal e combina com os participantes a melhor data para a realização do pagamento.
- Grupo fechado ou aberto: este critério estabelece se será permitida ou não a entrada de novos participantes após o início do grupo. Caso este tenha um período determinado para acontecer, normalmente ele é fechado, entretanto, se o coordenador não delimi-

tar uma data para seu encerramento, poderá ser aberto. Neste caso, dependerá apenas do limite de participantes caso o coordenador tenha estipulado um número máximo.

- Limite de participantes: quem estabelece o número de participantes do grupo é o coordenador (salvo em situações institucionais, em que os grupos muitas vezes já estão constituídos), pois esse critério está ligado à sua expansividade afetiva, que se refere à sua energia emocional nas relações e vínculos estabelecidos.
- Entrada e saída de participantes: grupos psicossociais constituídos sem tempo determinado normalmente têm o trânsito livre de integrantes. Todavia, alguns podem necessitar de aviso por parte do coordenador sobre a entrada de novos membros. Isso normalmente ocorre em grupos psicoterapêuticos, mas também pode ocorrer em grupos psicossociais, dependendo da proposta e de como foi estabelecido o contrato. Da mesma forma, com relação à saída de integrantes, no contrato pode-se solicitar que, quando alguém decidir sair do grupo, avise antecipadamente, a fim de trabalhar o desligamento.
- Sigilo: embora esteja sendo apresentado no final dos itens, trata-se de um dos pontos mais importantes do contrato grupal. É combinado com o grupo que não falem para ninguém de fora sobre os acontecimentos, experiências vivenciadas e, principalmente, sobre os colegas de grupo, seus problemas e dificuldades. O sigilo e a confiança são construídos a cada sessão.

Nem sempre todos os pontos apresentados serão necessários em todos os grupos — como, por exemplo, a questão dos honorários quando se trabalha ou desenvolve alguma intervenção em instituições.

Também são apresentados pelo coordenador os objetivos do grupo e o foco da intervenção que será realizada, abrindo espaço para que complementem com possíveis expectativas e fantasias que serão esclarecidas, caso necessário.

Formação e desenvolvimento de grupos

As possibilidades de trabalhos com grupos são muitas. Os grupos podem ser formados em instituições, comunidades, serviços de saúde e assistência social ou escolas, bem como ser compostos por participantes de diferentes faixas etárias, porém mantemos sempre o pressuposto de que pessoas reunidas em um grupo podem se beneficiar das inter-relações e se transformarem.

Além disso, os grupos podem variar quanto ao tipo de intervenção, com foco psicoterápico ou psicossocial. Essa diferenciação é de extrema importância, pois norteia os alcances e limites das ações e propostas do coordenador de grupos.

Entendemos grupos com foco psicoterápico os trabalhos nos quais o coordenador privilegia intervenções sobre o eu privado dos participantes, dos processos intrapsíquicos e inter-relacionais do indivíduo e suas interferências sobre o desempenho dos papéis sociais. Falamos aqui dos processos psicoterápicos (psicodrama individual ou grupal), que objetivam trabalhar as histórias pessoais dos integrantes, possibilitando articulá-las a partir da intersubjetividade grupal. Concentram-se em "trabalhar o indivíduo no grupo de tal forma que ele traga, por meio de seu drama individual, o drama coletivo" (Nery e Conceição, 2012, p. 59).

As intervenções psicossociais têm sua natureza voltada para o eu coletivo — sociodrama, como mencionado anteriormente. Possibilita ao grupo experiências terapêuticas de seus conflitos, vivências de situações problemáticas centradas nos papéis sociais e nos sofrimentos coletivos, a interação e criação coletiva de possíveis soluções para os problemas e conflitos, bem como a ampliação da compreensão dos fenômenos vividos, visando propiciar "bem-estar em diversos aspectos sociais, como a justiça, a dignidade, o respeito às diferenças, a consciência social crítica, a politicidade, a promoção de paz e da saúde, o desenvolvimento de equipes, a harmonia familiar, o desenvolvimento de redes sociais de apoio, a construção do saber, a democracia" (Nery, 2012, p. 96).

Essas intervenções podem ser muito diversificadas, dependendo do contexto em que os grupos são realizados. As temáticas podem envolver o desenvolvimento do papel profissional, formação de equipes ou grupos de trabalhos, exercícios de poder, formação e desenvolvimento de lideranças, *bullying*, violência escolar, escolhas profissionais, relações familiares, relações entre professor e aluno, entre pares, convivência, sexualidade, violência doméstica, cidadania, racismo, diversidades, preconceitos — enfim, as possibilidades são muitas e dependerão das demandas trazidas pelas instituições ou pelas pessoas que contatam os profissionais. Dessa forma, o primeiro momento para a elaboração de um projeto de intervenção psicossocial, seja ele pontual (um único encontro) ou processual, depende da identificação da demanda, bem como do conhecimento da instituição, do contexto em que será realizada e do conhecimento do próprio grupo, que darão origem ao contrato grupal.

São definidos objetivos e procedimentos, todavia é importante manter a conexão com o grupo e com seu processo de desenvolvimento, bem como observar e entender cada momento e suas respectivas necessidades. Sendo assim, pode ser necessária a revisão de alguns caminhos traçados no planejamento do projeto de intervenção, a fim de atender a possíveis temas que emerjam naturalmente do grupo no transcorrer do processo e permitir espaços para a espontaneidade e criatividade, bem como para a cocriação grupal.

Desenvolvimento do grupo, suas fases e manejos do coordenador

O desenvolvimento do grupo, processo que se estabelece no transcorrer do trabalho, é um dos principais focos de atenção do coordenador. Seja um ato ou um processo, o campo relacional tende a percorrer três momentos vinculares (Moreno, 1975, 1992).

O primeiro momento do grupo é caracterizado por uma relação do participante consigo mesmo, denominada Eu-Eu, uma fase ainda de isolamento. Nesta fase, o coordenador centraliza a comunicação, pois o vínculo está ou será estabelecido neste momento prioritariamente entre cada participante e o coordenador.

Nessa configuração inicial o contrato é estabelecido, bem como o compromisso de cada um com o sigilo, fornecendo ao grupo um primeiro acolhimento e continência grupal.

Os participantes do grupo se mantêm mais distanciados nesta fase. É o momento em que o coordenador vai propiciar aos participantes um maior contato consigo mesmo. As propostas não envolvem contato físico com o outro e as principais atividades que o coordenador propõe são de relaxamento, interiorização, sensibilização e apresentação (Yozo, 1996).

Neste momento podem surgir tensões, por isso é importante que o coordenador se mantenha firme e relaxado, ativo e acolhedor, mantendo um clima grupal de aceitação e relaxamento, escolhendo atividades adequadas ao momento do grupo e favorecendo a participação dos seus membros. O campo relaxado (Bally, 1990) permite a ampliação das percepções, a diminuição dos medos, o aumento da disponibilidade e da espontaneidade e a criatividade.

É marca do primeiro encontro de um grupo processual atividades para propiciar a apresentação da coordenação e dos participantes, bem como o estabelecimento do contrato grupal, podendo incluir o levantamento de expectativas caso haja tempo no dia da realização da atividade.

Cada grupo caminha e se desenvolve de forma peculiar e singular. O coordenador acompanha e faz a mediação desse processo, atento às possibilidades de avançar ou não para as exigências relacionais das próximas etapas.

O acolhimento inicial contribui para o direcionamento do grupo para a próxima fase, momento de diferenciação horizontal, em que já é possível trabalhar a relação Eu-Tu. Nessa configuração, o coordenador começa a propor atividades em duplas, mesmo que aconteçam envolvendo o grupo todo. Sendo assim, o foco está em identificar o outro, quem é e como me aproximo.

As atividades propostas podem permitir algum contato físico leve, envolvendo a díade olhar para si e para o outro. São jogos que abrangem a sensopercepção e a comunicação, perceber diferenças e, assim, se ver distinto do outro, mas por meio da percepção do outro, como um espelho (Yozo, 1996).

A tensão neste momento diminui. Os integrantes se animam, desempenham papéis e interagem muito mais, enquanto o coordenador faz a mediação entre os participantes, na maior parte das vezes com propostas que estimulem as interações e percepções, mantendo o acolhimento e valorizando as diferenças, a fim de possibilitar a diferenciação e o reconhecimento das relações que existem no grupo.

Exercita-se a percepção "de como é o outro, como ele sente, pensa, e percebe em relação a mim e vice-versa" (Yozo, 1996, p. 27), vislumbrando a condição de inverter papéis.

Aos poucos o trabalho é ampliado para as relações em trios e quartetos, alcançando um processo de circularização.

Na sequência, abordamos a terceira fase, momento também denominado diferenciação vertical, onde é trabalhada a relação Eu-Nós. Nesta fase, a estrutura das relações é mais complexa e a autonomia grupal é maior. Surgem lideranças, percebe-se e busca-se a cooperação grupal. A potência coletiva e a sensação de pertencimento estão em destaque, e o coordenador pode atuar menos, abrindo espaço para o grupo agir (Knobel, 2012).

Os jogos de terceira fase envolvem trabalhos em duplas, trios, quartetos e até mesmo o grupo todo. No geral, o contato físico neste momento deixa de ser ameaçador. Os jogos envolvem construção de personagens, almejando a coesão grupal, exercitando a ampliação da percepção do outro, seus pensamentos e sentimentos (Yozo, 1996).

Podem surgir as rivalidades. De acordo com Knobel (2012, p. 50), é importante manter os debates em torno das ideias, cabendo ao coordenador validar as diferenças nas opiniões e "favorecer a negociação entre eles e encaminhar as várias soluções e projetos advindos do grupo". Sendo assim, o coordenador foca sua ação no "mapeamento de diferentes objetivos individuais, no uso das reciprocidades temáticas e vinculares e no trabalho com as divergências e rejeições entre as pessoas".

É importante destacar que esses diferentes momentos, fases e modos de funcionamento dos grupos não são estáticos e, uma vez superados, não retornarão; ao contrário, o processo é dinâmico e os momentos podem retornar em função das dinâmicas estabelecidas e das diversas necessidades do coletivo grupal.

O grupo apresenta-se como um *locus* que se altera frequentemente, onde emergem perspectivas, movimentações e ações individuais e coletivas permeadas por razões coconscientes e coinconscientes. Ao compreender esse movimento, o coordenador se utiliza do próprio processo grupal para facilitar o desenvolvimento e ampliar a complexidade das redes relacionais (vínculos grupais) que potencializa a convivência, fortalecendo o indivíduo e o coletivo.

Os instrumentos utilizados para o manejo dos grupo podem ser os mais variados: músicas, vídeos, imagens, desenhos, objetos são usados como mediadores entre os participantes e mesmo como mediadores da temática que se quer trabalhar, cabendo ao coordenador escolhê-los e manejá-los no grupo de acordo com a necessidade e o processo grupal. Um mesmo recurso pode ser manejado de diferentes formas e assim ser potencializado ou fragilizado em seus alcances.

Em psicodrama/sociodrama, esses recursos são denominados objetos intermediários e objetos intraintermediários (Rojas-Bermúdez e Moyano, 2020; Santos e Martin, 2024), dependendo da função que desempenham nas intervenções grupais.

A partir da leitura e compreensão do processo grupal o coordenador busca recursos que favoreçam o grupo, o alcance de seus objetivos e, sobretudo, suas descobertas e elaborações. O uso de jogos e atividades lúdicas nas práticas grupais, bem como de propostas mais abertas de criação, dramatização de histórias e de vivências, possibilita a ampliação das percepções de si, do outro, das inter-relações e do mundo à sua volta, bem como propiciam o enfrentamento de situações difíceis ou conflitivas em um território protegido.

Referências

Bally, G. *El juego como expresión de libertad*. México: Fondo de Cultura Económica, 1990.

Knobel, A. M. A. A. C. "Estratégias terapêuticas grupais". In: Nery, M. P.; Conceição, I. G. (orgs.). *Intervenções grupais — O psicodrama e seus métodos*. São Paulo: Ágora, 2012. p. 37-53.

Malaquias, M. C. "Teoria dos grupos e sociatria". In: Nery, M. P.; Conceição, I. G. (orgs.). *Intervenções grupais — O psicodrama e seus métodos*. São Paulo: Ágora, 2012. p. 18-36.

Martins, S. T. F. "Psicologia social e processo grupal: a coerência entre fazer, pensar e sentir em Sílvia Lane". *Psicologia & Sociedade*, v. 19, spe 2, p. 76-80, 2007. Disponível em: https://doi.org/10.1590/S0102-71822007000500022.

Moreno, J. L. [1959]. *Psicoterapia de grupo e psicodrama: introdução à teoria e práxis*. Trad. Antonio C. Mazzaroto Cesarino Filho. São Paulo: Mestre Jou, 1974.

______. *Psicodrama*. São Paulo: Cultrix, 1975.

______. *Quem sobreviverá? Fundamentos da sociometria, psicoterapia de grupo e Sociodrama*. Goiânia: Dimensão, 3 v. 1992-1994.

Nery, M. P. "Sociodrama". In: Nery, M. P.; Conceição, I. G. (orgs.). *Intervenções grupais — O psicodrama e seus métodos*. São Paulo: Ágora, 2012. p. 95-123.

Nery, M. P.; Conceição, I. G. "Psicoterapia psicodramática grupal". In: Nery, M. P.; Conceição, I. G. (orgs.). *Intervenções grupais — O psicodrama e seus métodos*. São Paulo: Ágora, 2012. p. 55-72.

PICHON-RIVIÈRE, E. *O processo grupal*. 8. ed. São Paulo: Martins Fontes, 2009.

ROJAS-BERMÚDEZ, J. G. *Introdução ao psicodrama*. São Paulo: Ágora, 2016.

ROJAS-BERMÚDEZ, J. G.; MOYANO, G. "Puppets as psychotherapeutic instrument: intermediary and intraintermediary object in psychodrama". *Journal of Applied Arts & Health*, v. 11, n. 1-2, p. 135-41, 2020. Disponível em: https://doi.org/10.1386/jaah_00025_7.

SANTOS, M. P.; MARTIN, M. A. F. "Psicodrama infantil: criação de histórias em quadrinho como objeto intermediário e intraintermediário". *Revista Brasileira de Psicodrama*, v. 32, e 0124, 2024, p. 1-11. Disponível em: https://doi.org/10.1590/psicodrama.v32.640.

YOZO, R. Y. K. *100 Jogos para grupos: uma abordagem psicodramática para empresas, escolas e clínicas*. São Paulo: Ágora, 1996.

3 CÍRCULO DE CULTURA E PROCESSO GRUPAL: INTERFACES ENTRE AS TEORIAS DE PAULO FREIRE E ENRIQUE PICHON-RIVIÈRE

ROBSON JESUS RUSCHE

Apresentação

Ao pensar na escrita deste texto, relembrei os anos de graduação em que estava envolvido com a educação de adultos e estudava muito a proposta freiriana. No terceiro ano do curso de psicologia tive contato com as ideias de Enrique Pichon-Rivière e percebi uma interface entre as duas propostas: os círculos de cultura e o grupo operativo. Fiquei com a expectativa de desenvolver uma síntese dessas duas perspectivas de trabalho com grupos em comunidades em busca da fundamentação de um diálogo entre a psicologia social e a pedagogia libertadora, constituindo uma prática grupal democrática, participativa e transformadora.

A pedagogia do oprimido representa uma força política e revolucionária de caráter dialético. Na obra de Paulo Freire, a educação não pode ser vista com uma única direção de poder; ela é um processo dialógico e intersubjetivo. A assumpção do conhecimento tem uma única finalidade: a transformação do mundo pela ação conjunta das pessoas. "Ninguém educa ninguém, ninguém se educa sozinho, os homens se educam em comunhão" (Freire, 2013, p. 79). Sendo assim, educadores e educandos, por meio da problematização e da reflexão crítica, comprometem-se com a mudança do mundo e assumem seus papéis de sujeitos dessa transformação.

Na psicologia social engendrada na América Latina em meados do século 20, período de extrema opressão e dominação, temos o surgimento da obra de Enrique Pichon-Rivière, quase ao mesmo tempo que Paulo Freire construía seu método. Separadas pelo espaço em que surgiram, uma estava preocupada com as condições sociais geradoras do analfabetismo e da exclusão, enquanto a outra possuía condições semelhantes que eram determinantes na produção de uma outra opressão: a da saúde mental.

Tanto Freire como Pichon-Rivière estavam preocupados com uma aprendizagem crítica que promovesse a compreensão do mundo e a apropriação dos meios, pelas populações marginalizadas, para sua transformação.

As metodologias — e com isso quero dizer princípios teóricos e ações práticas integradas, desenvolvidas por esses dois autores — fundamentam-se nas experiências vivenciais, em sua problematização ou enfrentamento e na consequente ação coletiva para transformar a realidade.

Paulo Freire, por meio dos círculos de cultura, busca promover uma pedagogia social de base antropológica, na qual os temas geradores desse processo educativo são constituídos numa relação participativa educador-educando, tornando-se segmentos da problemática vivida por aquela comunidade na sua interação com a realidade. Pichon-Rivière, por meio dos grupos operativos, desenvolve uma proposta de psicologia social que tem fundamentos nos processos grupais e implica uma aprendizagem coletiva, uma transformação dos integrantes do grupo, tanto emocional como de coesão da equipe e de suas habilidades operativas. Em ambas as metodologias, uma proposta dialética que vai do coletivo para o contexto social em que este habita, com uma única finalidade: transformá-lo e, assim, transformar também os integrantes desse processo, retirando-os da posição de meros espectadores do mundo para sujeitos de sua mudança.

Os fundamentos do materialismo dialético estão presentes nas duas propostas teórico-práticas. Nessa epistemologia, a teoria representa uma superestrutura que se constitui em um complexo de relações sociais que podem ser contextualizadas no estudo da infraestrutura econômica de uma determinada sociedade. Toda teoria, dialeticamente, é instigada por uma práxis, ação e reflexão sobre o concreto, na busca da decodificação deste último, em um processo de tomada de consciência de suas partes constituintes e contraditórias, visando ao enfrentamento da realidade e sua transformação. Nenhum projeto teórico-prático pode ser compreendido fora desse processo sem as suas partes determinantes e o estudo do contexto social em que foi engendrado.

A aprendizagem humana está diretamente ligada às interrogações que os grupos e as coletividades se propõem em determinado momento histórico, quando buscam narrar seus problemas, esperanças e expectativas, epistemologicamente registrando-os como uma experiência refletida da realidade que enfrentam. Sendo assim, todo conhecimento é sempre uma resposta coletiva às necessidades presentes numa sociedade e, assim, às contradições da existência dos seres humanos no mundo.

Uma teoria pode desvelar as contradições do real ou dissimulá-las e encobri-las, conforme os interesses sociopolíticos contidos em sua proposta de compreensão do mundo. No entanto, toda teoria implica uma prática social refletida na relação entre os seres humanos mediada pelo mundo, sendo assim o sujeito cognoscente não pode ser pensado como um indivíduo isolado, e sim como um sujeito social e coletivo. A construção do conhecimento não é uma produção particular, mas uma prática social articulada.

A concepção de aprendizagem presente nas duas propostas que analisaremos neste capítulo estão pautadas por esses pressupostos do materialismo dialético apresentados anteriormente. E isso representa também a interface e a relação teórico-prática entre os dois autores.

A maneira como as interações sociais são produzidas ocorrem em meio aos conflitos, dilemas, antagonismos e, portanto, interesses contraditórios presentes na luta de classes. Esta se explicita nas diferenças sociais, na distribuição desigual do conhecimento, dos direitos e dos meios de produção e sobrevivência. Implica, portanto, uma disputa e uma tensão entre concepções de mundo e de ser humano.

A pedagogia do oprimido: compreendendo o método freiriano

Educação forma consciência? Esta é uma questão difícil de responder quando olhamos para a educação que temos em nossa sociedade. Se analisarmos a frase com mais atenção, ela transmite a impressão de que a consciência deveria ser um produto doado pela educação. Talvez seja melhor perguntar: por meio da educação é possível construir uma consciência crítica acerca da realidade em que vivemos? E a resposta é sim, pois esta última é produto histórico, passível de ser transformado e, sendo o ser humano construtor da história, pode, na relação com outros seres humanos, tomar consciência de que é o sujeito dessa construção.

Freire não propõe um conhecimento que se instaura a partir da informação ou das respostas prontas para os problemas vivenciados, como as soluções fáceis vendidas pela indústria cultural e que invadem nossas casas pela antena e negam a construção de nossa identidade cultural, mas sim um construído no seio dessa identidade cultural, promovendo-a como produto histórico de uma determinada comunidade. Esta é a proposta de conscientização, que permite olhar para nossa realidade, a partir desse ângulo, em busca de uma práxis e de uma cultura que se pode recriar a todo momento e que é transformação dos homens, pois é histórica, produtora e produto dos próprios homens.

Para Freire, o homem é um ser de relações. "Está no mundo e com o mundo. [...] Pode objetivar-se, [...] distinguir entre um eu e um não-eu. [...] Isto o torna um ser capaz de relacionar-se; de sair de si; de projetar-se nos outros; de transcender." (Freire, 1979, p. 30). A vocação do homem é a de ser mais e, portanto, o núcleo fundamental que sustenta todo o processo de educação é o inacabamento ou a inconclusão do homem. É por se saber inacabado que ele procura se educar.

Segundo Freire, todo saber é relativo e se constrói a partir da superação contínua do senso comum em direção a um saber sistematizado. Os seres humanos, diante da realidade, tendem a apreendê-la, por meio da reflexão, como objeto de seu conhecimento. "Por isso a consciência reflexiva deve ser estimulada: conseguir que o educando reflita sobre sua própria realidade. [...] O homem deve transformar a realidade para ser mais" (Freire, 1979, p. 30).

O ser humano, devido à sua inconclusão, possui também um ímpeto criador e "a educação é mais autêntica quando desenvolve esse ímpeto ontológico de criar" (Freire, 1979, p. 31). Na *Pedagogia do oprimido*, Freire nos aponta que existe uma violência sobre a vocação ontológica do homem de ser mais e de humanizar-se. Essa violência à humanização gera outra violência, que é a luta do oprimido em busca de sua libertação. A educação não é um processo de adaptação do indivíduo à sociedade. A educação teria aí a função de desocultamento das relações opressoras na sociedade. O que se busca é a formação da consciência crítica diante das condições da existência humana. A realidade social, por ser produto da ação dos seres humanos, não pode transformar a si mesma, cabendo a estes essa transformação.

A função da alfabetização, proposta por Freire, é a de ultrapassar a compreensão mágica da realidade. É a partir dessa ideia que podemos compreender a função política da educação. Freire refere-se a uma consciência ingênua ou intransitiva que deve ser superada na direção do desenvolvimento de uma consciência crítica, necessária ao engajamento ativo na discussão e transformação política da realidade social.

Dessa forma, na *Pedagogia do oprimido*, Freire critica a educação bancária, enunciando-a como uma forma de aprendizagem que define o aluno como uma tábula rasa e o educador como aquele que deposita os conhecimentos. Para este autor, o ser humano é sujeito de sua educação. Possui conhecimentos com os quais interpreta o mundo e é no diálogo do homem com o mundo e com os outros homens que se engendram esses conhecimentos. "A leitura do mundo precede a leitura da palavra, e a leitura desta implica na releitura daquele" (Freire, 1989, p. 7).

A dialogicidade é o fundamento do método proposto por Paulo Freire. A teoria da ação cultural na qual o fazer humano é práxis, ou seja, não se dicotomiza teoria e prática, ação e reflexão, implica a transformação da realidade na qual os quefazeres são contraditórios, chegando a ser antagônicos. O quefazer dominante não pode ser dialógico nem problematizador das relações homem-mundo. "Estamos convencidos de que o diálogo com as massas populares é uma exigência radical de toda revolução autêntica." (Freire, 2013, p. 149).

Sobre o diálogo, vale a pena colocar a concepção de Freire. Ele o define como:

> [...] este encontro dos homens, mediatizados pelo mundo, para pronunciá-lo, não se esgotando, portanto, na relação eu-tu. [...] Esta é a razão porque não é possível o diálogo entre os que querem a pronuncia do mundo e os que não a querem; entre os que negam aos demais o direito

> de dizer a palavra e os que se acham negados deste direito. É preciso primeiro que, os que assim se encontram negados no direito primordial de dizer a palavra, reconquistem esse direito, proibindo que este assalto desumanizante continue. [...] Se é dizendo a palavra com que, pronunciando o mundo, os homens o transformam, o diálogo se impõe como caminho pelo qual os homens ganham significação enquanto homens. (Freire, 2013, p. 93-95)

O oprimido vive uma situação concreta de opressão e esta se reflete na linguagem, na educação, na cultura, na realidade socioeconômica, no estar colocado à margem do conhecimento do mundo letrado etc. A educação precisa ser conquistada pelo próprio oprimido, que, ao tomar consciência de sua cultura, de sua historicidade e do fato de ser produtor ativo do conhecimento, pode se apropriar dos saberes acumulados pela humanidade, e, em conjunto com os outros homens, poder resolver suas necessidades.

Segundo Freire, a forma de pensar do oprimido está condicionada pela situação concreta em que vive e na qual se forma sua consciência intransitiva. "O seu ideal é, realmente, ser homens, mas, para eles, ser homens, na contradição em que sempre estiveram e cuja superação não lhes está clara, é ser opressores" (Freire, 2013, p. 33).

Isso não quer dizer que os oprimidos não se sabem oprimidos. "O seu conhecimento de si mesmos, como oprimidos, se encontra, contudo, prejudicado pela imersão em que se acham na realidade opressora." (Freire, 2013, p. 33). Existem situações concretas de opressão que estão refletidas nas situações econômicas e culturais em que os homens estão inseridos e o oprimido tem um sentimento de se tornar tal como o opressor. Apresenta, em seus anseios existenciais, "uma irresistível atração pelo opressor. Pelos seus padrões de vida. Participar destes padrões constitui uma incontida aspiração. Na sua alienação querem, a todo custo, parecer com o opressor. Imitá-lo. Segui-lo" (Freire, 2013, p. 53).

A consciência que falta é a de que a situação de opressão representa "uma totalidade desumanizada e desumanizante, que atinge aos que oprimem e aos oprimidos" e cabe a estes "gerar de seu ser menos a busca do Ser Mais de todos" (Freire, 2013, p. 35).

Os oprimidos introjetam a sombra dos opressores, daí quererem ser como eles. Todavia, temem sua própria libertação e a consequente conquista de autonomia, pois implicaria assumir a responsabilidade sobre sua vida e sua história e exigiria deles que preenchessem o vazio deixado pela expulsão da sombra opressora. Assumir a responsabilidade pelos seus atos é um dos momentos do processo de conscientização.

> A realidade social, objetiva, que não existe por acaso, mas como produto da ação dos homens, também não se transforma por acaso. Se os homens são os produtores desta realidade e se esta,

na inversão da práxis, se volta sobre eles e os condiciona, transformar a realidade opressora é tarefa histórica, é tarefa dos homens. (Freire, 2013, p. 39)

Ao defendermos um permanente esforço de reflexão dos oprimidos sobre suas condições concretas, não estamos pretendendo um jogo divertido em nível puramente intelectual. Estamos convencidos, pelo contrário de que a reflexão, se realmente reflexão, conduz à prática. (Freire, 2013, p. 57)

A educação bancária representa a inconciliação educador-educandos. Nela, o papel do educador é o de disciplinar o influxo do mundo nos educandos. A consciência é entendida mecanicamente, como algo a ser preenchido. Esta é a educação que se serve da mídia e da indústria cultural, das propagandas e dos *slogans*. É uma educação depositária: "Sugere uma dicotomia inexistente homens-mundo. Homens simplesmente no mundo e não com o mundo e com os outros. Homens espectadores e não recriadores do mundo" (Freire, 2013, p. 71).

A educação problematizadora, proposta por Freire, ao contrário da bancária, tem caráter autenticamente reflexivo e coletivo, implicando desvelar a realidade, compreendendo a condição existencial em que nos encontramos e procurando superá-la.

Na bancária, não há participação na produção do conhecimento, aos educandos cabe memorizar os conteúdos. Sendo assim, o educando "não realiza nenhum ato cognoscitivo, uma vez que o objeto que deveria ser posto como incidência de seu ato cognoscente é posse do educador e não mediatizador da reflexão crítica de ambos" (Freire, 2013, p. 79). Dessa forma, a consciência continua imersa na realidade. Em oposição, a educação problematizadora promove a emersão das consciências e a inserção crítica dos homens na realidade, desmitificando-a.

Quanto mais se problematizam os educandos, como seres no mundo e com o mundo, tanto mais se sentirão desafiados. Tão mais desafiados, quanto mais obrigados a responder ao desafio. Desafiados, compreendem o desafio na própria ação de captá-lo. Mas, precisamente porque captam o desafio como um problema em sua conexão com outros, num plano de totalidade e não como algo petrificado, a compreensão resultante tende a tornar-se crescentemente crítica, por isto, cada vez mais desalienada. (Freire, 2013, p. 80)

Essa é o motivo pelo qual a primeira nega o diálogo, enquanto a segunda tem nele o fundamento do ato cognoscente que pode ser desvelador da realidade.

Enquanto a prática bancária, por tudo o que dela dissemos, enfatiza, direta ou indiretamente, a percepção fatalista que estejam tendo os homens de sua situação, a prática problematizadora,

> ao contrário, propõe aos homens sua situação como problema. Propõe a eles sua situação como incidência de seu ato cognoscente, através do qual será possível a superação da percepção mágica ou ingênua que dela tenham. A percepção ingênua ou mágica da realidade da qual resultava a postura fatalista cede seu lugar a uma percepção que é capaz de perceber-se. E porque é capaz de perceber-se enquanto percebe a realidade que lhe parecia em si inexorável, é capaz de objetivá-la. (Freire, 2013, p. 85)

Na medida em que o ser humano cria cultura, ele faz história e, nesse fazer, se constrói, enquanto humano, com os outros homens. "Cultura é todo o resultado da atividade humana, do esforço criador e recriador do homem, de seu trabalho por transformar e estabelecer relações de diálogo com os outros homens" (Freire, 2001, p. 38).

A proposta freiriana, partindo dessa concepção de cultura, não pode aceitar um projeto de educação que tenha um conteúdo programático fechado e estruturado segundo a imposição de modelos de homem e de conhecimento, pois isso implicaria a negação do próprio ato educativo e da possibilidade de ser do homem.

> Não seriam poucos os exemplos, que poderiam ser citados, de planos, de natureza política ou simplesmente docente, que falharam porque os seus realizadores partiram de sua visão pessoal da realidade. Porque não levaram em conta, num mínimo instante, os homens em situação a quem se dirigia o seu programa, a não ser como puras incidências de sua ação. (Freire, 2013, p. 99)

É a partir da problematização da situação presente, concreta, e da reflexão acerca da cultura e das aspirações de uma comunidade ou um grupo que podemos construir e escolher os conteúdos de um processo de aprendizagem e produção de conhecimento. Para tanto, é necessário viver um tempo de imersão na comunidade, realizar uma pesquisa participativa acerca das necessidades e saberes desta, conhecer sua linguagem, sua forma de pensar e agir, além das condições estruturais dessa coletividade. "Este é o momento em que se realiza a investigação do que chamamos de universo temático do povo ou o conjunto de seus temas geradores" (Freire, 2013, p. 102).

A educação tem de estar em correspondência não só com os temas geradores, "mas com a percepção que deles estejam tendo os homens. Esta exigência necessariamente se alonga noutra: a da investigação da temática significativa" (Freire, 2013, p. 102).

Os temas geradores têm de ser analisados da ótica do cotidiano e da possibilidade de uma macrovisão, percebendo como se inserem nas óticas continentais, nacionais e regionais. "É importante reenfatizar que o tema gerador não se encontra nos homens isolados da realidade, nem tampouco na realidade separada dos homens. Só pode ser compreendido nas relações homens-mundo" (Freire, 2013, p. 115).

A temática deve ser significativa e referente a fatos vividos. Por isso, a problematização deve estar presente já no ato da investigação, que é coletivo, pois é uma ação dos homens conhecendo os homens e suas próprias situações existenciais.

> Investigar o tema gerador é investigar, repetimos, o pensar dos homens referido à realidade, é investigar seu atuar sobre a realidade, que é sua práxis. [...] Quanto mais assumem os homens uma postura ativa na investigação de sua temática, tanto mais aprofundam a sua tomada de consciência em torno da realidade e, explicitando sua temática significativa, se apropriam dela. [...] É preciso que nos convençamos de que as aspirações, os motivos, as finalidades que se encontram implicitados na temática significativa, são aspirações, finalidades, motivos humanos. [...] São tão históricos quanto os homens. Não podem ser captados fora deles. (Freire, 2013, p. 115-117)

Na educação problematizadora o conteúdo programático não é algo que possa ser depositado, mas um processo de construção que se constitui na própria visão de mundo dos educandos e em seus temas geradores.

A investigação é formada basicamente de três etapas: a primeira é o contato com a realidade; a segunda é a codificação dos temas, que é a preparação do tema gerador; e a terceira é a descodificação ou a passagem do concreto vivido para o concreto pensado. Freire nos apresenta também a ideia de extrojeção dos sentimentos e das opiniões que ocorrem durante o processo dialógico, que emergem durante a etapa de descodificação nos Círculos de Cultura.

> No processo de descodificação, cabe ao investigador, auxiliar desta, não apenas ouvir os indivíduos, mas desafiá-los cada vez mais, problematizando, de um lado, a situação existencial codificada e, de outro, as próprias respostas que vão dando àqueles no decorrer do diálogo.
> Desta forma, os participantes do círculo de investigação temática vão extrojetando, pela força catártica da metodologia, uma série de sentimentos, de opiniões, de si, do mundo e dos outros, que possivelmente não extrojetariam em circunstâncias diferentes. (Freire, 2013, p. 132)

Durante o processo de decodificação se daria uma transformação qualitativa na forma de pensar a realidade. O pensar crítico que capta a realidade em constante devir e possível de ser transformada estaria em oposição ao pensar mágico ou ingênuo que a vê como algo estático e torna o olhar cada vez mais imerso nessa realidade intransformável que não diz respeito aos homens.

> E se seu pensar é mágico ou ingênuo, será pensando o seu pensar, na ação, que ele mesmo se superará. E a superação não se faz no ato de consumir ideias, mas no de produzi-las e de transformá-las na ação e na comunicação. [...]

> Esta reflexão sobre a situacionalidade é um pensar a própria condição de existir. Um pensar crítico através dos qual os homens se descobrem em situação. [...] Da imersão em que se achavam, emergem, capacitando-se para inserir-se na realidade que se vai desvelando. (Freire, 2013, p. 119)

É dessa forma que a realidade espessa que envolve os oprimidos como um nevoeiro no interior de um labirinto sem saída, e que por isso mesmo gera angústia, começa a esclarecer-se e a tornar-se possível de ser captada como situação objetiva e problemática na qual estamos inseridos.

> É preciso que a educação esteja — em seu conteúdo, em seus programas e em seus métodos — adaptada ao fim que se persegue: permitir ao homem chegar a ser sujeito, construir-se como pessoa, transformar o mundo, estabelecer com os outros homens relações de reciprocidade, fazer a cultura e a história. (Freire, 2001, p. 39)

A realidade cultural, política, social e econômica "não pode ser modificada, senão quando o homem descobre que é modificável e que ele pode fazê-lo" (Freire, 2001, p. 40).

Ao se problematizar uma situação concreta, os oprimidos começam a perceber que terão de desnudar-se de seus mitos ou afirmá-los. Essa dinâmica representa uma síntese da cultura e promove a construção de uma identidade cultural. A invasão cultural é o processo inverso da síntese cultural — busca impedi-la e, também, serve de anteparo à formação de uma identidade cultural, gerando, para isso, uma ilusão de valores e uma ideologização da realidade, dificultando sobremaneira o pensar crítico.

> Uma condição básica ao êxito da invasão cultural é o convencimento, por parte dos invadidos, de sua inferioridade intrínseca. Como não há nada que não tenha seu contrário, na medida em que os invadidos vão reconhecendo-se inferiores, necessariamente irão reconhecendo a superioridade dos invasores. Os valores destes passam a ser a pauta dos invadidos. Quanto mais se acentua a invasão, alienando o ser da cultura e o ser dos invadidos, mais estes quererão parecer com aqueles: andar como aqueles, vestir à sua maneira, falar a seu modo. (Freire, 2013, p. 179)

Na invasão cultural, o oprimido é colocado na posição de espectador da cultura e a realidade é mantida como intransformável. A proposta de síntese cultural deve fazer frente a toda cultura que se apresente como mantenedora do *status quo*. "Desta maneira, este modo de ação cultural, como ação histórica, se apresenta como instrumento de superação da própria cultura alienada e alienante" (Freire, 2013, p. 213).

A visão de mundo se constrói por meio da práxis. "É precisamente isto a práxis humana, a unidade indissolúvel entre minha ação e minha reflexão sobre o mundo" (Freire, 2001, p. 26).

O primeiro momento do ato de conhecer é a tomada de consciência sobre o mundo que se dá através da aproximação espontânea do homem. A posição que está colocado nesse momento é a ingênua e não a crítica. A conscientização, no entanto, tem como condição que "ultrapassemos a esfera espontânea de apreensão da realidade, para chegarmos a uma esfera crítica na qual a realidade se dá como objeto cognoscível e na qual o homem assume uma posição epistemológica" (Freire, 2001, p. 26).

A conscientização está baseada na relação consciência-mundo. A conscientização é consciência histórica: "é inserção crítica na história, implica que os homens assumam o papel de sujeitos que fazem e refazem o mundo. Exige que os homens criem sua existência com um material que a vida lhes oferece" (Freire, 2001, p. 26).

A decodificação implica decompor os códigos em seus elementos constituintes, desmitificando-os e historicizando as ideias que temos sobre a realidade. "O homem chega a ser sujeito por uma reflexão sobre sua situação, sobre seu ambiente concreto. Quanto mais refletir sobre a realidade sobre sua situação concreta, mais emerge, plenamente consciente, comprometido, pronto a intervir na realidade para mudá-la" (Freire, 2001, p. 35). A realidade só pode ser modificada quando os seres humanos em conjunto descobrem em sua reflexão que esta é histórica e transformável pela ação dos próprios homens.

O Círculo de Cultura é esse método, unidade de ensino que substitui a escola tradicional e reúne um coordenador com algumas dezenas de homens do povo, num trabalho comum de conquista da linguagem, reflexão crítica, aprendizagem e construção de saberes.

> No nosso método a codificação, a princípio, toma a forma de uma fotografia ou de um desenho que representa uma situação existencial real ou uma situação existencial construída pelos alunos. Quando se projeta esta representação, os alunos fazem uma operação que se encontra na base do ato de conhecimento; se distanciam do objeto cognoscível. Desta maneira os educadores fazem a experiência da distanciação, de forma que educadores e alunos possam refletir juntos, de modo crítico, sobre o objeto que os mediatiza. O fim da decodificação é chegar a um nível crítico de conhecimento, começando pela experiência que o aluno tem de sua situação em seu contexto real. (Freire, 2001, p. 31)

O que é essencialmente relevante evidencia-se no decorrer dos debates. Estes seres individuais concretos percebem a si mesmos como produtores de saberes e capazes de enfrentar a realidade.

Superar as atitudes mágicas, as opiniões vagas e as apreensões não críticas dos fatos — é esse o objeto do método freiriano. "Procurávamos uma metodologia que fosse um instrumento do educando, e não somente do educador, e que identificasse o conteúdo da aprendizagem com o processo mesmo de aprender" (Freire, 2001, p. 41).

A conscientização pressupõe a superação da falsa consciência, ou seja, do seu momento transitivo-ingênuo, implicando a inserção crítica da pessoa, por meio da leitura de uma realidade desmitificada. Nesta perspectiva, pensamento e linguagem constituem uma única dimensão e os sentidos referem-se à realidade do sujeito pensante.

> O pensamento-linguagem autêntico gera-se numa relação dialética entre o sujeito e sua realidade cultural e histórica concreta. Nos processos culturais alienados, que caracterizam as sociedades dependentes ou sociedades-objetos, o mesmo pensamento-linguagem é alienado. Resulta daí que estas sociedades, durante os períodos de alienação mais intensos, não possuem um pensamento autêntico que lhes seja próprio. A realidade, tal como ela é sentida, não corresponde à realidade objetivamente vivida, mas à realidade na qual o homem alienado imagina que se encontra. (Freire, 2001, p. 87)

A exposição dos mitos e das ideologias representam um processo de busca do esclarecimento científico acerca da realidade. Toda mistificação é renegada, pois esta é consequência da consciência-transitiva-ingênua que não nos permite o distanciamento e a reflexão, gerando o pensamento mágico. A ação cultural para a liberdade não pode satisfazer-se com os falseamentos e mistificações ideológicos, nem com modestas denúncias dos erros e fracassos que se apresentam mais como moralismos. Uma das tarefas dos Círculos de Cultura é promover uma reflexão crítica rigorosa de toda a ideologia.

Enrique Pichon-Rivière: teoria e prática

Enrique Pichon-Rivière nasceu em Genebra em 1907. Sua família era de origem francesa. Aos quatro anos de idade, mudou-se para a Argentina, região do Chaco, na qual a principal mão de obra provinha das tribos guarani. Era uma região marcada pela luta da resistência indígena contra a dominação colonialista.

Seu pai tinha sido expulso da Academia militar na Europa por suas ideias políticas e de esquerda. Esse contexto familiar preparava um caminho de formação política e de vivência cultural e antropológica que implicaria mais tarde uma visão crítica e de respeito ao conhecimento e à organização sociopolítica das populações oprimidas.

Os caraíbas, como eram chamados os integrantes da cultura guarani, apresentavam uma cultura marcada pela sensibilidade e imaginação, pela narrativa coletiva e, sobretudo, pelo mito e caráter poético de sua expressão cultural. Mais adiante em sua vida, já na década de 1930, formado em psiquiatria e psicanálise, tornou-se diretor do Hospício de Las Mercedes, podendo entrar em contato com essa mesma cultura e saberes populares a partir da relação com os internos. Constatou que os saberes, mitos e histórias das populações indígenas tinham sido convertidos pelo saber oficial em loucura.

Na universidade tinha contato com o método do materialismo dialético, buscando compreender a maneira complexa e contraditória como a realidade se apresenta. Viu nesse método o instrumento mais eficaz para abordar os conflitos sociais, tendo como pressuposto o primado da história, ou seja, tudo está em movimento, tudo se transforma por meio de contradições superadas. Tal evolução ocorre por saltos, crises, alterações bruscas, mudanças qualitativas. Além disso, esse método propõe uma análise da realidade a partir da interconexão dos fenômenos, ou seja, da ação recíproca de todas as coisas, umas sobre as outras.

A psicologia social preconizada por esses princípios metodológicos define o ser humano como sujeito da práxis, síntese operacional de suas interações sociais. Pichon-Rivière começou a elaborar, assim, uma concepção de aprendizagem que coloca a relação sujeito-mundo como o centro desse processo, como uma unidade de contrários em que o sujeito transforma a realidade e é transformado por ela. Como em uma espiral, o concreto vivido se transforma em concreto pensado e o psiquismo se constituiria nesse movimento.

Essa concepção psicossocial serviu de base para a construção do método dos Grupos Operativos. Neste, por meio da tarefa coletiva e de todos os conflitos decorrentes desta no movimento grupal, o múltiplo, o heterogêneo, o contraditório e o divergente integram-se na busca de uma síntese teórico-prática que acaba por enriquecer a cada um dos integrantes do grupo, suas subjetividades e seus esquemas referenciais, técnicos e operativos que promovem a transformação das práticas, mas também dos sujeitos inseridos nesse processo.

Por meio dos seus estudos do materialismo dialético e da psicanálise, Pichon-Rivière pôde perceber o caráter contraditório e de projeção massiva da violência e dos aspectos negativos do colonizador nos povos oprimidos. A desqualificação do outro, de sua imaginação, de seu conhecimento, de suas práticas, seus sentimentos e de suas narrativas era a tônica com que médicos das elites brancas tratavam os índios, definindo-os como loucos e perigosos, pertencentes a uma raça inferior de ladrões e assassinos.

Os hospitais psiquiátricos eram grandes depósitos desses oprimidos, não tendo como finalidade o tratamento e a saúde mental, e sim, o preconceito, a segregação e a desqualificação. Esse pensamento diante da doença mental não ficava restrito aos hospitais, mas se estendia às atitudes sociais e institucionais das classes dominantes. Tal processo de transculturação implicava a desestruturação de vínculos internos dos oprimidos, o alcoolismo, a produção social da violência e, principalmente, a incidência de complexos obstáculos sociais na constituição das identidades das populações caraíbas.

Isso tudo acabava por gerar uma desestruturação nos processos de subjetivação e a consequente quebra dos vínculos afetivos. A prática clínica pichoniana foi, progressivamente, buscando abordar o ser humano concreto em suas condições concretas de existência, ampliando a prática psicológica dos modelos individuais de atuação para os modelos grupais, priorizando o diálogo, as atividades coletivas e a explicitação dos conflitos sociais.

A concepção do sujeito como determinado pelas condições concretas da realidade política e social em que habita levou Pichon-Rivière a questionar essa realidade, a propor em seu método que o sujeito se torne transformador da sociedade por meio da tomada de consciência de sua determinação, indagando seu cotidiano, fortalecendo a cultura popular e seus saberes, mitos, narrativas, folclores, danças, processos grupais e práticas sociais.

Pichon-Rivière denunciou a saúde mental, evidenciando-a como instrumento ideológico e de dominação que acaba por validar, por meio da transculturação, a adaptação passiva e acrítica à realidade opressora.

Sua obra considera todo sujeito um ser coletivo, engendrado em sua prática social, estruturada nos grupos dos quais participa. Essa estrutura gera disposições para a ação a partir de esquemas conceituais e tendências afetivas e estéticas, produzidas nessas experiências grupais. Essas tendências possuem dois caminhos: um deles produz ações e discursos em direção à transformação da sociedade e à conquista de direitos para todos. Já o outro, em contradição com o primeiro, atua na manutenção da ordem vigente e na conservação do *status quo*. Ambas devem estar presentes nos debates dos grupos operativos.

Essa metodologia nos impele a refletir ativamente a respeito das contradições da realidade em que vivemos, mobilizando o grupo a buscar uma compreensão dos conflitos sociais, políticos e econômicos e, assim, uma práxis transformadora. O objeto de conhecimento deve ser estudado nessa práxis, promovendo a transformação do objeto e do sujeito que opera.

A vivência junto à cultura guarani provocou a afinidade e a escuta de Pichon-Rivière para a elaboração coletiva de lendas e narrativas dessa cultura, que versavam a respeito das experiências de destruição e perda geradas pela violência do processo colonizador. Sua prática clínica no campo da neurose e da psicose foram marcadas por essa concepção de opressão e determinação social, mas também de resistência, de luta, de grupo, de estrutura familiar, de narrativa transformadora e elaboração poética e, principalmente, de ação coletiva e integração de saberes na prática social, analisando também a cultura popular, o futebol, o tango, as concepções políticas, o humor, os movimentos sociais, as reações coletivas diante de desgraças e catástrofes, os processos de migração e os processos criativos e de elaboração artística da realidade.

Pichon-Rivière (1982, p. 11) postula a psicologia social como uma crítica da vida cotidiana:

> O esquema de referência de um autor não se estrutura apenas como uma organização conceitual, mas está amparado num fundamento motivacional de experiências vividas. Através delas, o pesquisador construirá seu mundo interno, habitado por pessoas, lugares e vínculos que, articulando-se com um tempo próprio, num processo criador, configurarão a estratégia do descobrimento.

Suas bases teóricas pautaram-se no método do materialismo dialético e na psicanálise kleiniana, mas também têm influência da fenomenologia e da psicologia social norte-americana, entre outras. Sua obra identifica saúde mental e aprendizagem, sendo esta última a capacidade de apropriar-se instrumentalmente da realidade para transformá-la. Sendo assim, os discursos ideológicos são entendidos como estereótipos e cristalizações da personalidade que dificultam a percepção desta e, portanto, a prática coletiva para sua transformação. A ansiedade atua nesse processo como forma de energia que gera tensão grupal e pode impelir o coletivo à transformação ou a tornar-se obstáculo e paralisia diante dos conflitos sociais. Nos grupos operativos promove-se uma atividade coletiva para a interpretação e modificação da realidade, que passa também por compreender e enfrentar a ansiedade, propiciando a transformação tanto do grupo como de cada indivíduo que o integra.

Sendo assim, o método do grupo operativo é um processo coletivo que implica manejar ansiedades, conflitos, saberes, ideologias e habilidades técnicas, aprimorando continuamente o conhecimento da equipe que realiza uma prática. Por outro lado, as condutas estereotipadas e a rigidez ideológica representam a incapacidade de produzir novas repostas. Dessa forma, fica afetada a intepretação do real e sua transformação, as respostas se enrijecem e os modelos da prática tornam-se repetitivos e pouco refletidos, estancando-se os movimentos de comunicação e aprendizagem. Esta última implica um processo de indagação e problematização coletiva da realidade social por meio de uma práxis.

Segundo Pichon-Rivière, o grupo operativo é essencialmente uma tarefa terapêutica que atua na diminuição das ansiedades e na ruptura dos estereótipos e condutas repetitivas, promovendo o restabelecimento da dialética sujeito-realidade.

> O grupo é, em essência, uma estrutura de operação, cenário imediato, horizonte de nossa experiência social. O método do grupo operativo procura potencializar essa operatividade, centrando seus integrantes no reconhecimento de suas necessidades, na elaboração de um projeto e no desempenho de uma tarefa. (Instituto Pichon-Rivière, 1989, p. 24)

A tarefa, enquanto atividade, está pautada numa reflexão crítica a respeito da própria tarefa e das interações grupais que vão ocorrendo em função do objetivo proposto. Esta reflexão coletiva se desenvolve no decorrer do processo grupal a fim de elaborar ansiedades em relação às imperícias na realização da tarefa e aos obstáculos e dificuldades que surgem diante dos processos interacionais.

> Permite o intercâmbio de informação, de experiências vitais, o confronto de estilos de aprendizagem que podem ser processados e articulados numa síntese grupal enriquecedora para todos e para cada um dos integrantes. (Instituto Pichon-Rivière, 1989, p. 24)

Todo o processo grupal engendrado nesse método implica, segundo o autor, aprender a aprender ou aprender a pensar, questionar, indagar.

No processo grupal, promove-se uma práxis coletiva, ação refletida, que gera a superação da dependência na direção da conquista da autonomia, a circulação do saber na direção da cooperação e não da competição. Entretanto, implica também uma série de conflitos grupais que precisam ser analisados pelo grupo em função da tarefa. Busca-se assim romper com toda forma de aprendizagem que dissocia hierarquicamente o saber entre aqueles que são detentores deste e os que são ignorantes e devem aprendê-lo em silêncio. Tal cisão da práxis, ou separação da teoria e da prática, foi forjada no processo de colonização.

> Dissociação esta que, articulada com a cisão entre teoria e prática, emergiu historicamente de relações de dominação e exploração de uma classe por outra, resultando, ambas, funcionais à perpetuação dessas formas das relações sociais ao consagrar como *natural* e *a-histórica* a divisão entre trabalho manual e intelectual e como *natural* e *a-histórica* também uma distribuição elitista do saber. (Instituto Pichon-Rivière, 1989, p. 26, grifos do autor)

Segundo Pichon-Rivière, denomina-se grupo operativo a articulação de pessoas em grupo para alcançar um objetivo comum. Só se consegue atingir a integração e coesão grupal à medida que a atividade vai sendo executada. Conforme o autor (2009), o grupo operativo necessita, portanto, de uma tarefa a ser realizada de forma integrada e, durante a execução dessa tarefa, seus integrantes enfrentarão conflitos em razão da pluralidade de ideias, o que pode contribuir para o grupo se conhecer melhor, ampliar sua integração e tornar-se uma equipe.

De acordo com o método, existem dois tipos de grupo: a) primário: aquele que se constitui por vínculos afetivos (ex: grupos de parentesco ou amizade); b) secundário: mediado por vínculos profissionais (ex: grupos institucionais, grupo de trabalho e grupos de estudo). Pichon-Rivière (2009) identifica duas estruturas grupais: a) simbiótica: primeiro momento da construção do grupo, cuja principal característica é a cristalização da dependência. Neste primeiro movimento simbiótico, as pessoas estão reunidas para se defender do ataque do inimigo, do novo, do diferente. *Quem não concorda comigo é meu inimigo*. Prevalecem a homogeneidade e a semelhança. *Ou somos todos iguais, pensamos da mesma forma, ou não somos um grupo*. O diferente é expulso ou vira bode expiatório. Esse é um processo que tende ao autoritarismo. O grupo que repudia a diferença cristaliza-se, burocratiza-se e tende à dissolução, porque não pensa; b) diferenciada: as pessoas se reúnem para trabalhar as diferenças como elementos da identidade do grupo. A estrutura diferenciada busca desenvolver a prática grupal com os indivíduos heterogêneos, valorizando as diferenças e enfrentando os permanentes conflitos, que permitem construir a autonomia e fortalecer o processo democrático. Um dos objetivos do grupo operativo é garantir a passagem da estrutura simbiótica para a estrutura diferenciada.

O autor defende que os grupos apresentam três movimentos: a) amontoado: neste primeiro movimento, o propósito é preservar a homogeneidade. Busca-se estabelecer alianças com os indivíduos semelhantes, negando quaisquer diferenças, que são consideradas, muitas vezes, um ato de traição. Em alguns grupos, pode emergir um movimento persecutório sobre integrantes diferentes, pois no sonho da homogeneidade o outro é ignorado, não podendo expressar suas diferenças; b) enfrentamento: confronto das divergências. Afirma-se a própria identidade afirmando suas diferenças constitutivas; c) integração: descoberta de que cada indivíduo é um elemento indispensável e constituinte do "nós". Antes, o exercício de diferenciar-se produzia angústia. Agora, o medo é administrado e, como parte da existência humana e do trabalho grupal, não provoca esquivas nem ataques, mas possibilita a ação integrada a partir do reconhecimento de que as diferenças articuladas ampliam as possibilidades grupais.

Pichon-Rivière (2009) destaca nos grupos cinco papéis que seus integrantes costumam desempenhar: a) líder de mudança: é aquele que estimula o grupo a agir e enfrentar as dificuldades com ousadia, que apresenta caminhos, saídas e alternativas. Argumenta que, para avançar e se desenvolver, é necessário mudar as estratégias e as formas de ação; b) líder de resistência: é aquele que freia o contato com o novo, com o diferente, reforçando as angústias grupais diante de possíveis mudanças e tornando o grupo ainda mais refratário a qualquer tipo de transformação. O líder de resistência prefere a segurança e a todo custo evita o risco. Por isso, empenha-se para convencer o grupo a permanecer no lugar seguro e confortável que ocupa; c) porta-voz: é aquele que parece possuir uma antena que capta os conflitos grupais e consegue devolvê-los ao grupo de modo adequado e compreensível, fazendo-se ouvir e facilitando os canais de diálogo e comunicação. Ele assume espontaneamente, pelas habilidades de que dispõe, a condição de representante dos sentimentos e pensamentos do grupo; d) bode expiatório: aquele em que, em situações de confronto e disputa, quando o clima grupal está tenso, seus integrantes buscam alívio, projetando os incômodos e desentendimentos. Ele é considerado culpado por todos os problemas do grupo. Acredita-se que, se ele for expulso, tudo volta à normalidade; e) silencioso: é o famoso "em cima do muro". Enquanto o líder de mudança e o líder de resistência debatem buscando simpatizantes de suas ideias, o silencioso não se manifesta. Esses papéis são flexíveis e mudam periodicamente no decorrer do processo grupal. Se o bode expiatório é excluído do grupo, este último acaba por eleger outro a fim de continuar a projetar os fracassos grupais. Muitas vezes o líder de mudança torna-se o porta-voz do grupo, principalmente quando este assume os riscos da mudança.

Como dito anteriormente, o método implica uma tarefa que deve ser conduzida pelo grupo, contudo a parte mais relevante ocorre em momentos de conversação grupal, na qual se promove a avaliação do processo e das relações e conflitos pessoais que são gerados no decorrer da tarefa. Para isso, torna-se necessária a participação de um coordenador de grupo e um observador. Tudo se passa como se o grupo aprendesse a pensar o grupo e avaliasse continuamente seus saberes, habilidades técnicas, conflitos e diferenças. O coordenador atua no sentido de promover a mediação, a problematização e a escuta grupal, visando ao aprimoramento da equipe, tanto técnico como emocional. O observador o ajuda apontando elementos de discussão observados no decorrer do processo grupal. Qualquer integrante pode ser um observador e é interessante haver um rodízio para esse papel, a fim de que todos desenvolvam a capacidade de observar e apontar aspectos a serem refletidos acerca da realização da tarefa e do funcionamento do grupo.

> Se o grupo para, se ele se estereotipa nesse momento de confusão e não consegue superá-lo, não consegue dar um passo à frente, fica paralisado e não consegue dar o salto na realização de uma tarefa grupal. Esses obstáculos, essas dificuldades, ainda que não provenham da afiliação, através das emoções, através das sensações, nos conscientizam de sua presença e constituem o implícito do grupo, o que está latente. Muitas vezes não se percebe esse nível da tarefa, e não se consegue elaborá-lo, pelo fato de não se tomar consciência desse latente, nem de enfrentá-lo,

> ficando o grupo impedido de dar o salto na realização da tarefa. Essa é uma das características que definem o grupo operativo, e à qual o coordenador deve prestar muita atenção. (Instituto Pichon-Rivière, 1989, p. 66)

O autor refere-se a dois níveis da tarefa grupal: o explícito, aquilo que está dito acerca das finalidades iniciais dos integrantes ao chegarem ao grupo, e o implícito, ou seja, que precisa ser trazido à tona para ser elaborado coletivamente. É função do coordenador auxiliar o grupo a explicitar conflitos, enfrentá-los e desvendar aspectos latentes.

Interfaces e aproximações

Pensar as semelhanças, diferenças e complementaridades entre os dois autores não é uma tarefa fácil, mas é a proposta deste ensaio. Apresentamos em síntese a história da constituição de ambos os métodos, os círculos de cultura e os grupos operativos. A partir dessa exposição, já é possível para o leitor realizar suas considerações. No entanto, a fim de auxiliá-los nesta reflexão, pretendo neste último item ensaiar interfaces e aproximações entre esses autores e suas obras.

Pichon-Rivière, na Argentina, diferentemente de Freire, que está preocupado com o fenômeno do analfabetismo no Brasil, indaga, primeiramente, acerca da doença mental. Dessa investigação chega ao processo de aprendizagem. Instigado pelo método do materialismo dialético, constata que tanto a saúde como a educação são processos eminentemente políticos. A transculturação, ou seja, a desqualificação da identidade cultural dos grupos populares, seus saberes, narrativas, produções artísticas, é geradora da desestruturação das subjetividades.

No Brasil, a vida dos nordestinos nas cidades grandes sempre passou por um assalto desumanizante, uma situação de agressão e de exploração constante, da perda inusitada do habitat e das formas de adaptação do eu. A proposta de educação freiriana buscou enfrentar justamente esse problema da desqualificação da cultura popular e da alienação dos indivíduos em relação aos processos de produção de conhecimento e transformação do mundo.

Pichon-Rivière, em sua obra, também evidenciou a aprendizagem como uma questão política, tal como Freire, e a apropriação do conhecimento e constituição dos sujeitos cognoscentes como um processo coletivo, de ação refletida, ou seja, uma práxis.

Para ambos os obstáculos a essa práxis e à assunção dos sujeitos como seres cognoscentes está fundada na estrutura historicamente constituída das sociedades. Essa estrutura, ou ordem social, pautada na exploração, na dominação e nas diferenças sociais, é internalizada pelas camadas populares na forma da concepção de si mesmo, de mundo e interpretação deste por meio da ideologia.

Esse modelo de si mesmo e do mundo acaba por interferir diretamente nas práticas sociais, por isso a aprendizagem tem de se tornar uma transformação dessas práticas, de si mesmo e do mundo — uma não pode ocorrer sem a outra. Esta talvez seja a grande contribuição de Pichon-Rivière: a integração do fenômeno psíquico à práxis, a unidade entre ansiedade, reflexão e prática.

Os modelos de aprendizagem consagrados em países como Brasil e Argentina, com as formas autoritárias, individualistas e tecnicistas, que não valorizam a reflexão e a produção coletiva do conhecimento, foram determinados pelo processo de colonização, exploração e dominação das populações pobres e indígenas. Tanto a visão freiriana como a pichoniana, enfrentando contextos sociais distintos, mas muito semelhantes no processo descrito anteriormente, convergem na mesma direção de enfrentamento desse problema da desvalorização do ser humano como produtor de saberes e capaz de transformar sua realidade coletivamente. Como transparece na frase de Freire: "Ninguém liberta ninguém, ninguém se liberta sozinho, os homens se libertam em comunhão" (Freire, 2013, p. 52).

O sistema de relações sociais nesses países, a fim de garantir a continuidade do *status quo*, busca gerar modelos de interpretação do mundo e constituição das sensibilidades e, assim, aprendizagens que formem subjetividades voltadas para a manutenção e não transformação do mundo, obstaculizando o pensamento crítico, coletivo e histórico.

Talvez por isso Pichon-Rivière se defina como psicólogo social e não como psicanalista, e Paulo Freire defina sua educação como libertadora. Em ambas as teorias, o sujeito é constituído por um conjunto de relações sociais e toda questão da subjetividade vem a ser um problema histórico-social e político. O método dos grupos operativos e a metodologia dos círculos de cultura, na América Latina, representam uma reivindicação de valorização dos saberes populares, mas, mais do que isso, de legitimação das populações pobres como sujeitos cognoscentes, produtores de conhecimento e, principalmente, da relevância da organização dos grupos e das comunidades na apropriação de saberes para a transformação de suas vidas.

> Paulo, a partir dos problemas da alfabetização chegou à educação de adultos; Pichon-Rivière, a partir do problema também de uma marginalidade, a do doente mental, chegou a descobrir que a única maneira de lutar contra a doença mental, de fazer prevenção, era promover a aprendizagem em toda a sociedade não exclusivamente no doente mental. (Instituto Pichon-Rivière, 1989, p. 45)

Na pedagogia freiriana, a educação implica uma relação não assimétrica entre educando e educador, ambos em um processo dialógico mediatizado pela transformação do mundo. Diálogo este que tem também outra mediação: a do conteúdo educacional, ou seja, os conteúdos historicamente acumulados pela humanidade em correlação com o mundo e sua realidade. Isso ocorre nos círculos de cultura. Todavia, não pode ser constituído por uma relação assimétrica em que o agente social, liderança desse processo educativo, aparece como aquele que sabe os meios para as transformações sociais e, portanto, expõe esse conteúdo aos grupos populares. Discursos transformadores não são suficientes para que o grupo se comprometa com a transformação.

Os grupos têm de desenvolver a autonomia para problematizar e refletir a respeito dessa transformação. Têm de ser escutados e aprender a se escutar. A função do agente social ou do educador torna-se a de estimular a fala coletiva e a reflexão grupal, contudo tem de reconhecer que faz parte desse processo de mudança, dessa práxis e conquista de autonomia. Sendo assim, reflete junto com o grupo; representa, muitas vezes, o acesso aos conteúdos historicamente acumulados pela humanidade, sem autoritarismo, como na educação bancária, mas como aquele que instiga e ajuda a problematizar as práticas sociais.

> Quando conhecemos algo, não só estamos nos encontrando com a realidade, mas estamos também pondo em jogo um sistema de representações que nos faz perceber quem somos nós aprendendo, que afirma que essa realidade é cognoscível ou incognoscível, que afirma que nossa palavra tem vez ou não tem, só tem vez a palavra do outro e não a nossa. O que é preciso é romper a alienação sistemática que, como sujeitos do conhecimento, nos propõe o sistema educativo no qual estamos imersos e, mais ainda, o sistema de relações sociais em que estamos imersos. (Instituto Pichon-Rivière, 1989, p. 45)

Nos círculos de cultura, agentes e participantes compartilham seus saberes. O conhecimento se constitui a partir do diálogo. Não se pode estimular a reflexão e, assim, a ação coletiva se no processo dialógico as respostas vêm prontas, se o conteúdo é apresentado como não reflexivo, se o conhecimento é visto como acabado, se os saberes populares e as formas como os grupos e as comunidades resolvem seus problemas são desvalorizados. O agente social tem de se reconhecer como diferente, mas como parte de um processo que tem a mesma direção, e só assim ganhar importância no processo de aprendizagem e desenvolvimento humano. O educador, ou agente social, com base no método freiriano, deve estar inserido numa prática social, para além do projeto educativo. No entanto, uma postura de humildade (não sou o detentor do saber), de escuta e de respeito aos saberes populares é de fundamental importância nessa formação.

As semelhanças entre a função do agente social no círculo de cultura e do coordenador no grupo operativo são significativas. A formação de um e de outro passa pela formação da postura de trabalho e de relação com o grupo: saber escutar e saber problematizar, suportar a ansiedade de dar respostas prontas, respeitar a constituição da autonomia do grupo, valorizar seu conhecimento e esquemas referenciais.

A concepção de operativo vem do verbo operar, que significa uma intervenção no contexto grupal, com a clara intenção de provocar mudança, de promover modificações. Esse processo se dá por meio de uma tarefa coletiva que o grupo assume como sua: discutir um tema, transformar uma realidade, realizar uma ação. Modifica-se assim as formas de interação grupal e do trabalho coletivo, mas também as concepções de mundo e as próprias pessoas que estão imersas nesse contexto.

> Não é possível de imediato, de pronto, um grupo tornar-se operativo, conseguir operar no verdadeiro sentido da palavra. Leva tempo porque implica num processo de redefinição das necessidades individuais em necessidades grupais, comuns ao grupo. É necessário, então, que o grupo possa reconhecer o caráter social das necessidades presentes nele. (Instituto Pichon-Rivière, 1989, p. 64)

O objetivo é sempre grupal, no entanto é um processo dialético: o progresso ocorre por meio de contradições superadas, conflitos sociais que são enfrentados, o que implica avanços e retrocessos, possíveis saltos qualitativos, obstáculos, muita confusão, ansiedade e momentos de dissociação em que o grupo perde a noção de sua tarefa e finalidade. A ansiedade atua nesse processo como energia que pode impulsionar a tarefa ou paralisá-la, e nas duas formas precisa ser reconhecida e enfrentada, tornando-se um dos pontos fundamentais do processo grupal. Além disso, temos o conceito pichoniano de Esquemas Referenciais e Operativos, que representa o

> [...] conjunto de experiências, conhecimentos e afetos com os quais o indivíduo pensa e atua, ou seja, o resultado dinâmico da cristalização, organizada e estruturada na personalidade, de um grande conjunto de experiências que refletem certa estrutura do mundo externo, conjunto segundo o qual o sujeito pensa e atua sobre o mundo. (Bleger, 1998, p. 78)

As estereotipias, ou seja, paralisias emocionais diante de uma tarefa ou simples cristalizações da prática na forma de repetições que têm a finalidade de evitar o contato com a ansiedade, podem ocorrer também pela ideologia, um discurso de manutenção das formas das práticas sociais, que acaba por contribuir com a cristalização do *status quo* na sociedade.

No decorrer da elaboração deste capítulo, pude perceber uma série de semelhanças, diferenças e complementariedades entre as duas propostas. Espero que o leitor tenha sido motivado a essa reflexão e que a aprendizagem a respeito de uma das metodologias possa se enriquecer do debate com a outra.

As duas propostas precisam ser estudadas cuidadosamente e aprofundadas para quem pretende realizar ações grupais em comunidades ou instituições por meio da psicologia ou da pedagogia social. Tenho no conceito de ação comunitária talvez aquilo que mais une as duas propostas: ambas implicam em ação-reflexão-ação coletivas diante da realidade social. É um processo de transformação contínuo, uma espiral dialética na produção do conhecimento e na consequente mudança nas formas da relação desenvolvimento e aprendizagem de um grupo.

Referências

BLEGER, J. *Temas de psicologia: entrevista e grupos*. São Paulo: Martins Fontes, 1998.

FREIRE, P. *Educação e mudança*. 24. ed. Rio de Janeiro: Paz e Terra, 1979.

______. *A importância do ato de ler: em três artigos que se completam*. São Paulo: Autores Associados, 1989.

______. *Educação como prática da libertação*. 22. ed. Rio de Janeiro: Paz e Terra, 1996.

______. *Conscientização: teoria e prática da libertação: uma introdução ao pensamento de Paulo Freire*. 3. ed. São Paulo: Centauro, 2001.

______. *Educação e atualidade brasileira*. 3. ed. São Paulo: Cortez; Instituto Paulo Freire, 2003.

______. *Ação cultural para a liberdade e outros escritos*. 5. ed. Rio de Janeiro: Paz e Terra, 2006.

______. *Pedagogia do oprimido*. 55. ed. rev. e atual. Rio de Janeiro: Paz e Terra, 2013.

______. *Pedagogia da indignação: cartas pedagógicas e outros escritos*. 3. ed. São Paulo: Paz e Terra, 2016a.

______. *Pedagogia da esperança: um reencontro com a pedagogia do oprimido*. 23. ed. São Paulo; Rio de Janeiro: Paz e Terra, 2016b.

______. *Pedagogia da autonomia: saberes necessários à prática educativa*. 57. ed. Rio de Janeiro; São Paulo: Paz e Terra, 2018.

FREIRE, P.; SHOR, I. *Medo e ousadia: o cotidiano do professor*. Trad. Adriana Lopez. Revisão técnica de Lólio Lourenço de Oliveira. Rio de Janeiro: Paz e Terra, 1986.

INSTITUTO PICHON-RIVIÈRE. *O processo educativo segundo Paulo Freire e Pichon-Rivière*. Rio de Janeiro: Vozes, 1989.

PICHON-RIVIÈRE, E. *La psiquiatría, una nueva problemática. Del psicoanálisis a la psicología social (II)*. Buenos Aires: Ediciones Nueva Visión, 1979.

______. *O processo grupal. Da psicanálise à psicologia social (I)*. São Paulo: Martins Fontes, 2009.

______. *El proceso creador. Del psicoanalisis a la psicologia social (III)*. Buenos Aires: Ediciones Nueva Visión, 1982.

______. *Teoria do vínculo*. São Paulo: Martins Fontes, 1986.

PICHON-RIVIÈRE; QUIROGA, A. P. *Psicologia da vida cotidiana*. São Paulo: Martins Fontes, 1998.

4 O TRABALHO COM GRUPOS NA PERSPECTIVA DA PSICOLOGIA ANALÍTICA

ANA LÚCIA RAMOS PANDINI

A psicologia analítica, abordagem criada e profundamente desenvolvida por Carl Jung que tem sido amplamente continuada por centenas de seguidores, lança seu olhar sobre uma infinidade de fenômenos humanos e propõe intervenções em todas as áreas da psicologia, trazendo manejos da clínica ampliada que promovem ampliação da consciência pessoal e coletiva e melhora do bem-estar emocional.

Nesse sentido, o trabalho com grupos não poderia ser deixado de lado pelos profissionais que utilizam essa abordagem. Contudo, este é um dos temas mais polêmicos e, ao mesmo tempo, inovadores na perspectiva junguiana pelo fato de Jung ter descrito o grupo como potencialmente perigoso em diversos momentos de sua obra, como se o sujeito ficasse desapropriado de si mesmo ao participar dele. Jung confunde grupo com massa, no sentido de que massa traz indiferenciação e não suporta o diferente, a diversidade, a discriminação entre o eu e o outro. Ele acreditava que o funcionamento das pessoas em grupo passaria pelo predomínio da participação mística, termo que utilizava para definir dinâmicas em que o ego mergulha no inconsciente, perdendo sua capacidade de discriminação eu-outro e sua autonomia. Neste modo de funcionamento, o pensamento, incluindo o pensamento mítico de um único indivíduo, predominaria sobre os outros, impossibilitando o desenvolvimento do processo de individuação dos participantes de todo tipo de grupo.

Jung concebeu suas opiniões sobre grupos refletindo sobre as duas grandes guerras, que criou líderes autoritários e fenômenos de massa. Ao vivenciar a destrutividade do nazismo e observar como uma liderança perversa pode manipular multidões, dissolvendo a consciência crítica dos indivíduos, acreditava ser este um fenômeno de grupo. É, portanto, uma concepção contaminada por vivências traumáticas, oriundas da ativação da sombra coletiva.

É interessante ponderar que o próprio Jung não concebia a individuação pelo coletivo, contudo ele mesmo teve experiências com o Clube Psicológico, que o apoiou enormemente em suas reflexões sobre sua obra inovadora. O acolhimento e valorização provenientes deste grupo (os encontros Eranos) o fortaleceu para que continuasse a construção de suas contribuições. Sem dúvida os encontros grupais também contribuíram para o processo de individuação de Jung.

Fundamental salientar que Jung afirmava categoricamente que o processo de individuação não ocorre em um indivíduo isolado de outras pessoas, mas dialogando profundamente com seu inconsciente ao mesmo tempo que se relaciona intensamente com o social mais amplo. Esse processo que permite o desenvolvimento da personalidade inclui conjuntamente um olhar para as demandas do mundo interno e externo.

Jung (2000) definia o processo de individuação com a frase "Tornar-se si mesmo". Descrevia a capacidade do ser humano de tornar-se um ser único, buscando alcançar sua originalidade. Entretanto, essa originalidade, segundo ele, só poderia se realizar nas trocas com outros seres humanos ao longo de toda a vida. A esse respeito, Kast (2016, p.14) afirma: "O tornar-se si mesmo não pode ser visto como algo que exclui o mundo dos outros; ao contrário tornar-se si mesmo, a configuração de si mesmo, implica sempre a configuração de relações".

Pieri (2002, p. 216), ao descrever o tema grupo a partir das concepções de Jung, afirma:

> O que é importante em psicologia é a possibilidade de fazer experiência de dupla simbolização da unidade e da multiplicidade e, portanto, da identidade com os outros e, junto a esta, da diferença em relação aos outros. Neste sentido são tematizados os modos que o indivíduo tem de agregar-se, e a tomada ou não tomada de responsabilidade da própria ineludível individualidade e, ao mesmo tempo, do próprio ser coletivo.

Podemos, então, perceber que o modelo junguiano de psique e a compreensão do desenvolvimento da personalidade são definidos tanto pelos diálogos do ego com as diversas partes da psique inconsciente quanto pelas relações interpessoais, tendo, portanto, o mesmo grau de importância as relações com o mundo interno e as com o mundo externo.

Aspectos da prática analítica e trabalho com grupos

Utilizo as importantes contribuições de Ettin (1995), autor que aponta para fundamentos da psicologia analítica e que tem uma concordância com a prática da psicoterapia de grupo, para desenvolver as ideias a seguir.

A perspectiva junguiana tem uma sensibilidade para a ambivalência da natureza humana, incluindo o paradoxo, a pluralidade dos dois polos, o espaço interno e externo e os processos culturais.

O próprio conceito de totalidade propõe a conexão com o que é mais profundo e coletivo, pensando em características comuns e potenciais comuns a toda a humanidade. A totalidade se atenta para a experiência coletiva e para a reintegração do que é desvalorizado, do que é projetado — enfim, das partes cindidas do *self*. Esses aspectos não desejados e colocados no outro necessitam ser reconhecidos, e qual seria o melhor lugar para explorar essa possibilidade senão em um *setting* psicoterapêutico grupal? Se observarmos no outro aquilo que nos traz repúdio — e com isso podemos, mesmo que de forma dolorosa, encontrar conteúdos da sombra pessoal —, podemos pensar que para o indivíduo a diversidade dentro de si (as muitas características de personalidade) não pode encontrar um lugar de excelência para compartilhar com a diversidade de diversas pessoas?

Qual seria o melhor tipo de *setting* para trabalhar o interno projetado no outro? E mais: qual o melhor *setting* para acomodar o único dentro de muitos, o único comum a todas as pessoas?

Ettin (1995, p. 430) traz uma bonita expressão sobre isso: entrar em contato com "o muito dentro de um e o um dentro de muitos". O processo de individuação, como ressalta o autor, é um processo do desenvolvimento pessoal que torna a pessoa menos cindida e, portanto, com menos conflitos para reconhecer diversidades intrapessoais, com maior capacidade para sustentar as contradições inerentes à natureza humana dentro de si.

"Qual o melhor lugar para revelar múltiplas propensões, inclinações e potenciais e refletir tendências opositórias do que participando de um grupo?", questiona Ettin.

O grupo pode ter excelência em refletir e promover um espaço de continência para um dos pontos centrais do trabalho de Jung: a observação dos símbolos. Sejam símbolos manifestados nos sonhos ou em devaneios, oriundos da interação grupal ou apropriados de eventos do mundo externo, têm um lugar especial nos círculos junguianos.

O trabalho com o símbolo ajuda a representar esse material básico da experiência humana e transformá-lo em evolução e realização pessoal. Nesse sentido, o grupo demonstra o fluxo e refluxo das dinâmicas coletivas, sem o detrimento das dinâmicas pessoais. Isso ocorre porque essas reflexões acontecem na linguagem do grupo.

Para compreender a importância do papel da linguagem do grupo, recorro ao conceito de Freitas (2005a) sobre o *self* grupal. Essa autora, por meio de seu trabalho com grupos vivenciais, estabelece conceitos centrais da dinâmica do grupo na perspectiva junguiana. A partir do campo interacional específico, no qual se relacionam forças dinâmicas que põem em contato todos os participantes, cria-se uma coesão que estabelece uma consciência grupal, uma sombra grupal e símbolos grupais. Freitas explica que o campo simbólico constelado acolhe e conduz o *self* grupal.

A autora explica que o *self* grupal é algo que transcende o físico, promovendo acolhimento, pertinência, criação de sentido e surgimento de imagens. "O self grupal é como uma casa a qual se retorna para compartilhar as atividades e incursões realizadas no mundo" (Freitas, 2005a, p. 63). É, portanto, um espaço de acolhida das imagens que surgem e um compartilhamento que compõe a história do grupo, criando intimidade e comunhão.

Encadeando as contribuições de Freitas (2005a) e de Ettin (1995), podemos visualizar como o *setting* grupal na perspectiva da psicologia analítica possibilita um trabalho emocional profundo e transformador. É no fluxo e refluxo das dinâmicas coletivas acolhidas no *self* grupal que a elaboração pode ocorrer, tanto do que é individual quanto do que é coletivo. Os participantes do grupo podem descobrir características pessoais projetadas no outro, bem como reconhecer aquilo que é seu e que também está presente no outro. Além disso, eles podem reconhecer inclinações pessoais que não haviam acessado até então. A experiência de ter essas inclinações legitimadas traz novas possibilidades de integração para o indivíduo. Um grupo reflexivo é aquele que leva os participantes a reconhecer, dentro dos conteúdos significativos surgidos, as vivências comuns (coletivas) e as próprias vivências. Os grupos vivenciais são grupos reflexivos.

O manejo do grupo analítico e o setting grupal

Ettin (1995) propõe que as imagens surgidas devem ser interpretadas no *como se* do grupo, afirmando que o tipo de intervenção necessária para o trabalho com o *self* grupal é no seguinte sentido da pergunta: o que essa imagem traz aqui? A partir disso, deve-se encorajar os membros a utilizar a imaginação criativa para elaborar e contextualizar a imagem e o significado dela para cada indivíduo e para o grupo.

O autor ainda adverte que muitas imagens atravessam o grupo, mas apenas os materiais ou imagens excepcionais são aprofundados, compartilhados e trabalhados em conjunto. Assim como Jung preconiza que o contato e o trabalho com as imagens exigem uma observação atenta, uma reflexão contínua e integração das emoções que vão surgindo no contato com esse material inconsciente, no grupo esse contato é amplificado pelo material de cada membro.

A partir disso, cada grupo terapêutico deve desenvolver uma teoria e um método nos quais as experiências importantes possam ser refletidas, a diversidade deva ser encorajada e as forças contraditórias — internas e externas — sejam toleradas suficientemente pelos indivíduos para que os conteúdos comecem a surgir conjuntamente.

Uma diferenciação se faz importante. O *como se* do grupo expresso por Ettin (1995) e o *self* grupal descrito por Freitas (2005a) são diametralmente opostos ao funcionamento do que Jung preconizava. Para este, o *self* grupal é uma expressão coletiva da participação mística. Ele acreditava que nesse estado de primitividade uma parte (ou membro do grupo) ganha controle sobre as outras através da identificação projetiva da massa. Ele não acreditava que a transferência total do grupo pudesse ser analisada individualmente e ao mesmo tempo coletivamente. A visão de Jung sobre grupos serve na atualidade como um alerta para o coordenador do grupo: verificar se o estabelecimento de um *self* grupal está ocorrendo.

O uso de práticas do atendimento individual no atendimento grupal evita o perigo da participação mística. Quem coordena o grupo deve estar atento às suas interpretações realizadas nas sessões: estas devem se direcionar visando trazer para a consciência a diferenciação egoica das diversas partes da psique. Conjuntamente, deve-se observar se os diálogos do ego com estas diversas partes estão sendo realizadas em cada membro do grupo, assim como também no *self* grupal. Essa preocupação visa preservar o que há de individual em cada participante do grupo, ao mesmo tempo que essa individualidade é ampliada e fortalecida pelo contato com a diversidade trazida pelo outro. Pode-se pensar que o próprio grupo passa por um processo de individuação, uma vez que amadurece, se diferencia de seus diversos elementos, assim como também se reconhece em seus diversos elementos.

Ettin (1995) chama a atenção para um paradoxo no pensamento de Jung: o centro da teoria junguiana é o inconsciente coletivo, o nível mais profundo da experiência humana, visto que é a dinâmica individual atrelada à dinâmica grupal. É o que abarca todo o indivíduo. Jung sempre se preocupou com paralelos culturais e mitológicos para trabalhar com o material do paciente, assim como sempre acreditou no coletivo para compreender o material individual. Formulou a teoria dos arquétipos baseado naquilo que é comum a todos os seres humanos, creditando os potenciais de todos os seres humanos às suas raízes arquetípicas.

É importante lembrar que Jung chamava os mitos de sonhos grupais e afirmava que os símbolos que emergem na psique individual têm suas raízes na experiência universal. Portanto, as ideias de Jung também apontam para o fato de que a individuação necessita do encontro com o coletivo para a compreensão do individual.

Essa é uma proposição que leva diretamente à riqueza que um trabalho de grupo que inclui os pontos principais da teoria junguiana pode proporcionar. O encontro com o coletivo ocorre também no encontro com o coletivo no outro. Se a individuação ocorre no diálogo do individual e do coletivo, esse diálogo pode ser potencializado no *setting* grupal. A evolução e realização pessoal que acontecem por meio da elaboração dos símbolos podem ser facilitadas pela troca entre os membros do grupo.

É na forma como se conduz o *setting* grupal que se preserva o potencial de desenvolvimento pessoal e grupal do trabalho junguiano com grupos. Assim como o *setting* analítico no trabalho individual tem uma série de regras e normas de funcionamento, o *setting* analítico grupal também necessita dessa formatação.

Whitmont foi um dos pioneiros do trabalho junguiano com grupos, relacionando o processo terapêutico com o ritual e defendendo a utilização de técnicas psicodramáticas articuladas ao manejo grupal junguiano. O ritual, esclarece, é um espaço protegido por regras ou normas de funcionamento e torna-se um continente para afetos que precisam de um lugar acolhedor para sua elaboração. Whitmont (1991, p. 259) nos conta que no ritual "a personalidade consciente pode aprender a desidentificar-se dos afetos evocados, ao mesmo tempo em que se relaciona com eles. Configura-se um padrão de totalidade que permite ao indivíduo resistir a tensões de emoções opostas e equilibrar os afetos com as necessidades e objetivos do ego".

O autor ainda aponta que nossa cultura está carente de rituais, mas a atual necessidade seria de rituais coletivos, que produzem desenvolvimento individual.

Hall (1988) relaciona a imagem arquetípica do *temenos* (espaço sagrado) ao espaço terapêutico, em que se delimita um tempo e um lugar para o encontro analítico que tem condições específicas e regras de funcionamento. Esse autor afirma que essa delimitação se faz igualmente necessária no grupo, acreditando, inclusive, que o próprio mecanismo grupal cria as condições para manter ou não esse espaço seguro e delimitado. Ele ressalta o papel do coordenador, pois no início do processo é ele quem determina essas condições, não só estabelecendo regras, horários e acordos de funcionamento, mas, principalmente, garantindo o acolhimento e a atitude observadora, atenta. Para Hall, o coordenador do grupo é um protetor sensível desse espaço ritual sagrado.

O grupo vivencial oferece esse lugar inspirado por Héstia — deusa grega da lareira e do lar — que transcende o físico. É um lugar que proporciona mais do que o fazer ou ser algo: trata-se de um lugar onde simplesmente pode-se estar e deixar que as coisas aconteçam. Um espaço em que os símbolos podem ser expressos e compartilhados, criando intimidade e comunhão (Freitas, 2005a).

Freitas (1995) esclarece que o *self* grupal estabelece a configuração da promoção do processo de individuação em cada membro do grupo, ao compartilhar experiências, emoções e ideias sob o enfoque do diálogo ego-*self*.

Parisi (2009) chama o *self* grupal de identidade grupal, em que os participantes se sentem como um grupo e pertencendo a ele. Para essa autora, essa identidade cria um sentimento de união ou inclusão, em que as diferenças não são negadas nem abolidas, havendo, portanto, uma constatação de igualdade.

Whitmont (1991), apesar de acreditar que a terapia grupal é adequada como terapia complementar à terapia individual, acredita que o grupo provê um teste de realidade. O autor acredita ainda que no grupo os pacientes podem desprender-se das suas personas e interagir com autenticidade. Envolvidos em um ambiente protegido e de mentalidade flexível, os participantes vivenciam a aceitação pelo que realmente são em vez do que eles acham que devem ser. O conceito de espaço terapêutico e a ideia de um espaço protegido são cruciais para qualquer tipo de psicoterapia, sobretudo a psicoterapia grupal.

A ideia de um *temenos* como uma totalidade protetora é também importante para essa "estufa" protetora que acolhe os encontros grupais. Ettin (1995) apresenta o pensamento de diversos autores em seu artigo já citado. Nele podemos ver como estes nomeiam essa imagem: concha (Whitmont), recipiente (Bion), vaso (Neumann e Zinkin), uroborus (Prodgers) ou esfera de influência (Ettin). Portanto, o grupo funciona como um autorrecipiente que abraça e protege seus membros para a aceitação de seus conteúdos psíquicos e afetos turbulentos em segurança.

Jung (2000) sugere que a ideia de receptáculo é arquetípica — a ideia de um círculo mágico para escapar ou proteger de influências hostis.

A psicoterapia grupal é uma cápsula com propriedades de transformação de si mesmo, ao mesmo tempo que ligada por uma matriz (Cohen, 1993, e Foulkes, 1964, *apud* Ettin, 1995). Para Ettin, isso sugere um simbolismo materno, com a possibilidade de nascimento e renascimento. O símbolo do grupo como uma totalidade frequentemente toma a forma de um meio condutor caracterizado *por onde* e *como* os participantes estão caminhando (ou não). É um terreno cercado, onde se abarcam ou descartam o que tem lugar ou não dentro do funcionamento psíquico dos participantes do grupo.

Fiumara (1989, *apud* Ettin, 1995) posiciona o tratamento grupal como uma "terceira opção entre um individualismo vazio e a massificação anônima".

Uma outra visão a respeito do trabalho junguiano com grupos é trazida por Zinkin (1998). Esse autor, que tem formação de terapeuta de grupo, afirma que por meio da construção de um *setting* analítico adequado o trabalho de grupo descola-se do perigo da perda de identidade e torna-se uma possibilidade/ferramenta do orientador que conduz o grupo. Dessa forma, pode-se integrar as colocações de Zinkin sobre o *setting* com as colocações de Freitas (2005b) sobre o referencial arquetípico do *setting* dos grupos vivenciais. Nesse tipo de grupo, o coordenador trabalha no sentido de acolher as imagens, as diferenças e promover a inclusão. Isto é o que Freitas chama de "ambiente" proporcionado por Héstia.

Essas imagens "dançam junto com as chamas" da lareira simbólica de Héstia. Elas são acolhidas e, com uma tal leveza, ficam à vontade, convidando-nos a olhar para elas, vendo-as ou não, até que uma ganhe nitidez e se apresente com mais insistência (Freitas, 2005b).

Observando-se a permanência dessas características nos encontros grupais, permite-se o estabelecimento de um campo interacional específico, no qual se relacionam forças dinâmicas que põem em contato todos os participantes, que, simultaneamente, encarregam-se do estabelecimento de uma coesão necessária ao processo. Volto ao estabelecimento do *self* grupal, por meio das colocações de Freitas (2005a, p. 58): "Um lugar de repouso, acolhimento, interação, devaneio, criação de sentido, meditação, e surgimento de imagens". Este *setting* é um lugar de "estar e deixar que as coisas aconteçam".

Ainda a respeito do papel do coordenador, Faria (2003) esclarece que no grupo, mesmo vivenciando a totalidade, a percepção de si e do outro é sempre parcial. Nesse sentido, é o coordenador-terapeuta que verifica a presença dos elementos inconscientes no discurso, na postura corporal e no clima estabelecido no grupo. O coordenador aponta as ambiguidades e os paradoxos que podem denunciar a presença dos conflitos entre as polaridades existentes. Faria (2003, p. 275) explica que desta maneira os elementos inconscientes vão emergindo: "É deste cotejo dessas polaridades que os participantes vão percebendo os conflitos existentes e vislumbrando a possibilidade de uma superação destes". O autor conta que, em seu trabalho de grupo — no caso, um grupo de pesquisa —, tanto o terapeuta como os membros do grupo percebiam e apontavam as ambiguidades e contradições surgidas. Afirma ainda que a dinâmica grupal reproduz o coletivo e aponta as possibilidades de superação deste.

Pandini (2014) relata sobre a experiência de um grupo de pessoas de meia-idade coordenado por ela. O grupo se destacou como possibilitador de trocas significativas com pessoas da mesma faixa etária, proporcionando profundas reflexões sobre o desenvolvimento psicológico, por meio do reconhecimento e compartilhamento das necessidades de construção de novos papéis e de ressignificação de papéis já consolidados na personalidade, em um mundo de rápidas e constantes transformações. Os participantes deixaram claro quão rica havia sido a experiência de participar do grupo, pois por meio dela puderam refletir com maior profundidade sobre as dificuldades do envelhecimento, bem como sobre os ganhos — a sabedoria advinda da passagem do tempo. Além disso, relataram que conhecer aspectos diferentes da maturidade também ampliou a própria compreensão do que é estar na maturidade. A riqueza das trocas aconteceu pela constatação das igualdades e também das diferenças. Houve uma linguagem formada pela interação das personalidades de cada um dos participantes. As profundas reflexões aconteceram dentro da linguagem do grupo, sem que, contudo, houvesse uma indiscriminação ou simbiose entre seus membros. Pode-se afirmar que houve durante cada encontro a constituição de um *self* grupal.

O trabalho de grupo de pesquisa de Faria, bem como o de Pandini, se alinham ao trabalho com grupos vivenciais de Freitas, pois no trabalho com grupos vivenciais de abordagem junguiana sujeito e grupo ficam preservados. Um complementa e transforma o outro.

Zinkin (1998) ressalta que é possível a preservação das mesmas possibilidades que se tem no trabalho individual. Novamente a inspiração de Héstia — que acolhe semelhanças e diferenças — entra em ação como modelo de manejo do trabalho do orientador do grupo. Estabelecer a díade "diferenças respeitadas-semelhanças reconhecidas" é o que leva a um trabalho facilitador do processo de individuação. Essa é uma das mais importantes contribuições do trabalho do coordenador do grupo.

Além da teoria da psicologia analítica, Zinkin (1998) se apoia em ideias de grupo terapêutico de Foulkes para desenvolver seu trabalho de terapeuta de grupo.

Zimerman (2000) cita algumas das características de grupo terapêutico para Foulkes:

- O grupo em si como principal instrumento terapêutico.
- Reconhecimento de que o grupo pode promover verdadeiras mudanças caracterológicas.
- A concepção de matriz grupal, definida como um fenômeno em que o grupo como um todo forma uma matriz, tal qual uma mãe que gera em seu seio processos novos, diferentes daqueles experimentados no passado por cada um dos participantes.

O autor fala ainda do processo de ressonância, em que um determinado fato significativo trazido por um paciente ressoa nos demais também de forma significativa. Ressalta que essa ressonância vem de acordo com o momento psicológico de cada um dos membros, mas fica estabelecida uma comunicação inconsciente entre todos.

Essas dinâmicas descritas por Foulkes se alinham ao modelo junguiano de psique, no qual, através do inconsciente coletivo, há uma comunicação entre as pessoas, que se influenciam mutuamente. Essa influência existe dentro do *self* grupal e por isso o desenvolvimento das pessoas dentro do grupo vivencial é alimentado pela interação de seus membros. Nesse sentido, Foulkes compara a situação de grupo ao de uma sala de espelhos, onde cada indivíduo pode entrar em contato com seus aspectos psicológicos e sociais que estão refletidos nos demais membros.

Sobre o manejo do trabalho grupal, Zinkin (1998) explica que a matriz produz múltiplas transferências e contratransferências no grupo. Ele adverte para o fato de que a transferência e contratransferência na análise não estão confinadas às fantasias inconscientes do analista e do paciente, mas existe também um jogo de fantasias inconscientes de ambos para o *setting*. Isso será ainda mais potencializado no *setting* analítico grupal, no qual muitas vezes esta transferência é mais importante do que a dirigida ao analista. Novamente, podemos observar a riqueza do trabalho em grupo para proporcionar autoconhecimento e reconhecimento do que é coletivo e social. Nesse reconhecimento ocorre importante processo: o indivíduo percebe que seus símbolos não são apenas seus, mas também coletivos.

Esse tipo de trabalho de grupo permite ainda que os participantes sejam ativos na construção de seu processo de individuação, que proporciona desenvolvimento e ampliação da consciência. Além disso, Zinkin (1998) afirma que o que se requer não é ver o grupo acima do individual, mas ver o grupo e o individual como dois lados da mesma moeda. São opostos complementares e um não pode ser entendido sem o outro.

Zinkin (1998) também afirma que a alquimia é uma das ferramentas do trabalho de grupo — mais precisamente com o processo de *coniunctio*.

Edinger (1990) relaciona *coniunctio* à união de opostos, apegos grupais, identidade coletiva, conexões, fio condutor, analogia, associação. A *coniunctio* é, portanto, alteridade.

Novamente, o papel do terapeuta/orientador do grupo se faz fundamental. Que tipo de *coniunctio* é necessário ao processo grupal? Qual tipo é danoso?

Especificamente, é a *coniunctio* superior que pode proporcionar alteridade, pois a *coniunctio* inferior é uma união ou fusão de substâncias que ainda não se encontram completamente discriminadas ou separadas, sendo sempre seguida por morte ou *mortificatio*. É esse tipo de *coniunctio* que Jung visualizava ao afirmar sua opinião desfavorável aos processos grupais, pois o risco de que o ego dos participantes se identifique com o grupo e a coletividade através de contaminação emocional e indiferenciação é muito grande. Na ocorrência dessa contaminação, a ressonância grupal descrita por Zinkin (1998) não ocorre, pois, como explica Freitas (2005b), perde-se o freio proporcionado por Héstia, e o ambiente é inundado por Poseidon com emoções primitivas. Emoções estas que contaminam todo o processo grupal.

Edinger (1990) descreve que na alquimia o material (a prima matéria) é transformado no decorrer de inúmeros processos, mas através de ação recíproca de sua própria identidade, como agente e paciente, alternando-se para melhorar sua qualidade.

Para concluir, recorro novamente a Whitmont (1991), que nos conta que no ritual a energia ganha corpo e é efetivada de um estado para outro. O autor nos conta que dentro da unidade protetora do ritual e do grupo as forças arquetípicas podem ser integradas e disponibilizadas para as necessidades pessoais e coletivas. Ao afirmar que o *self* fala não só do interior da pessoa, mas também do exterior, mostra que o trabalho grupal, conduzido como um ritual, pode conduzir a um novo e diferente ego, realizado e amadurecido na troca com o grupo. No ritual, é possível transformar o padrão dos eventos, por meio da consciência e dos significados que ele traz. A interação grupal promove redirecionamento no fluxo da energia, através da participação de todos os seus membros, e dentro de cada um deles.

Referências

Edinger, E. *Anatomia da psique: o simbolismo alquímico na psicoterapia*. São Paulo: Cultrix, 1990.

Ettin, M. F. "The spirit of jungian group psychotherapy: from taboo to totem" *International Journal of Group Psychotherapy*, v. 45, n. 4, p. 449-70, 1995.

Faria, D. *O pai possível: conflitos da paternidade contemporânea*. São Paulo: Educ; Fapesp, 2003.

Freitas, L. V. "Grupos vivenciais sob uma perspectiva junguiana". *Psicologia USP*, São Paulo, n. 3, p. 9-10, 2005a.

______. "O calor e a luz de Héstia: sua presença nos grupos vivenciais". *Cadernos de Educação Unic.* CPG edição especial, p. 131-45, 2005b.

Hall, J. *A experiência junguiana: análise e individuação*. São Paulo: Cultrix, 1988.

Jung, C. G. *Os arquétipos e o inconsciente coletivo*. Petrópolis: Vozes, 2000.

Kast, V. *O caminho para si mesmo*. Petrópolis: Vozes, 2016.

Pandini, A. L. R. *Metanoia: caminho para o desenvolvimento no meio da vida*. Tese de doutorado — Instituto de Psicologia da Universidade de São Paulo, 2014.

Parisi, S. *Separação amorosa e individuação feminina: uma abordagem em grupo de mulheres no enfoque da psicologia analítica*. Tese de doutorado — Instituto de Psicologia Analítica da Universidade de São Paulo, 2009.

Pieri, P. F. *Dicionário junguiano*. São Paulo: Paulus, 2002.

Whitmont, E. *O retorno da deusa*. São Paulo: Cultrix, 1991.

Zimerman, D. *Fundamentos básicos das grupoterapias*. Porto Alegre: Artmed, 2000.

Zinkin, L. *Dialogue in the analytic setting*. Londres; Filadélfia: Jéssica Kingsley, 1998.

5 ENTRE DEMANDAS: DESAFIOS PARA A FORMAÇÃO DO PSICÓLOGO COORDENADOR DE GRUPOS

ADRIANA RICCI DOS SANTOS

ANA CAROLINA FÁVARO DE ALMEIDA COSTA

LUISA DE ALMEIDA PRADO ARRUDA PIGNALOSA

No contexto do ensino superior de psicólogos, a formação para a atuação na coordenação de grupos acontece em estágio específico supervisionado após um período de estudo teórico de modalidades grupais e vivência pessoal dos discentes em experiências com técnicas diversas, que têm como objetivo fornecer os conhecimentos básicos para o manejo técnico de grupos. A experiência formativa para intervenções com grupos relaciona-se ao conjunto de competências básicas definidas pelas Diretrizes Curriculares Nacionais para os cursos de graduação em Psicologia, que prevê que os psicólogos saibam intervir em domínios diversos da sociedade nos níveis individual, grupal, organizacional e social (Brasil, 2023).

Uma das queixas iniciais relatadas pelos estudantes no início do estágio supervisionado é a sensação de despreparo para a atuação prática com um grupo real no papel de coordenadores, comumente expressa na afirmação "não tenho ideia do que fazer com o grupo". Nessa situação, lança-se mão do lembrete de que o fazer é *com o grupo* e que a insegurança é correta e razoável — correta na perspectiva de que uma segurança de se saber antecipadamente "o que fazer com o grupo" sinalizaria uma onipotência inadequada, visto ignorar o real do encontro com o grupo; razoável na medida em que se trata de uma primeira experiência de campo com grupos no papel de psicólogos em formação, com saberes que serão articulados na prática vindoura.

O presente capítulo aborda a tarefa de identificação de demanda(s) em um grupo coordenado por uma dupla de estagiárias em estágio supervisionado de práticas psicossociais de grupo, parte da grade curricular do sétimo semestre do curso de Psicologia em uma faculdade privada na cidade de São Paulo.

Da(s) demanda(s)

A primeira tarefa com a qual os psicólogos em formação se deparam no trabalho com um grupo é identificar/eleger a demanda deste. Alguns significados de demanda na língua portuguesa informam sobre *estados*, como o de uma carência evidente; e *ações*, como a demonstração de uma vontade, solicitação ou busca por algo (Michaelis, 2023). Na psicanálise, a demanda é entendida como produto da oferta do psicanalista, de onde se destaca seu caráter de algo a ser produzido via questionamento do analista, que irá impelir a elaboração da demanda de análise pelo analisando (Quinet, 2009). Na socioanálise, faz-se distinção entre encomenda e demanda na perspectiva dos demandantes, sendo a primeira o "pedido oficial da intervenção feito pela direção de um grupo, setor ou organização" (L'Abbate, 2012, p. 200), enquanto a segunda refere-se a "solicitações, carecimentos e desejos dos participantes do grupo com o qual se vai trabalhar" (L'Abbate, 2012, p. 200).

Afonso (2005) esclarece que a demanda de um grupo nem sempre se apresenta explicitamente na forma de um pedido, lembrando-nos de que no trabalho institucional muitas vezes ela parte de necessidades comunicadas por diferentes atores e que devem, portanto, por meio de diálogos com o grupo, ser "traduzidas da forma próxima à realidade do grupo social em questão" (Afonso, 2005, p. 32).

A breve apresentação de algumas definições de demanda ajuda-nos a delinear esse estado de necessidades de caráter provisório, sujeito a mudanças ao longo do processo de grupo, que cabe ao coordenador identificar. Não se trata, portanto, como é comum fantasiarem os psicólogos em formação, de necessidades organizadas e nomeadas pelo grupo, em estado de prontidão para uma intervenção. A identificação da demanda já é em si uma ação dos coordenadores junto ao grupo, na forma de uma intervenção: é no trabalho com o grupo que serão construídos e escolhidos, dentre os aspectos da realidade vivida por ele, aqueles possíveis de reconhecimento tanto pelo grupo quanto pelos coordenadores, possíveis de ser comunicados pelo grupo e, ainda, possíveis de ser trabalhados por meio de uma intervenção em modalidade grupal.

Para realizar a tarefa, o coordenador grupal é orientado a identificar a demanda como uma

> tentativa de descobrir, entre outras coisas, certo tipo de interações que entorpecem o pleno desenvolvimento da existência humana. Porém isso representa só um aspecto de seus propósitos, pois toma também como objeto de pesquisa a descoberta dos fatores que favorecem o desenvolvimento mencionado. (Pichon-Rivière, 2005, p. 121)

Uma diferenciação necessária também é feita entre queixas e demandas. Os pedidos e as necessidades comunicadas explicitamente pelo grupo — geralmente queixas — são manifestações verbais relacionadas a um problema ou situação que gera algum tipo de sofrimento (Castelo-Branco, 2020). A demanda, no entanto, implícita, não equivale necessariamente à solicitação ou queixa, pois, "ao ser revelada, anuncia o desejo, reorganiza a queixa e esclarece o pedido de ajuda" (Mendes e Araujo, 2011, p. 56). Recordando a tarefa do coordenador grupal, "parte-se em geral do explícito para descobrir o implícito com o fim de torná-lo explícito e, assim, num contínuo movimento espiralado" (Pichon-Rivière, 2005, p. 273).

A demanda dos coordenadores grupais em formação

A primeira demanda enfatizada neste trabalho é conhecida de forma antecipada ao início do trabalho com o grupo, sendo referente à realidade de formação vivida pelos psicólogos. Trata-se da *demanda de saber ser um coordenador grupal*, que dá suas pistas nas inseguranças manifestas sobre o que e como "fazer com o grupo". Essa demanda é muitas vezes acompanhada da fantasia de que os coordenadores em formação devem estar aptos a operacionalizar uma conversão automática entre qualquer realidade de grupo com a qual venham a se deparar — como se fosse possível — e os mais adequados saberes teóricos com os quais tiveram contato anteriormente ao momento de atuação prática.

Tal fantasia onipotente flerta com o tecnicismo e parece surgir fazendo frente à angústia suscitada pela ameaça à construção identitária enquanto psicólogos em formação, na forma de uma construção simplista que associa o não saber de antemão o que fazer com um grupo à má qualidade profissional. Crer que se sabe de antemão como ser um coordenador grupal sem o grupo pode ser ilustrativo do que Zimerman (1997) destaca como aspectos narcísicos desagregadores na atuação com grupos, dos quais são outros exemplos a necessidade de ser aplaudido, de deslumbrar ou entreter o grupo para a própria satisfação e a sensação de propriedade privada sobre os participantes e seu futuro.

Essa demanda de saber ser um coordenador grupal possui um duplo caráter. Se por um lado é condicionante do trabalho em grupo, visto que, sem o desejo de aprender dos coordenadores em formação, o trabalho com o grupo fica limitado; por outro, não deve se sobressair à demanda do grupo.

Leva-se em consideração no aspecto condicionante do desejo de aprender a ser um coordenador grupal que o estágio com grupos é uma experiência compulsória na formação dos psicólogos. Daí que a experiência de coordenação pode não ser desejada espontaneamente, mas será necessária para a formação enquanto psicólogos — este, sim, um desejo mais facilmente generalizado entre os estudantes. Encontram-se todos, portanto, diante de uma tarefa comum, colocada pela realidade consequente do desejo de tornarem-se psicólogos, que a todos convoca a mobilizar recursos pessoais — saberes, afetos e corpo — na construção do papel de coordenador.

E como evitar o predomínio da demanda de formação à demanda do grupo? O reconhecimento e a compreensão de que a demanda dos coordenadores em formação participa da construção do trabalho com o grupo, podendo fornecer as condições para que, durante o processo grupal, sejam capazes de diferenciar entre o que é deles coordenadores e o que é deles com o grupo, evitando uma expectativa de que este esteja ali para responder a esta demanda, agindo e produzindo de acordo com o que é proposto pelos coordenadores, de modo a confirmar seu bom desempenho.

Trata-se de um elemento que não deve ser recalcado, mas sustentado durante o trabalho, fazendo parte dos processos transferenciais na interação com o grupo. Pichon-Rivière (2005, p. 228) qualifica como inestimável o valor do "conjunto de reações inconscientes do operador diante do grupo, da tarefa e dos processos transferenciais que nele se realizam", entendendo sua contribuição para o estabelecimento, pelo coordenador, de hipóteses sobre o implícito do grupo.

Concordamos com Andaló (2001), que nos recorda de que saber ser um coordenador de grupos passa mais pela compreensão das funções implícitas no exercício de coordenação do que pelo conhecimento prévio ou proficiência em atributos desejáveis correspondentes a um bom desempenho desse papel. Não se trata de uma correspondência de-para entre teoria e prática: é necessário se deparar com o real do trabalho com o grupo para, então, se ver com as faltas, construir as funções pertinentes, os saberes possíveis de articulação na situação e a construção de tantos outros com o grupo, inclusive o de ser um coordenador para aquele grupo em particular.

Sobre o grupo

O trabalho desenvolvido com o grupo pelas duas estagiárias foi realizado entre os meses de março e maio de 2023 em um centro juvenil na cidade de São Paulo. Foi composto inicialmente por 12 jovens e posteriormente por nove deles, depois do desligamento de três jovens da instituição por razões diversas não relacionadas ao trabalho de grupo.

Todos tinham entre 17 e 21 anos e trabalhavam na época como jovens aprendizes durante quatro dias da semana em uma organização (cinco em escolas de ensino infantil sem possibilidade de efetivação e quatro em empresas privadas de segmentos diversos, havendo uma contando com a possibilidade de efetivação). Além disso, frequentavam a instituição em que o trabalho grupal ocorreu em um dia na semana para um programa de desenvolvimento de capacidades laborais e apoio na transição escola-trabalho.

Em relação às condições socioeconômicas, todos reclamavam reiteradamente de "ser pobre" e expressavam o desejo de "ser herdeiro". Alguns moravam em bairros mais distantes e periféricos e outros mais próximos do bairro no qual a instituição está localizada, não havendo informações específicas sobre renda pessoal e familiar disponíveis. Havia também diferenças nas escolas frequentadas — alguns estudavam em instituições particulares de ensino, enquanto outros aguardavam uma possível bolsa integral da instituição de ensino em que atuavam caso fossem efetivados ao final do contrato de Jovem Aprendiz.

Trata-se de um grupo involuntário, organizado a partir da parceria de estágios entre a instituição e a universidade, e da coincidência entre a disponibilidade das estagiárias e dos horários em que os jovens frequentavam a instituição.

A modalidade adotada para o trabalho foi a de oficinas em dinâmica de grupo, método de intervenção psicossocial que se ocupa do "trabalho de elaboração sobre a inter-relação entre cultura e subjetividade" (Afonso, 2005, p. 34) com potencialidades terapêuticas e de aprendizagem a partir de reflexões sobre a experiência socialmente contextualizada (idem).

O enquadre foi definido em dez encontros (posteriormente alterado para onze) com duração de noventa minutos e realizados em uma sala na instituição. Embora planejados com flexibilidade semanalmente em supervisão e levando-se em conta os recursos disponíveis, os encontros foram delineados em três tempos: um momento inicial de aquecimento, com duração aproximada de dez minutos; um momento intermediário de realização da atividade relacionada ao tema-gerador, por meio de recursos diversos (lúdicos, rodas de conversa, meditação ativa, entre outros); e um momento de sistematização e avaliação do trabalho do dia, por meio de proposta de reflexão sobre a atividade realizada e decisões sobre o próximo encontro.

Sobre o processo grupal

Antes de voltarmos a atenção à descrição da identificação da demanda, proposta deste capítulo, optamos por fornecer algumas informações adicionais sobre o processo do grupo, a fim de melhor contextualizar o leitor.

Já nas primeiras oficinas realizadas, percebeu-se que o grupo tinha grande coesão e a relação entre todos era bem estabelecida, talvez por conviverem há algum tempo nessa turma da instituição, vivenciando juntos, inclusive, em momentos anteriores, outras intervenções realizadas por estagiários de psicologia.

Alguns participantes mostraram-se mais tímidos e retraídos, mas ainda assim participantes ativos nos encontros; outros colocaram-se frequentemente como porta-vozes em situações diversas. A coesão do grupo foi sustentada principalmente pelo objetivo comum a todos de finalizar o programa Jovem Aprendiz com uma efetivação ou contratação celetista em outra organização, assim como as angústias compartilhadas sobre o processo de transição da adolescência para a vida adulta. Outro elemento que facilitou a coesão foi a presença do educador. Este tinha idade próxima à dos jovens e um histórico parecido, tendo feito parte do programa Jovem Aprendiz. Percebia-se a segurança por ele transmitida aos participantes.

Notou-se ainda ser um grupo muito aderente às regras. Foram muito engajados e participativos em tudo o que foi proposto. Leva-se em conta: a) o momento vivido por eles, em sua primeira experiência profissional, havendo a expectativa de que se comportem de forma adequada à esperada nas organizações em que trabalham; e b) o *modus operandi* da instituição — que tem um caráter religioso e tecnicista —, demandando que, além da frequência e participação nas atividades do Programa Jovem Aprendiz, sob pena de serem desvinculados, os jovens se envolvam em atividades de cunho religioso, sobrando pouco espaço para manifestação de outros interesses e desejos, ainda que relacionados à temática da vida profissional.

Observamos, portanto, jovens muito obedientes e notadamente preocupados em corresponder às expectativas colocadas por chefes, educadores, gestor do programa na instituição e, em algum momento, também em relação às coordenadoras.

Identificação da demanda

O trabalho de identificação de demanda com o grupo foi construído em seis encontros, não se tratando de um diagnóstico imediato, como por vezes se idealiza. Será apresentada cronologicamente a dinâmica de configuração desta demanda no processo grupal, assim como destacadas as ações das coordenadoras dos encontros que, em nossa análise, mais contribuíram para essa construção.

Interagir, criar espaços de expressão de queixas e questionar

Em um primeiro momento, a identificação da demanda partiu da escuta da gestora do programa e do grupo de jovens, por meio de uma intervenção voltada a esse fim durante a visita inicial das estagiárias à instituição, que teve duração de duas horas.

Neste primeiro contato com os jovens, realizou-se uma atividade para apresentações pessoais, incluindo-se as estagiárias, dizendo o nome, a idade, algo de que se gostava e de que não se gostava. A inclusão destes últimos elementos na apresentação criou um espaço para que pudessem surgir queixas, tomadas como potenciais demandas de trabalho com o grupo. Surgiram falas como "não gosto de pessoas grosseiras" e "não gosto de pessoas egoístas", explicadas posteriormente pelos participantes como fazendo referência à vivência no transporte público lotado em seus deslocamentos, complementada com queixas sobre a distância entre a residência e o local de trabalho ou o centro juvenil, sobre chegar tarde em casa, sobre preferir ter menos tempo de horário de almoço para sair mais cedo do trabalho e sobre querer dormir mais horas.

Os jovens foram ainda questionados sobre temas que gostariam de trabalhar no espaço do grupo com as estagiárias. Dois jovens sinalizaram a questão da pressão social para trabalhar, estudar e ser bem-sucedido e sobre ainda se sentirem adolescentes, apesar de já terem uma rotina de jovens adultos.

Nota-se que o grupo apresenta às coordenadoras, num primeiro momento, uma série de queixas que informam sobre a realidade por eles vivida — fator imprescindível dado o caráter psicossocial da intervenção: a distância entre os locais frequentados, os problemas de transporte público, as mudanças nos horários na organização de trabalho, as pessoas grosseiras. Quando novamente e diretamente questionados sobre temas de interesse para trabalhar em grupo, estas informações são acrescidas de um tom emocional: sentem-se pressionados.

Finalizado o encontro com os jovens, as estagiárias voltaram a se reunir com a gestora, perguntando a ela sobre a demanda que a instituição enxergava para o grupo. Foram sugeridos dois temas: a conciliação da rotina trabalho-estudo-vida social; e a possível frustração com o término do contrato de Jovem Aprendiz e não efetivação como empregados celetistas, expectativa de muitos dos jovens como condição para continuar os estudos no ensino superior.

Observar incômodos, repetições e incoerências

Os segundo e terceiro encontros com o grupo foram norteados pelo tema de se sentirem adolescentes com responsabilidades e pressões sociais de jovens adultos. No segundo, a partir da organização coletiva de um café da manhã sugerida pelo grupo, as coordenadoras propuseram uma reflexão sobre a participação e contribuição dos integrantes para grupos dos quais reconheciam fazer parte. Por meio de exemplos dos contextos de trabalho, escola e faculdade, as falas articularam a questão da dependência e autonomia, pertinente ao momento de transição da adolescência para a vida adulta. Ilustram essa questão as seguintes falas, destacadas por sua unanimidade: "prefiro fazer sozinha do que esperar os outros", "gosto que falem logo o que eu tenho que fazer e deixem que eu faça" e "gosto de organizar tudo e já delegar o que cada um tem que fazer".

Embora no campo discursivo o grupo tenha declarado sua preferência pela autonomia, no campo da ação a posição de dependência predominou tanto no segundo quanto no terceiro encontros. Durante o café no segundo encontro, chamou a atenção das coordenadoras o fato de que todos dispuseram os comes e bebes que haviam levado sobre uma mesa e, mesmo sendo aquele um espaço mais familiar para eles do que para as coordenadoras, os jovens esperaram que elas autorizassem o início propondo que todos se servissem.

Também nesse encontro, as coordenadoras sugeriram um exercício curto de relaxamento, que o grupo acolheu muito bem, levando-as a perguntar se eles gostariam que esse momento fizesse parte de todos os encontros. A resposta foi positiva e seguida da sugestão pelo grupo ao educador de que fizesse parte da rotina deles também fora do grupo com as coordenadoras. A proposta foi entendida como um movimento de mudança do grupo para transformar a rotina, ao menos na instituição. Essa prática passou a fazer parte do enquadre.

Já no terceiro encontro, as coordenadoras propuseram um jogo que permitia aos jovens vivenciarem o papel de orientar e ser orientado com instruções para a realização de uma tarefa. Em uma rodada, realizou-se um sorteio para a escolha das pessoas que trabalhariam juntas. Na segunda rodada, abriu-se a possibilidade, recusada, de que os jovens escolhessem com quem jogar, mas preferiram a realização de um sorteio. A discussão ao final desse encontro girou em torno dos sentimentos de raiva e frustração quando da inexistência de espaço para expressar as vontades ou quando não se consegue comunicar de forma adequada o que se deseja. Muitos reconheceram esses sentimentos no seu dia a dia e a dificuldade de lidar com eles, refletindo muitas vezes em cansaço.

Nessa etapa do trabalho, os jovens explicitaram então, sentirem-se raivosos e frustrados quando não há espaço para expressarem o que desejam e/ou quando a comunicação falha nesse sentido.

Abrir mão do controle, favorecer a invenção, interpretar e "ir com medo mesmo"[1]

Para o quarto encontro não foi programada antecipadamente uma atividade estruturada, a fim de proporcionar espaço para que o grupo experimentasse a autonomia fazendo o que tivessem vontade, dando consequência à enunciação prévia do grupo sobre a frustração quando da inexistência de espaço para se expressar.

As coordenadoras iniciaram o encontro com o relaxamento e depois, sentadas com os jovens, explicaram que não haviam programado uma atividade, perguntando ao grupo o que gostariam de fazer com o tempo disponível. Todos ficaram em silêncio até que um dos jovens sugeriu que conversassem.

Os principais tópicos levantados foram: a insegurança da transição da vida de adolescente para a vida adulta; a importância do diálogo com os pais na adolescência pa-

1 Optou-se por usar o termo conforme relatado pelas coordenadoras em supervisão.

ra entender proibições e permissões; o fato de terem mais autonomia para tomar as próprias decisões por trabalharem e terem seu dinheiro, mas ao mesmo tempo ainda sentirem que precisam da opinião dos pais para orientá-los; o fato de verem a liberdade como sinônimo de possuir dinheiro e a dificuldade de ponderar sobre a melhor maneira de gastá-lo, pois querem comprar coisas boas e caras; e, por fim, como manejar suas vontades e desejos.

Sobre esse último tópico, as coordenadoras interpretaram, em forma de pontuação, as situações em que perceberam os jovens retraídos diante da abertura e, por vezes, da solicitação para que manifestassem suas vontades ou iniciativas, como, por exemplo, não dando início ao café da manhã coletivo no espaço por eles conhecido, não se sentarem espontaneamente para fazer o relaxamento, não escolherem uma música de sua preferência para acompanhar uma atividade e não escolherem duplas para trabalhar, preferindo o sorteio. Concordando, após essa pontuação, os jovens sugeriram atividades que foram votadas e realizadas no quinto encontro.

Uma consideração se faz em relação à interpretação, que, na modalidade de oficinas em dinâmica de grupo, deve ser um recurso utilizado sempre em relação ao foco do trabalho, evitando-se seu uso indiscriminado (Afonso, 2005). Falamos em interpretação como "uma hipótese, formulada a partir do explícito, a respeito do acontecer implícito" (Pichon-Rivière, 2005, p. 227) ou, ainda, como "[...] ato que produz como efeito um levantamento do recalque" e que produz como efeito a abertura de possibilidade para que o sujeito possa pensar ou fazer algo que antes não podia (Martinho, 2012, p. 79).

Para as coordenadoras, a decisão tomada em supervisão de não levar uma atividade estruturada gerou angústia e receio de que a estratégia não funcionasse e de que não soubessem o que fazer caso isso acontecesse. Além disso, gerou medo de que o trabalho de coordenação deixasse de ser reconhecido, expresso em pensamentos como: "elas não sabem o que estão fazendo"; e de que o engajamento do grupo nas tarefas propostas diminuísse. Toma-se esse efeito sobre as coordenadoras como um efeito transferencial.

Esse encontro foi, em uma análise apoiada na teoria de grupo operativo (Pichon-Rivière, 2005), ilustrativo da passagem dos momentos de pré-tarefa para o de tarefa do grupo. O momento de pré-tarefa foi marcado pelas defesas mobilizadas diante das ansiedades e da resistência à mudança. Do lado dos participantes, até o momento do processo, os jovens realizavam todas as atividades propostas pelas coordenadoras, embora esta participação tenha sido percebida por elas com algum incômodo relacionado a uma obediência estereotipada, recordando-nos do "como se", quando o grupo se entrega a tarefas como forma de "passar o tempo", postergando a entrada no momento de tarefa (Pichon-Rivière, 2005, p. 34).

Do lado das coordenadoras, chamamos a atenção para o receio, explicitado em supervisão, de serem julgadas pelos participantes e de "perderem" seu engajamento caso não estruturassem passo a passo o que fazer em um dos encontros. Ou seja, mesmo reconhecendo que o engajamento dos jovens muitas vezes parecia um esforço de adequação às atividades propostas no grupo do que as objetivadas modificações a *partir de* e *para* eles, as coordenadoras vivenciavam a ansiedade de perda. Funcionavam, então, com os participantes, no como se, afastando-se de sua tarefa de trabalhar com o grupo naquilo que proporcionaria uma real aprendizagem e transformação. Para Pichon-Rivière, 2005, p. 36), "a tarefa do terapeuta transforma-se em pré-tarefa, ao ter ele mesmo resistência a entrar em sua tarefa específica, por evitar o problema essencial de tornar-se responsável, do 'compromisso', do ser consciente e do projeto".

Nesse encontro, além do aprofundamento do explícito (traduzir melhor o que os jovens estavam apontando como sentirem-se adolescentes com uma rotina de jovens adultos), entendemos ter havido contribuições para a aproximação do implícito. Ao avançarmos na análise, veremos que o espaço criado para que eles fizessem o que quisessem relaciona-se à demanda identificada para trabalho nesse grupo.

Fornecer condições para que o grupo reflita sobre a(s) queixa(s)

Diante das queixas recorrentes sobre cansaço, escolhas de renunciar a atividades na rotina para ampliarem o tempo de sono, a escolha do relaxamento como parte do enquadre e a sugestão para inclusão como atividade fixa na instituição, as coordenadoras propuseram no sexto encontro uma atividade disparadora para reflexão sobre a falta de tempo.

Distribuíram aleatoriamente papéis com os dizeres "Não posso parar" e "Não tenho tempo", solicitando aos jovens que andassem devagar e falassem a frase do papel. Tocaram uma música clássica em volume alto e pediram para que cada vez que uma delas batesse palma, eles andassem mais rápido e falassem mais alto. Quando todos já estavam falando alto e andando rápido, as coordenadoras colocaram a música "Paciência" (Lenine, 1999) e todos se sentaram, ouvindo a música em silêncio até o fim.

Perguntaram como os jovens se sentiram durante a experiência e se conseguiam reconhecer outras situações em que se sentiam daquela forma. O relato de uma participante, endossado pelos demais, sintetiza a vivência: "essa atividade é o nosso cotidiano".

Entende-se que essa atividade permitiu a explicitação de muitos sentimentos antes enunciados na forma de queixa sobre o cansaço. Os participantes avançaram compartilhando sentimentos de ansiedade, culpa por não darem conta de fazer tudo o que precisavam e a dificuldade de viverem o momento presente, por estarem sempre pensando no que deveriam fazer depois. Comentaram sobre estratégias que usavam para lidar com essas situações, como "eu me desligo e paro de prestar atenção em tudo ao meu redor"; "assisto séries, sem precisar pensar em nada" e "deixo as coisas para depois e durmo".

As coordenadoras decidiram, então, questionar como era para os participantes a obrigação de estar no centro juvenil semanalmente. A maioria disse que gostava por ser um momento em que socializam e não precisam fazer muita coisa, mas que às vezes preferiam estar em casa dormindo. Eles se sentem autorizados a não fazer suas obrigações de trabalho e estudo quando estão lá, mas preferem quando não têm tantas atividades, quando podem escolher outras coisas para fazer. As coordenadoras perguntaram então o que eles fariam se houvesse um gênio que concedesse a eles quatro horas livres a mais no dia, ao que vários responderam que usariam esse tempo para dormir ou encontrar os amigos sem pressa. Faltando 15 minutos para terminar o encontro, propuseram que eles escolhessem o que fariam com esse tempo e todos concordaram em fazer o relaxamento, indicando o uso do espaço do grupo para a realização de uma necessidade agora compartilhada como demanda.

A partir desse encontro, organizou-se o entrelaçamento entre a queixa inicial de cansaço e pressão; e a dificuldade de os jovens comunicarem o que de fato gostariam de fazer durante o espaço do grupo: conversar e descansar. A coordenação do grupo, até esse encontro, foi permeada por angústia pela necessidade de se trabalhar com mais de uma hipótese e pelo sentimento de atraso na identificação da demanda, além do questionamento sobre a efetividade do trabalho: "está adiantando de alguma coisa o que estamos fazendo?", "está promovendo alguma mudança?".

Mais uma vez, pode-se apontar a transferência, estando as coordenadoras vivenciando um estado semelhante ao explicitado pelos jovens como queixa: a pressão pela produtividade e por um cumprimento adequado de todas as tarefas. As coordenadoras organizaram a demanda do grupo em torno do espaço para conversar e descansar. A partir daí, o objetivo do trabalho se desdobrou na manutenção dos momentos de relaxamento e nas tarefas relacionadas à aprendizagem de recursos para auxiliá-los a transformar a organização das atividades no tempo, incluindo o eixo de espontaneidade, diversão e saúde, sempre acompanhados de espaço para conversas. Na experiência de coordenação, o efeito foi de alívio e de maior autonomia na definição das atividades com o grupo, reconhecendo-se o limite do trabalho no espaço e tempo disponíveis.

Continuidade do trabalho pós-configuração de demanda

No sétimo e oitavo encontros, além do relaxamento ao final, foi proposta uma reflexão a partir da explicitação dos compromissos que faziam parte da rotina dos jovens, expectativas *versus* realidades e término do contrato de Jovem Aprendiz.

Uma matriz de priorização foi utilizada em ambos os encontros. O Quadro 5.1 ilustra o cotidiano dos jovens, preocupações e desejos, consolidando o conteúdo das matrizes confeccionadas e compartilhadas no sétimo encontro.

Quadro 5.1 — Consolidado das matrizes de prioridade.

Muito importante e pouco urgente
Cuidar melhor da saúde; viajar; fazer uma pós-graduação; fazer um curso técnico; ir à academia; tirar a carteira de motorista; começar a ler livros; encontrar um hobby; estudar inglês; ajudar a mãe; fortalecer relações; cuidar de si mesmo(a); falar e se expressar mais; tocar teclado; comprar móveis; passar mais tempo com a família/amigos; terminar curso; encerrar o contrato de Jovem Aprendiz; conseguir um novo emprego.
Muito importante e muito urgente
Estudar inglês; aprender programação; tirar a carteira de motorista; curtir a família; passear com o cachorro; ser efetivada; ir à academia; conseguir um estágio; ir bem na faculdade; fazer terapia; organizar a vida; estudar; conseguir um emprego; gastar menos; parar de invalidar sentimentos e qualidades; guardar dinheiro; pensar em longo prazo; completar mais dois semestres da faculdade; conseguir um estágio remunerado; mudar de casa; cuidar mais da saúde; respeitar os limites; fazer faculdade; trabalhar; continuar a terapia; não ficar de dependência na faculdade; melhorar sua página sobre carros.
Pouco importante e pouco urgente
Tocar violão; ler livros; ir a shows; comprar coisas que quer; ir à academia; comprar um celular; tocar teclado; começar um relacionamento; praticar hobbies; tirar a carteira de motorista.
Pouco importante e muito urgente
Ser menos preguiçoso(a); ser mais cuidadoso(a) e amoroso(a); reclamar menos; ser mais humilde; viajar mais.

Fonte: Elaborado pelas autoras a partir de conteúdo produzido pelos participantes do grupo.

Uma análise por temas do conteúdo das matrizes produzidas indicou como percebidas como muito importantes e urgentes as atividades relacionadas a cuidados com saúde, trabalho e estudos; percebidas como importantes, mas pouco urgentes, as atividades relacionadas a relacionamentos e reserva financeira; percebidas como pouco importantes e variando em maior ou menor urgência as atividades relacionadas a hobbies e diversão, além de mudanças comportamentais indicadas por uma participante.

A partir dessa síntese, discutiu-se o que os participantes consideram ser saúde, englobando alimentação, exercício físico, terapia, respeito aos próprios limites e ir ao médico e fazer exames. As coordenadoras apontaram a relação entre o descanso, o sono e a saúde, indicando que esses temas não haviam aparecido nas matrizes. Apontou-se ainda a concentração de atividades percebidas como muito importantes e muito urgentes, o que dificultaria um equilíbrio e possíveis decisões.

No oitavo encontro, a partir do conteúdo das matrizes, foi solicitada uma nova priorização nas categorias desejo (o quanto queriam/desejavam realizar as atividades) e viabilidade (o quanto era exequível realizar aquelas mesmas atividades). As coordenadoras foram surpreendidas com a ordenação idêntica nas duas categorias: viabilidade e desejo.

O relato de um dos participantes, ratificado pelos demais, ilustra a posição do grupo: "sempre tive muito pé no chão", só se permitindo almejar e sonhar com coisas que ele sabia de antemão ser possíveis dentro de sua realidade. Perguntou-se sobre o que sentiam diante da limitação do querer e a resposta foi de frustração por ter de renunciar e tristeza quando algo que desejavam dava errado. Uma das jovens falou em tom jocoso que "vem um sentimento de pobreza".

A demanda de expressão dos próprios desejos veio acompanhada de uma consciência psicossocial importante no grupo, ao mesmo tempo que indicou a censura no querer dada pelas limitações concretas. Conversou-se sobre a dificuldade de sonhar em uma realidade marcada por limitações e questionou-se a lógica neoliberal de "querer é poder".

Visto que um conteúdo recorrente da matriz era a efetivação ou o emprego, as coordenadoras abordaram o tema sinalizado inicialmente pela instituição: o término do contrato de Jovem Aprendiz, perguntando como os participantes se sentiam diante da possibilidade de não efetivação. A maioria se manifestou indicando estar se preparando para isso ao participar de processos seletivos e relataram a dificuldade de conseguir uma oportunidade, dada a alta concorrência e requisito de experiência superior à que possuem.

Esses encontros viabilizaram para o grupo a exteriorização de elementos presentes na realidade em relação à demanda colocada, abrindo-se a possibilidade para a elaboração de estratégias que podem ser usadas para intervir e transformar a realidade desses jovens. Pichon-Rivière (2005) identifica este como o momento de tarefa dos sujeitos no grupo, destacando a posição depressiva, em que as ansiedades típicas da pré-tarefa dão lugar a uma percepção global da realidade e à possibilidade de intervenção pelo sujeito, no que vai designar projeto de vida.

Dando sequência ao processo, no nono encontro foi proposta uma reflexão pelo grupo sobre as próprias qualidades e aquelas percebidas pelos demais participantes, destacando sua importância na vida profissional e acadêmica com o objetivo de resgatar recursos dos quais cada participante dispõe e dando contorno ao momento de participação nos processos seletivos mencionado no encontro anterior. Ao fim do encontro, quando indagados sobre quais qualidades eles entendiam caracterizar o grupo, mencionaram ser parceiros, comunicativos, participativos e acolhedores.

No décimo encontro foi proposta uma reflexão sobre o futuro e o projeto de vida por meio da redação de uma carta para um "eu do futuro" a ser aberta em um ano, seguidas de uma roda de conversa e relaxamento. O objetivo foi resgatar as últimas reflexões propostas e, ao mesmo tempo, propiciar um fechamento do trabalho com o grupo. As seguintes instruções foram fornecidas para auxiliá-los na redação: seja informal, como se fosse uma conversa; resuma quem você é hoje lembrando de realizações recentes; escreva sobre os seus medos; escreva coisas que você espera ter realizado, parado e começado a fazer quando abrir a carta (retomando a matriz de organização do tempo); escreva sobre as suas qualidades e aptidões (retomando o que foi falado sobre você na atividade das qualidades); escreva novos sonhos, metas e objetivos para depois que esses da carta já tenham sido alcançados; e, por fim, escreva um agradecimento ao seu "eu do futuro" por ter chegado até lá.

Conversando sobre a atividade, os participantes sinalizaram ter sido "legal" pensar sobre o "eu do futuro". Perceberam que "os planos dependem da gente, mas não só de nós" e que, olhando retrospectivamente, muitos medos foram superados, que a personalidade deles mudou e que muito muda em um ano.

Por fim, no décimo primeiro encontro foi realizado um café da manhã coletivo como fechamento das atividades e devolutiva com o grupo. Pediu-se que os participantes refletissem sobre o processo do grupo e indicassem às coordenadoras o que achavam que deveriam continuar fazendo caso estivessem iniciando naquele dia. Eles disseram que poderiam manter o relaxamento, porque os acalmava e orientava para a percepção das sensações do corpo, às quais geralmente não prestavam atenção; o café da manhã coletivo, visto como um momento de lazer e descontração; e as atividades disparadoras seguidas de rodas de conversa.

Sobre esse último apontamento, vários jovens se manifestaram dizendo que a roda de conversa foi importante porque muitas pessoas não têm condições de fazer um acompanhamento psicológico individual e conseguiram se abrir nesses momentos. As oficinas, intervenções psicossociais, possuem potencial terapêutico por facilitarem descobertas e elaboração de questões subjetivas e sociais (Afonso, 2015), embora não seja esse seu objetivo último.

Afirmaram gostar da proposta de conversar, pois sentiram que as coordenadoras realmente queriam e estavam dispostas a escutá-los, já que muitas vezes precisam desse diálogo; que as atividades disparadoras, principalmente as lúdicas, foram "legais porque acabam unindo mais o grupo e sentiram que se aproximaram mais das coordenadoras e entre eles"; e que fazer somente atividades disparadoras é "cansativo". O educador também apontou achar interessante continuar falando sobre o dia a dia do jovem, para tirar a carga do "padrão a ser alcançado". Depois perguntou-se o que poderia ser feito de forma diferente e sugeriu-se que as atividades disparadoras tivessem mais movimento corporal, pois eles sentem muito sono pela manhã. Por fim, quando perguntados sobre o que as coordenadoras poderiam parar de fazer, nenhuma sugestão foi apresentada.

Para encerrar, uma devolutiva foi feita pelas coordenadoras para o grupo, sintetizando a ideia de ser necessário retomar a consciência de sonhar com responsabilidade e de lembrar que os planos não dependem unicamente de nós, mas do contexto, ou seja, há coisas que podemos desejar e parte de consegui-las é nossa responsabilidade, mas não há controle sobre tudo. Ao final do encontro, fez-se a prática de relaxamento, seguida da despedida.

Breve análise do processo grupal

O grupo propiciou a problematização de situações atuais vividas pelos participantes. No âmbito familiar problematizou-se a dependência dos pais, seja para acompanhamento em cuidados de saúde, seja para a tomada de decisões profissionais e acadêmicas, e no âmbito profissional problematizou-se a incerteza da efetivação, apesar dos esforços para fazer um bom trabalho, bem como a alta competitividade do mercado de trabalho, que exige experiência até para candidatos no início da vida profissional.

Refletindo sobre tais situações, os participantes conseguiram vislumbrar perspectivas de mudança, por meio de algumas ações como assumir compromissos sem a presença dos pais, tomar algumas decisões sem pedir o aval deles, procurar outras oportunidades profissionais como plano alternativo à efetivação ao final do contrato de Jovem Aprendiz, desenvolver competências importantes como o conhecimento da língua inglesa, pensar em estratégias para demonstrar suas qualidades e pontos fortes no ambiente de trabalho, entre outras.

Observou-se a desconstrução de uma narrativa de dependência dos pais, de necessidade de direcionamento para a tomada de decisões e da sensação de ainda serem adolescentes, e a construção de uma narrativa de autonomia e independência, de pensar nos próprios desejos, vontades e plano de vida, ainda que observando as suas limitações contextuais. Também houve mudanças nas considerações sobre a própria responsabilidade na concretização dos planos e as variáveis que os afetam e que não estão sob o seu domínio.

Ao mesmo tempo que houve uma elaboração da história individual de cada participante — em diferentes medidas, já que alguns compartilhavam mais as suas experiências pessoais e outros menos —, também houve uma elaboração coletiva a partir da identificação e relação no grupo, pois os participantes dividiam angústias muito similares em relação ao tornar-se adulto e o sentimento de insegurança derivado desse processo, bem como em relação à colocação no mercado de trabalho e as dificuldades relacionadas, demonstrando um consenso nas opiniões emitidas nas rodas de conversa, vislumbrando que não estão sozinhos, pois há mais pessoas enfrentando as mesmas questões.

No trabalho descrito, pode-se perceber que as queixas recorrentes dos participantes eram o *cansaço* e a *dificuldade para organizar a rotina de trabalho e estudos*. Estas foram então reorganizadas e esclarecidas, ao longo de alguns encontros com o grupo, na demanda de ajuda para reconhecimento e expressão dos próprios desejos, especialmente os relacionados à diversão, diante das limitações; e à construção de espaço no grupo, de momentos livres para a escolha sobre o que fazer.

De forma sintética, a queixa de cansaço foi transformada na demanda de ajuda para ampliação dos espaços cotidianos para o *querer-fazer* diante da abundância de espaços dedicados ao *dever-fazer*.

A tarefa do grupo se desenrolou em uma reflexão ativa para a descoberta, resgate e inclusão de atividades que os jovens desejavam fazer em uma rotina saturada de obrigações e pressões relacionadas a estudo e trabalho e ao apoio na direção da construção de um projeto de vida que levasse em conta esses aspectos, sem ignorar as limitações.

Considerações finais

Tentamos fornecer, por meio de uma experiência prática, ações correspondentes à etapa inicial e fundamental de identificação da demanda de trabalho com um grupo, ao mesmo tempo que tecemos considerações, por meio da análise da transferência, sobre a tarefa de equilibrar as demandas de formação dos coordenadores e de trabalho com o grupo.

Deve-se notar que, na práxis, trata-se mais de *construir com* do que de *identificar em*, o que afasta a ideia comum entre os iniciantes de que se deve saber como trabalhar com um grupo *a priori*, sem o grupo, o que não significa descuidar da preparação fornecida pela teoria.

O objetivo do trabalho com o grupo nasce na demanda construída, lembrando que essa construção é também trabalho em curso. Um esforço de tradução dos recursos adotados pelas coordenadoras para essa construção foi feito, advertindo-se para o caráter de exemplificação desejado, não se tratando, portanto, de um manual ou passo a passo para essa etapa fundamental de trabalho com um grupo.

Na tarefa de construir a demanda com o grupo, as estagiárias, coordenadoras em formação, lançaram mão dos seguintes recursos: interagir, criar espaços de expressão de queixas, questionar, observar incômodos, repetições e incoerências, abrir mão do controle, favorecer a invenção, interpretar, "ir com medo mesmo" e fornecer condições para que o grupo reflita sobre a(s) queixa(s).

Referências

Andaló, C. S. de A. "O papel de coordenador de grupos". *Psicologia USP*, v. 12, n. 1, p. 135--52, 2001. Disponível em: https://doi.org/10.1590/S0103-65642001000100007.

Afonso, M. L. M. *Oficinas em dinâmica de grupo: um método de intervenção psicossocial*. São Paulo: Artesã, 2005.

Brasil. *Resolução CNE/CES nº 1, de 11 de outubro de 2023*. Brasília: Ministério da Educação, 2023. Disponível em: https://www.in.gov.br/en/web/dou/-/resolucao-cne/ces-n-1-de--11-de-outubro-de-2023-518120795. Acesso em: 21 jan. 2024.

Castelo-Branco, P. C. "Do acolhimento da queixa à compreensão da demanda na terapia centrada no cliente". *Revista Brasileira de Psicoterapia* (online), v. 21, n. 3, p. 13-24, dez. 2020.

L'Abbate, S. "Análise institucional e intervenção: breve referência à gênese social e histórica de uma articulação e sua aplicação na saúde coletiva". *Mnemosine*, [*S. l.*], v. 8, n. 1, 2012. Disponível em: https://www.e-publicacoes.uerj.br/mnemosine/article/view/41580. Acesso em: 2 nov. 2023.

Lenine. *Paciência*. Rio de Janeiro: Ariola Records, 1999.

Martinho, M. H. "A interpretação psicanalítica: 'um dizer nada'". *Stylus*, n. 24, p. 77--113, jun. 2012. Disponível em: http://pepsic.bvsalud.org/scielo.php?script=sci_arttext&pid=S1676-157X2012000100008. Acesso em: 17 abr. 2025.

Mendes, A. M.; Araujo, L. K. R. *Clínica psicodinâmica do trabalho: práticas brasileiras*. Brasília: Ex-Libris, 2011.

Michaelis Dicionário Brasileiro da Língua Portuguesa. [online]. São Paulo: Melhoramentos, 2023. Disponível em: https://michaelis.uol.com.br/moderno-portugues/busca/portugues-brasileiro/demanda/. Acesso em: 17 abr. 2025.

Pichon-Rivière, E. *O processo grupal*. Trad. Marco Aurélio Fernandes Velloso e Maria Stela Gonçalves. São Paulo: Martins Fontes, 2005.

Quinet, A. *As 4+1 condições da análise*. Rio de Janeiro: Jorge Zahar, 2009.

Zimerman, D. E. "Atributos desejáveis para um coordenador de grupo". In: Zimerman, D. E.; Osório, L. C. et al. *Trabalhar com grupos*. Porto Alegre: Artes Médicas, 1997.

Parte II

EXPERIÊNCIAS EM CENTROS PARA CRIANÇAS E ADOLESCENTES (CCA) E CENTROS DE DESENVOLVIMENTO SOCIAL E PRODUTIVO (CEDESP)

6 DIÁLOGOS GRUPAIS SOBRE SER JOVEM: A JUVENTUDE PASSA, MAS TAMBÉM FICA[1]

ANDRÉIA DE CONTO GARBIN

BEATRIZ GOMES BARBOSA

GIOVANNA SEIXAS FARINASSI

No panorama da atuação psicológica, os grupos terapêuticos emergem como uma abordagem eficaz na promoção do bem-estar psicossocial de crianças e adolescentes. As práticas grupais ocupam um espaço de diálogo e de potencialização dos participantes. Utilizando um projeto desenvolvido em um Centro para Crianças e Adolescentes (CCA) como parte do estágio específico supervisionado em Práticas Psicossociais e Grupos, integrado ao currículo do curso de psicologia da Universidade Presbiteriana Mackenzie, com adolescentes em possível situação de vulnerabilidade social, de 12 a 14 anos, será apresentado um relato do projeto implementado e a experiência de conduzir um processo grupal a partir do protagonismo dos jovens.

O CCA, preconizado pelo Estatuto da Criança e do Adolescente, integra um conjunto de medidas específicas de proteção que considera a criança e o adolescente sujeitos de direitos e pessoas em condição peculiar de desenvolvimento (Brasil, 1990). Desenvolve atividades no período de contraturno escolar para crianças e adolescentes de 6 a 14 anos e onze meses, tendo como foco a constituição de um espaço de convivência a partir dos interesses, demandas e potencialidades dessa faixa etária. Deve atender crianças e adolescentes com deficiência, retirados do trabalho infantil e/ou submetidos a outras violações de direitos, bem como favorece aquisições para a conquista da autonomia, protagonismo e cidadania, mediante o fortalecimento de vínculos familiares e comunitários (Prefeitura Municipal de São Paulo, 2022).

De acordo com a Secretaria Municipal de Assistência e Desenvolvimento Social (Smads), as ações socioeducativas articulam a educação com a proteção social, sendo esta última compreendida como segurança de convívio, acolhimento e renda ofertada por meio de serviços, programas e projetos por meio de processos de aprendizagem

1 Abad (2003, p. 21).

que objetivam o desenvolvimento de habilidades, competências cognitivas e valores éticos, estéticos e políticos (Prefeitura Municipal de São Paulo, 2007).

A política da infância e adolescência brasileira estrutura-se no sistema de garantia de direitos sob o paradigma da proteção integral a esses indivíduos. Neste cenário, são asseguradas as políticas sociais básicas consideradas direitos do cidadão e dever do Estado, tais como saúde, educação, trabalho, habitação, lazer, segurança etc. Assim, frisa-se a radical mudança legal e institucional em relação às raízes históricas baseadas no assistencialismo destinado a "menores abandonados e menores delinquentes", ou seja, "em situação irregular" (Nóbile, 2022, p. 93).

A implementação de programas ou projetos pode atuar na manutenção do caráter assistencialista e adaptacionista dos jovens sem a perspectiva crítica e da transformação social. Vislumbra-se o exercício problematizador quanto às questões sociais vivenciadas pelas crianças e adolescentes de modo a evitar a reprodução dos estigmas, a naturalização das condições históricas da pobreza e a perspectiva do ajustamento comportamental. Os padrões dominantes da sociedade capitalista estabelecem a noção de família e as desigualdades de raça, classe, gênero, sexualidade, idade, capacidades e etnia que sustentam o racismo estrutural e institucional, o machismo e o modelo patriarcal. Collins e Bilge (2020) destacam que essas categorias mantêm relações interseccionais de poder que afetam o convívio social. As autoras sustentam "o uso da interseccionalidade como ferramenta para analisar esses fenômenos interdependentes", bem como "uma forma de entender e explicar a complexidade do mundo, das pessoas e das experiências humanas" (Collins e Bilge, 2020, p. 16).

Concepções teóricas e epistemológicas críticas estabelecem relação entre interseccionalidade e educação, sendo o CCA espaço privilegiado de processos educativos e desenvolvimento da consciência crítica, conforme destacado por Paulo Freire (2019). O autor defende a superação da educação bancária e da opressão social por meio do reconhecimento da diversidade e do exercício da democracia participativa. Pessoas historicamente privadas de direitos são instigadas a engajar-se em diálogos éticos, em exercícios emancipatórios e espaços coletivos.

Sob a perspectiva da interseccionalidade, a experiência de intervenção com jovens encontra na modalidade grupal o espaço singular para o exercício da práxis (Freire, 2019). Os psicólogos devem assumir o papel de "fortalecer a potência de vida, individual e coletiva, por meio da criação de bons encontros que façam a ação emergir. O processo grupal é um espaço privilegiado de bons encontros", conforme descrevem Pereira e Sawaia (2020, p. 26).

A inspiração teórica assentada no campo da psicologia social institui os princípios da análise do "processo grupal" considerando o contexto social e "determinações econômicas, institucionais e ideológicas" (Lane, 1984, p. 81), construído pela experiência dos participantes e sua dimensão histórica, evitando a naturalização dos fenômenos abordados. Trata-se, portanto, de reconhecer as crianças e adolescentes estabelecendo relações e movimentos coletivamente. Para a autora, no grupo ocorrem processos de identificação e a mediação entre o individual e o social. Expande-se a noção de identidade como atuação dinâmica no trânsito entre a identificação e a diferenciação.

Outro amparo teórico desponta da teoria psicossocial proposta por Martin-Baró (1989) e seu irrestrito pressuposto de não aceitar a realidade social como imutável, atestando o caráter histórico, concreto e singular dos grupos, propositura que amplia a análise para além das características pessoais dos membros.

Em síntese, o apoio valioso de Lane (1984, p. 78) sustenta a compreensão do processo grupal como potente, vigoroso e desencadeador de mudanças, conforme postulado: "Condição necessária para conhecer as determinações sociais que agem sobre o indivíduo, bem como a sua ação como sujeito histórico, partindo do pressuposto que toda ação transformadora da sociedade só pode ocorrer quando indivíduos se agrupam".

Diante do exposto, o processo grupal está ancorado na transformação social. Para tanto, faz-se necessário acessar os paradigmas sobre a "descolonização epistemológica", propostos por Quijano, pensamento crítico emergente a partir da categoria colonialidade do poder que descortina uma concepção europeia ocidental sobre o conhecimento universal, sustentada na dominação cultural, no controle das subjetividades, no modelo de saúde-doença e num padrão de "normalidade" (Quintero, Figueira e Elizalde, 2019). A estruturação da narrativa histórica colonial contextualiza a análise dos processos grupais, pois:

> A colonialidade, em seu caráter de padrão de poder, acarretou profundas consequências para a constituição das sociedades latino-americanas, pois assentou a conformação das novas repúblicas, modelando suas instituições e reproduzindo nesse ato a dependência histórico-estrutural. Impondo a reprodução, subsumida ao capitalismo, das demais formas de exploração do trabalho, desenvolveu-se um modelo de estratificação sociorracial entre "brancos" e as demais "tipologias raciais" consideradas inferiores. (p. 6)

Na esteira dos problemas históricos e sociais invisibilizados, a psicóloga Cida Bento (2022) destaca que a branquitude precisa ser compreendida como um lugar de privilégio, pois revela o silenciamento sobre raça e sobre nossa herança escravocrata. A obra da autora, *O pacto da branquitude*, descreve as situações de não reconhecimento e de exclusão vivenciadas por jovens e trabalhadores(as). Na mesma perspectiva, a psicóloga

Grada Kilomba, no livro *Memórias da plantação: episódios de racismo cotidiano* (2019), expõe a violência e a desqualificação da humanidade do outro.

Alia-se a esse debate decolonial a necessidade de historicizar as relações de gênero marcadas pela desigualdade de salários e oportunidades, bem como o entendimento binário de gênero e as expressões de violência. Lugones (2014) critica o universalismo feminino e um sistema de gênero multiplamente opressivo.

A subalternização estrutural que atinge boa parte da população demanda da psicologia o compromisso de empreender processos grupais e práticas sociais críticas alicerçados na desconstrução das narrativas racistas e naturalizadoras da branquitude, bem como na legitimação de relações assimétricas de poder. Assim sendo, o exercício profissional da psicologia, sustentado na leitura crítica da realidade social, precisa se debruçar sobre a historicidade dos fenômenos, a interculturalidade, a recuperação da memória e a decolonialidade.

Outrossim, cabe ressaltar que a experiência relatada neste capítulo sustenta-se na crítica à utilização de dinâmicas adaptacionistas e ao isolamento das tensões grupais, já alertado por Lane (1980). A aposta na produção de movimentos grupais deve criticar o individualismo, o psicologismo, o subjetivismo e o elitismo. Para tanto, a experiência, aqui relatada, foi marcada pela horizontalidade nas relações e pela valorização dos saberes (Freire, 2019); por processos de aprendizagem e pelo desenvolvimento (Vigotski, 2007); pela mediação e produção de sentidos (Vigotski, 2007); pela ética do cuidado, no exercícios da inclusão e singularidade (Pinheiro, 2007); pela desmistificação do naturalizado, por meio do questionamento (Pereira e Sawaia, 2020).

O relato de experiência refere-se ao projeto denominado "Dúvidas da Adolescência". No contexto desafiador da vulnerabilidade social, a intervenção terapêutica em grupo não apenas oferece uma resposta imediata, mas, também, lança uma perspectiva de futuro para os jovens. Ao centrar-se no desenvolvimento de habilidades e na promoção da autonomia, e ao demonstrar os possíveis caminhos para o futuro acadêmico e profissional, o trabalho não apenas auxilia nas circunstâncias adversas do presente, mas também projeta um horizonte de possibilidades para o futuro desses adolescentes, possibilitando que eles pensem e construam suas próprias trajetórias de vida.

Em síntese, a inspiração decorre do reconhecimento de que:

> Organizar espaços de práticas grupais é reconhecer que é um espaço de potência. Na medida em que é espaço de ressignificação de si, na medida em que é espaço de produção de novas relações sociais, na medida em que é espaço de identificação e diferenciação, na medida em que é possibilidade de escuta, reflexão e cuidado. É preciso que o espaço do grupo seja espaço de reconhecimento da sua historicidade e condição humana, fundamentalmente criadora. Espaço

de ressignificação das vivências, das experiências, dos afetos e dos sentidos atribuídos a ambos. (Pereira e Sawaia, 2020, p. 93)

Diante desse cenário, este capítulo relata a experiência vivenciada pelas estagiárias durante o estágio em um CCA, destacando as nuanças terapêuticas do trabalho em grupo e sua contribuição para o desenvolvimento psicossocial dos participantes, bem como considerando a relevância deste contexto para a formação da identidade de cada indivíduo e de seu desenvolvimento pedagógico e profissional. Assim, é possível refletir sobre como essas práticas contribuem para a transformação social para aqueles que vivem em situação de vulnerabilidade social.

Construindo um caminho metodológico: quais são as dúvidas? Quem são as crianças e adolescentes?

O grupo trabalhado na instituição foram os adolescentes, abrangendo aproximadamente 25 alunos na faixa etária de 12 a 14 anos e 11 meses, estudantes de escola pública, que frequentam o CCA diariamente no período de contraturno escolar. Relativo ao gênero, a identificação referida foi de meninos e meninas compondo um grupo heterogêneo. Em relação à cor, também se nota uma variedade entre brancos, pretos e pardos, além de dois participantes estrangeiros e/ou imigrantes. O grupo contou com uma pluralidade de perspectivas, experiências e desafios a ser abordados e explorados.

Onde se localiza o CCA?

O CCA localiza-se no bairro da Vila Buarque, no centro de São Paulo. A região é conhecida por ser uma área que mistura espaços residenciais, comerciais e culturais. Uma parcela dos adolescentes morava nessa mesma região e se deslocava a pé para a instituição, enquanto outros percorriam longas distâncias em transportes públicos. A estrutura física da instituição situa-se próxima a uma movimentada estação de metrô e os arredores são marcados por comércios ambulantes e moradores de rua.

A coordenação do processo grupal

O projeto foi estruturado como experiência prática de Estágio de Práticas Psicossociais de Grupo, desenvolvido durante o sétimo semestre do curso de psicologia. A proposta do estágio requer o exercício de ingresso em uma instituição, a escuta de demandas, a construção de um projeto de intervenção, pesquisas e leitura relacionadas às temáticas abordadas, conversas regulares com coordenação e educadoras e supervisões semanais em grupo para relato da experiência, trocas e aprendizados.

A coordenação vivenciada pelas estagiárias exigiu planejamento, pesquisas, escuta e acolhimento, liderança e compromisso. O exercício proposto baseou-se na horizontalidade na relação, no fazer circular a palavra e na valorização das diferentes formas de expressão, facilitando processos de ressignificação das vivências no grupo. As ferramentas relacionais, como acolhimento, vínculo e responsabilização, foram amplamente utilizadas no processo de trabalho.

Como o projeto foi construído?

A metodologia utilizada para construir o projeto "Dúvidas da adolescência" valorizou o resgate da espontaneidade, a vivência e a experiência, para além de relatos verbais, como forma de melhorar o contato do indivíduo com seus sentimentos (Vieira, Oliveira e Ferreira, 2013).

A demanda apresentada pelos jovens do CCA estava relacionada às temáticas que permeiam o contexto social em que estão inseridos. No primeiro encontro, foi realizado um levantamento dos interesses dos adolescentes, a fim de identificar os principais assuntos, dúvidas ou curiosidades para ser debatidos ao longo dos encontros e, a partir disso, construir o planejamento do projeto. As temáticas versaram sobre sexualidade, autoestima, violência, futuro, problemas emocionais, drogas e relacionamentos interpessoais. Assim, um tema transversal ao processo foi o autoconhecimento, tomado como um processo em que "o mundo se complexifica e se diversifica para o sujeito que toma consciência de si e da realidade que o circunda, à medida que se amplia sua capacidade de imaginar e abstrair. Portanto, quanto mais desenvolvido é o sujeito, mais imaginativo, mais capaz de criar-se, de dominar-se, mais livre" (Pereira e Sawaia, 2020, p. 41).

O projeto foi estruturado semanalmente a partir de uma escuta acolhedora, pois "os sujeitos não falam de temas, contextos, emoções, pensamentos, mas sim, como vivenciam/experienciam temas, contextos, emoções, pensamentos" (Pereira e Sawaia, 2020, p. 93). Nesse sentido, o quadro a seguir representa o percurso construído no decorrer do semestre, em que se buscou desenvolver espaços de compartilhamento das vivências e a reflexão sobre esses processos para a produção de novos sentidos.

Quadro 6.1 — Sistematização dos encontros grupais do projeto "Dúvidas da Adolescência" (CCA, 2023).

Semana	Objetivos do encontro	Procedimentos e recursos
1	Alinhar o objetivo do estágio	Reunião com a coordenação do CCA para apresentação da demanda e alinhamento de objetivos.
2	Apresentar o grupo e identificar interesses	Apresentação pessoal e mapeamento dos temas de interesse do grupo.
3	Vivenciar e experimentar novos encontros	Dinâmicas "Roda do avesso" e "Átomo Social" e discussão sobre o tema.
4	Produzir novos sentidos	Dinâmica: falar para e sobre o outro (qualidades) anonimamente entre os colegas e discussão sobre o tema.
5	Experimentar encontros: enlaces-desenlaces diversos	Dinâmica grupal de guiar o colega de olhos fechados e inverter os papéis; discussão sobre o tema em roda de conversa.
6	Refletir sobre identidade de gênero e orientação sexual	Apresentação do "biscoito sexual" e roda de conversa. Elaboração de perguntas e dúvidas sobre o assunto para discussão no próximo encontro.
7	Ampliar a discussão sobre sexualidade: relacionamentos afetivos, saúde pública, cuidados em saúde	Roda de conversa e esclarecimento de dúvidas em grupos. Participação de um convidado para coordenar o grupo dos meninos.
8	Promover empatia e problematizar as situações de violências no contexto escolar	Dinâmica grupal "O que você faria?", apresentando situações hipotéticas envolvendo violências para discussão do tema. Elaboração de um cartaz com "âncoras" para serem lidas em momentos de crise.
9	Examinar o cenário sobre as drogas e a diversidade cultural	Levantamento de dúvidas sobre as drogas e discussão em roda de conversa. Apresentação de uma cartilha informativa.
10	Expressar os afetos	Dinâmica da "Feira das Emoções" e roda de conversa.
11	Conversar sobre saúde mental e a "medicalização" da vida	Falando sobre o processo saúde-doença e o cuidado em saúde mental através de um jogo educativo e elaboração de cartazes.
12	Perspectivas para uma jornada profissional e os percursos escolares emancipatórios	Perspectivas de ingresso no mercado de trabalho por meio de políticas públicas de trabalho e renda; trilhas de estudos e ingresso nos programas públicos de ensino; ferramentas de acesso.
13	Perscrutar novos territórios	Visita guiada pelo campus da universidade, identificando o espaço e o funcionamento e reconhecendo as possibilidades de ingresso em um curso superior.
14	Finalizar o trabalho: encerramento	Dinâmica grupal "Cápsula do tempo" para cada aluno escrever uma carta para o "eu" do futuro e confraternização.
15	Revelar a cápsula do tempo	Abertura da cápsula do tempo após 6 meses do término do projeto e discussão sobre o fim do ciclo dos jovens no CCA.

Como foram estruturados os encontros?

Como intervenção psicossocial, as oficinas foram utilizadas constantemente durante o processo grupal. Oficinas têm sido um termo aplicado às situações mais diversas, designando, geralmente, cada encontro a um trabalho de grupo. Compreende-se como um trabalho estruturado, independentemente do número de encontros, sendo focalizado em torno de uma questão central que o grupo se propõe a elaborar, em um contexto social. A elaboração que se busca na oficina não se restringe a uma reflexão racional, mas envolve os sujeitos de maneira integral, formas de pensar, sentir e agir (Afonso, 2006).

Nos encontros, foram utilizados os questionamentos como disparadores no aquecimento do processo grupal, em consonância com a denominação do projeto "dúvidas da adolescência", sugerido pelos participantes. O desenvolvimento dos encontros contou com dinâmicas e diversas intervenções de caráter crítico-reflexivo. No encerramento, cada participante era convidado a expressar sua opinião ou sentimento naquele momento.

No grupo, segundo Pereira e Sawaia (2020, p. 50), "as relações interpessoais entre seus membros são mediadas pelo conteúdo da atividade comum significativa a todos". As autoras, apoiadas nos escritos de Vigotski, sustentam que os processos de desenvolvimento e de aprendizado se desdobram em dois patamares: o real e o potencial. No desenvolvimento real, o sujeito manifesta domínio sobre uma atividade, sendo capaz de solucioná-la autonomamente. Já o desenvolvimento potencial abrange atividades que requerem mediação externa. Disto resulta a importância da mediação desempenhada pelos coordenadores do grupo.

Para as autoras, o processo de mediação e produção de sentido revela a contínua transformação que se opera nos participantes dos grupos por meio da comunicação, sendo a linguagem muito importante nesse processo. A comunicação vai muito além da linguagem em si, já que os participantes de um grupo também se comunicam através da presença, da escuta e dos movimentos corporais. O coordenador precisa ficar atento a essas colocações para que o grupo tenha êxito. A linguagem é o principal instrumento mediador dos processos de configuração da subjetividade histórico-cultural. O sujeito se apropria dos significados definidos historicamente, mas tendo papel ativo na reconfiguração e criação desses sempre na intersubjetividade. Assim, quando novas vivências são oportunizadas, os sentidos são ressignificados e reapropriados.

Revisitando momentos do processo grupal

O início da intervenção foi marcado pela formulação do contrato grupal no primeiro encontro, que vai muito além do dia e horário, pois passa pela possibilidade de fala e escuta qualificada, pelo cuidado e pela ética (Pereira e Sawaia, 2020, p. 90). Sustentou-se no estabelecimento do vínculo e no exercício da construção coletiva. A corresponsabilidade norteou o respeito mútuo. O contrato grupal esteve pautado na comunicação, para então evitar a violência verbal e/ou física, criando possibilidades de novas experiências relacionais.

Assim, a participação dos adolescentes foi estimulada por questionamentos e provocações sobre o tema principal, deixando um espaço livre para a expressão de seus pensamentos e dúvidas. Ao observar pouca exteriorização de ideias em alguns momentos, foram propostas estratégias de registros anônimos das possíveis dúvidas ou comentários sobre o tema trazido em papel, para que fossem elaboradas nas rodas de conversa. Desse modo, foi possível obter a participação de todos os integrantes por meio da escrita e esclarecer dúvidas mais específicas de alguns, que possivelmente não gostariam de declarar em público.

A relação entre os participantes e as coordenadoras, estagiárias de psicologia, foi pautada no vínculo, no respeito e na escuta ativa, favorecendo um espaço de acolhimento e descobertas com vistas a aumentar a potência dos sujeitos, propiciando que esses alcancem a novos níveis de desenvolvimento, estimulando a consciência, a ressignificação de sentidos e, com isso, a alteração de processos psicológicos (Tocabens, 2006).

A importância da comunicação e da intersubjetividade na formação dos vínculos foi destacada por Pichon-Rivière (1998). Considera-se que o indivíduo está inserido em diversos grupos e, desta forma, os vínculos criados neles são importantes para seu desenvolvimento psicológico. O autor conceitua o vínculo como uma estrutura dinâmica em constante movimento, abrangendo tanto o sujeito quanto o objeto. A construção do vínculo se apresenta como potente estratégia do cuidado longitudinal e integral.

O processo grupal também favoreceu conversas individuais entre os jovens e as estagiárias, os quais buscavam compartilhar e compreender questões pessoais mais específicas, geralmente relacionadas ao âmbito familiar e amoroso. Em muitos casos, os próprios adolescentes procuravam uma das estagiárias para expor sentimentos e angústias em um ambiente reservado, fora da sala de aula. Esses espaços possibilitam transitar nas dimensões singular-coletivo (Pereira e Sawaia, 2020).

Trata-se, então, de um período em que as trajetórias juvenis são marcadas por múltiplas experiências, não lineares. Neste contexto, as temáticas emergentes no grupo vincularam-se aos relacionamentos afetivos, à sexualidade, ao futuro e aos novos desafios. São temas comuns da juventude, porém circunscritos à condição vivida e às diferenças sociais — classe, gênero, etnia etc.

A temática da sexualidade foi trabalhada em três encontros específicos. Inicialmente, o tema foi direcionado aos relacionamentos interpessoais, momento no qual os jovens conversaram sobre relações amorosas, sobre a confiança e os limites. Na sequência dos encontros, usando o recurso pedagógico do biscoito sexual[2], a atividade socioeducativa voltou-se para as questões de identidade e expressão de gênero, sexo e orientação sexual. Ao final do encontro, foi solicitado que cada um refletisse e registrasse novas dúvidas. Assim, durante uma semana, foi possível reelaborar novos questionamentos.

Na semana seguinte, um elemento surpresa: um estagiário integrou o grupo de coordenação para promover dois momentos de discussão. Foi solicitado que os jovens participassem livremente de conversas em pequenos grupos, mediadas pelas estagiárias e pelo estagiário. A escolha dos jovens pautou-se na identificação com cada coordenador. Por fim, ocorreu uma roda de conversa com o espaço da troca-diálogo e escuta.

No minigrupo, escolhido pelas meninas, os temas apresentados foram: métodos anticoncepcionais, doenças sexualmente transmissíveis, ciclo menstrual, relacionamentos amorosos e familiares, dependência emocional, orientação sexual e homofobia. Demonstraram interesse nas experiências das estagiárias sobre namoro na adolescência. Em seguida, outras dúvidas foram expostas num diálogo coletivo, potente e afetivo. Já no grupo escolhido pelos meninos, a conversa girou em torno da relação sexual, métodos anticoncepcionais, doenças sexualmente transmissíveis, masturbação e pornografia. A timidez inicial logo cedeu lugar para perguntas objetivas, escuta atenta e interação. O planejamento desse encontro exigiu muita reflexão, pois o trabalho proposto sustenta-se no diálogo entre as pessoas com variabilidade de gênero e no interesse comum sobre os assuntos, mas, também, se considerou a timidez e as singularidades das dúvidas apresentadas. Por fim, o minigrupo propiciou uma conversa franca e orientativa com o desafio de compartilhar as sínteses no grupo geral. A proposta metodológica foi essencial para que todos se sentissem à vontade para esclarecer suas dúvidas. A identificação com o coordenador do grupo foi importante nesse processo, tornando a roda de conversa um espaço de diálogo e de conhecimento para os jovens. Contudo, tornou-se crucial o momento em que os subgrupos refletiram sobre como narrar a temática na roda de conversa, assegurando que todos tomassem conhecimento do que havia ocorrido.

Outro momento relevante do processo grupal foi a participação na "Feira das Emoções" (Figura 6.1). Em grupos menores, de quatro a cinco pessoas, foram convidados a participar de uma feira com diversas emoções escritas em *post-it* e espalhadas pela mesa. Cada adolescente poderia comprar uma emoção, positiva ou negativa, para levar consigo e deixar outra como "pagamento", podendo ser algo que ele tinha a

2 Biscoito sexual: a imagem de um biscoito em formato de corpo humano é usada para esclarecer, de forma didática, os conceitos de identidade de gênero, atração ou orientação sexual e expressão de gênero.

oferecer para um colega ou algo que não lhe pertencia mais. No momento de compartilhamento, alguns expuseram seus sentimentos e percepções durante a roda de conversa, sendo discutido temas como a felicidade e a tristeza; o que gera a felicidade?; se pessoas com mais poder aquisitivo são mais felizes que outras; a necessidade da calma e da empatia para resolver conflitos; autoestima e autovalorização nas relações. Foi uma experiência significativa reconhecer e expressar os afetos disponibilizando-se em relação ao outro.

"Eu não sei na verdade quem eu sou, já tentei calcular o meu valor"[3]

Os últimos encontros foram direcionados à temática da jornada profissional e aos percursos escolares emancipatórios. Os jovens vivenciavam a angústia do último ano de permanência no CCA em virtude da idade. O questionamento comum era: *o que fazer?*

Para as estagiárias colocou-se, também, enfaticamente a dúvida sobre o que os jovens poderiam realizar diante das desigualdades sociais que os atingem. A categoria exclusão social, várias vezes utilizada nas conversas, precisou ser revisitada, para refletir sobre o futuro dos jovens, os sonhos e as oportunidades. Considerou-se que a exclusão é social, não pessoal, e se expressa nas dimensões econômica, sociopolítica, subjetiva e cultural.

> A maioria dos autores caracteriza o fenômeno da exclusão como multidimensional, dinâmico e relacional, direcionado por relações de poder desiguais que interagem através de quatro dimensões (econômica, política, social, cultural) e em diferentes níveis (incluindo indivíduos, famílias, grupos sociais, comunidades, países e regiões globais). (Brasil, 2014, p. 38)

Diante das condições de "exclusão", evoca-se a implantação e qualificação de políticas públicas. Para a juventude, as políticas públicas representam a efetivação de direitos relacionados às áreas de educação, assistência social, trabalho, emprego e renda, cultura, esporte e lazer, entre outras. Esse enfoque foi fundamental para a discussão sobre oportunidades, a reflexão sobre o futuro, vislumbrando trajetórias de autonomia e emancipação. Esse percurso sustenta-se nas análises sobre efetivas intervenções para diminuir as desigualdades sociais, conforme já apontado: "Os serviços públicos e a proteção social cumprem um papel fundamental no atendimento das necessidades e no cumprimento dos direitos humanos das pessoas no mundo todo. Eles também têm um papel muito poderoso na redução da desigualdade e da pobreza" (Oxfam, 2019, p. 45).

3 "Eu não sei na verdade quem eu sou", canção de O Teatro Mágico.

A atividade proposta para esse encontro vinculou o autoconhecimento como possibilidade de escolha, reconhecendo os gostos, as experiências familiares, os interesses e conhecimentos. Por sua vez, a identificação das políticas públicas se apresenta como viabilidade para novos acessos e projetos, pois "uma educação de boa qualidade pode transformar vidas, com um impacto profundo sobre a autoconsciência, a autoconfiança, o pensamento crítico e a compreensão do mundo por parte das pessoas. Pode lhes dar poder para questionar seus líderes e exigir um mundo mais justo" (Oxfam, 2019, p. 53).

Para pensar sobre o futuro e o encerramento das atividades no CCA, foi trabalhado o reconhecimento e fortalecimento de uma rede de relações e recursos relacionados à vida social, aos espaços de aprendizagem (formais e informais); às possibilidades de identificação de oportunidades de inserção no trabalho e de diversificação de espaços de sociabilidade presenciais e virtuais.

Um passeio por experiências relacionadas ao direito à cidade (Passe Livre etc.), à educação (ensino médio, técnico e superior, cursinhos populares, entre outros), ao trabalho e renda (Jovem Aprendiz, estágios, Pronatec, oportunidades de emprego), à cultura e à inclusão digital auxiliou no reconhecimento de equipamentos presentes no território e de possível acesso, baseado no Guia Juventudes nas Cidades para São Paulo (Oxfam, 2018).

Uma questão sensível à juventude reside na perspectiva de desenvolver as aptidões exigidas pelo processo de qualificação da força de trabalho e uma parcela significativa deste grupo busca condições para combinar educação e trabalho. Neste contexto, o adolescente encontra dificuldades de permanência na escola e o trabalho precarizado e informal atrai a força produtiva jovem, sendo necessário discutir a escola e o trabalho como direitos sociais fundamentais sob a perspectiva de que "a participação dos jovens deve ser vista como premissa para gerar dinâmicas de inclusão social, áreas de desenvolvimento sustentável e convivência social baseada em valores democráticos" (Brasil, 2014, p. 46).

A temática do ingresso no mundo do trabalho reverbera para o jovem como oportunidade e para as famílias como uma boa adaptação dos jovens ao trabalho. Ao longo da história, constata-se as implicações do trabalho precoce no desenvolvimento de crianças e adolescentes, conforme apontado por Garbin, Yasuda e Kanazawa (2022). Portanto, ao realizar o exercício da elaboração de um currículo, os adolescentes foram convidados a refletir sobre a história familiar de trabalho, sobre oportunidades e direitos humanos.

No encontro seguinte, foi realizada uma visita ao campus Higienópolis da Universidade Presbiteriana Mackenzie[4], a fim de reconhecer novos territórios e vislumbrar

4 O CCA fica perto da universidade. O percurso foi feito a pé em 15 minutos.

possibilidades de ingresso no ensino superior. Os alunos foram acompanhados pelas duas estagiárias e pela educadora.

A entrada no campus da universidade produziu impactos. Imediatamente os jovens reconheceram a ausência de estudantes negros na instituição. Um comentário sobre essa condição foi dirigido às estagiárias de psicologia por uma adolescente, desencadeando um diálogo sobre o cenário nacional relacionado à desigualdade racial refletida na universidade privada, composta prioritariamente por estudantes brancos de classe média/alta, reproduzindo expressões de discriminação e da herança escravocrata. Foi possível orientar sobre ações afirmativas e um sistema de bolsas de estudos que oportuniza a entrada de jovens de baixa renda na universidade e no colégio. No contato com alunos, puderam ouvir depoimentos sobre a experiência de ingresso no curso universitário com o subsídio para o pagamento por meio do recebimento de bolsas.

Na próxima etapa da visita ao campus, os adolescentes foram recepcionados por uma turma de alunos e uma professora do curso de psicologia, e convidados a ingressar na sala de aula e conversar sobre o funcionamento da faculdade. Naquele momento, os jovens, demonstrando muita timidez, recuaram, mas, por fim, aceitaram o convite. Houve uma troca bastante interessante entre os alunos da universidade e os adolescentes, pois esclareceram dúvidas sobre os cursos (por exemplo, o tempo de duração) e dialogaram sobre o futuro profissional. Em seguida, visitaram uma sala de aula, exploraram o ambiente e surpreenderam-se com a estrutura (projetores, janelas, estofados nas carteiras, lousa etc.).

Dando andamento à visitação, os jovens foram direcionados aos prédios antigos da universidade. Divididos em dois grupos, visitaram a biblioteca principal (Figura 6.2), observaram o funcionamento e consultaram alguns livros acadêmicos — muitos nunca tinham visitado uma biblioteca desse porte. Por fim, conheceram o Centro Histórico e Cultural do Mackenzie (prédio 1), entraram em contato com a história do colégio e da universidade e visitaram uma exposição de materiais escolares antigos, fotos, mesas e carteiras. O momento foi agraciado com a apresentação de um aluno pianista (Figura 6.3). Os jovens ficaram encantados com toda a história e estrutura do local.

As atividades da visita foram planejadas e sustentadas nas "ações autovalorizadoras dos jovens na sociedade", descritas por Abad (2003, p. 30), em que o valor ético se realiza na experimentação (como vivência) da cidadania para uma atuação consciente dos direitos.

No último encontro, foram retomadas todas as discussões realizadas pelo grupo e, assim, foi proposta a realização de uma "cápsula do tempo" para que escrevessem uma carta para si, que seria aberta ao final do mesmo ano no CCA.

Figura 6.1 — Feira das Emoções.

Figura 6.2 — Biblioteca central da UPM.

Figura 6.3 — Visita à Casa da UPM.

Fonte: Arquivo pessoal das autoras.

As estagiárias retornaram à instituição para abertura da cápsula do tempo, passado um semestre. Os adolescentes surpreenderam-se positivamente com a presença. Nesse dia, com aproximadamente 17 jovens, foi realizada uma roda de conversa sobre quais as atividades e temas lembravam o projeto "Dúvidas da Adolescência". Relembraram os temas sobre sexualidade, uso de substâncias e a visita à Universidade Presbiteriana Mackenzie. Retomando a cápsula do tempo, os jovens leram as cartas e ficaram impactados com o que escreveram. Alguns reconheceram que já tinham resolvido as questões apresentadas nas cartas, relatando que se transformaram em pessoas melhores e que conseguiram mudar, enquanto outros acreditaram que a situação relatada piorou. Também registraram suas memórias em relação ao projeto, conforme relatos a seguir:

> *Para mim, o que marcou foi a ida ao Mackenzie. Eu aprendi sobre drogas, uso do preservativo, o perigo das ISTs etc. (J. G.)*

> *Para mim, foi uma das melhores experiências que já tive, elas me ajudaram bastante com meus problemas. (A. C.)*

O período que as meninas passaram aqui foi incrível. Nós aprendemos várias coisas novas de uma forma muito interativa. Era muito fácil ter "aula" com elas, os assuntos eram interessantes, a forma como elas abordavam determinados assuntos fazia que a gente entendesse muito bem e tivesse mais interesse para aprender e participar. Todos nós sentiremos saudades dos momentos que passamos com elas. (M., aspas da participante)

As meninas me ajudaram muito, de uma forma incrível, que me inspirou muito, brincadeiras que nos fizeram refletir muito. Cada momento está marcado na minha memória, inclusive um dos meus momentos favoritos foi a nossa ida ao Mackenzie. (R.)

A maioria dos adolescentes deixou a instituição ao final do ano por atingirem a idade limite do CCA. Foi possível notar que grande parte deles tem projetos, de modo que alguns pretendem fazer cursos profissionalizantes, enquanto outros pensam em ingressar no programa Jovem Aprendiz. As ideias pululavam e a necessidade de mediação para esboçar projetos fica evidente. Ao mesmo tempo, referiram saudades do tempo em que as estagiárias frequentavam o CCA, das dinâmicas em grupo e dos momentos em que eles conseguiam se expressar. Foi apresentado novamente o programa de bolsas das universidades, tanto para o ensino médio quanto para o universitário, como auxílio e incentivo.

Isso posto, pensar o jovem no Brasil implica levar em conta as enormes disparidades socioculturais existentes e os diferentes contextos nos quais estes se constroem como sujeitos (Dayrell e Carrano, 2003). Para esses autores, o Estado oferta políticas mínimas que contemplam a juventude, o que leva a uma privatização e despolitização das condições de vida.

A defesa dos direitos das crianças e adolescentes coloca-se como questão prioritária para o Estado brasileiro, pois recai sobre que futuro aspiramos para nosso país. A perspectiva laboral, segundo Alberto e Santos (2011), remete à inserção precoce no trabalho que interfere no futuro dos jovens e impõe uma formação disciplinar pelo trabalho, além de um processo de adultização prematuro. Portanto, a ampliação das políticas públicas é primordial, pois o desenvolvimento infantil decorre da experiência lúdica, simbólica e da possibilidade de brincar na infância e aprender uma formação cidadã.

É importante que os jovens sejam atores ativos na elaboração das políticas destinadas a eles. É preciso que as trajetórias sociais fragmentadas sejam reconhecidas para promover a inclusão de jovens por meio de redes sociais participativas.

Considerações finais

Ao final do projeto, foi observado que os adolescentes realizaram as atividades propostas em grupo de forma participativa, criativa e espontânea, expressando sentimentos e reflexões sobre os temas. Houve engajamento nas discussões, alegria na participação, relatos das próprias experiências de vida e diversos questionamentos. Também experimentaram novas formas de comunicação uns com os outros. A colaboração, o apoio e o sentimento de pertencimento foram aparecendo mais do que as discussões e provocações.

A experiência grupal representou o aprendizado para as estagiárias, compreendendo a psicologia nas cenas cotidianas, a subjetividade construída e as ferramentas de escuta e acolhimento.

Por fim, é inegável a importância do espaço oferecido pelo CCA para a atuação como estagiárias e para o protagonismo desses jovens. O tempo na instituição permitiu um crescimento pessoal e profissional, bem como possibilitou o estabelecimento de um vínculo muito significativo com os jovens. Reconhecemos o CCA como direito das crianças e adolescentes, sobretudo quanto ao desenvolvimento socioemocional.

Esperamos que este relato contribua nas reflexões sobre o que é ser jovem no Brasil, na defesa do direito à participação e no exercício do pensamento crítico, autônomo e emancipador.

Referências

Abad, M. "Crítica política das políticas de juventude". In: Freitas, M. V. de; Papa, F. de C. (orgs.). *Políticas públicas: juventude em pauta.* São Paulo: Cortez; Fundação Friedrich Ebert, 2003. p. 13-32.

Afonso, M. L. M. (org.). *Oficinas em dinâmica de grupo: um método de intervenção psicossocial.* São Paulo: Casa do Psicólogo, 2006.

Alberto, M. de F. P.; Santos, D. P. dos. "Trabalho infantil e desenvolvimento: reflexões à luz de Vigotski". *Psicologia em Estudo*, v. 16, n. 2, p. 209-18, 2011.

Bento, C. *O pacto da branquitude.* São Paulo: Companhia das Letras, 2022.

Brasil. Lei nº 8.069, de 13 de julho de 1990, dispõe sobre o Estatuto da Criança e do Adolescente. Brasília: 1990.

______. *Estação juventude: conceitos fundamentais — Ponto de partida para uma reflexão sobre políticas públicas de juventude.* Brasília: SNJ, 2014.

Collins, P. H.; Bilge, S. *Interseccionalidade* [recurso eletrônico]. Trad. Rane Souza. 1. ed. São Paulo: Boitempo, 2020.

Dayrell, J.; Carrano, P. C. "Jovens no Brasil: difíceis travessias de fim de século e promessas de outro mundo". *Revista Jóvenes del Centro de Investigaciones y Estudios sobre Juventud*, 2003.

Freire, Paulo. *Pedagogia do oprimido.* 69. ed. Rio de Janeiro: Paz & Terra, 2019.

Garbin, A. C.; Yasuda, N.; Kanasawa, K. C. "Vigilância em saúde do trabalhador e articulações intersetoriais no enfrentamento do trabalho infantil em Diadema, SP, Brasil". *Cadernos de Psicologia Social do Trabalho*, 25, e-178809, 2022.

Kilomba, G. *Memórias da plantação: episódios de racismo cotidiano*. 1. ed. Rio de Janeiro: Cobogó, 2019.

Lane, S. T. M. "Uma redefinição da psicologia social". *Revista Educação & Sociedade*, São Paulo, v. 2, n. 6, p. 96-103, 1980.

______. "O processo grupal". In: Lane, S. T. M.; Codo, W. (orgs.). *Psicologia social: o homem em movimento.* São Paulo: Brasiliense, 1984. p. 78-98.

Lugones, M. "Rumo a um feminismo descolonial". *Revista Estudos Feministas*, v. 22, n. 3, set.-dez. 2014, p. 935-52. Disponível em: http://www.redalyc.org/articulo.oa?id=38132698013. Acesso em: 3 abr. 2018.

Martin-Baró, I. *Sistema, grupo y poder: psicología social desde Centroamérica II.* San Salvador: UCA, 1989.

Moura, A. F.; Lima, M. G. "A reinvenção da roda: roda de conversa, um instrumento metodológico possível". *Revista Temas em Educação*, v. 23, n. 1, p. 95, 2014.

Nóbile, C. S. R. "O Sistema Único da Assistência Social e os serviços socioassistenciais para crianças e adolescentes". *Revista Parlamento e Sociedade*, São Paulo, v. 10, n. 19, p.75-95, jul.-dez. 2022.

Oxfam Brasil e col. *Guia Juventudes nas Cidades: São Paulo*. 2018. Disponível em: https://www.oxfam.org.br/noticias/guia-juventudes-nas-cidades-instrumento-de-conhecimento-e-defesa-de-direitos/. Acesso em: 22 br. 2025.

Oxfam Internacional. *Public Good or Private Wealth? Universal health, education and other public services reduce the gap between rich and poor, and between women and men.* 2019. DOI: 10.21201/2019.3651. Disponível em: https://policy-practice.oxfam.org/resources/private-wealth-or-public-good-620599/. Acesso em: 23 jan. 2024.

Pereira, E. R.; Sawaia, B. B. *Práticas grupais: espaço de diálogo e potência.* São Carlos: Pedro & João, 2020.

Pichon-Rivière, E. *Teoria do vínculo.* 6. ed. São Paulo: Martins Fontes, 1998.

Pinheiro, R. "Cuidado como um valor: um ensaio sobre o (re)pensar e a ação na construção de práticas eficazes de integralidade em saúde". In: Pinheiro, R.; Mattos, R. A. (orgs.). *Razões públicas para a integralidade: o cuidado como valor.* Rio de Janeiro: IMS/Uerj; Cepesc; Abrasco, 2007, p. 15-28.

Prefeitura Municipal de São Paulo. *Proteção social básica*. Secretaria Municipal de Assistência e Desenvolvimento Social. Disponível em: https://www.prefeitura.sp.gov.br/cidade/secretarias/assistencia_social/protecao_social_basica. Acesso em: 8 dez. 2023.

______. *Parâmetros socioeducativos: proteção social para crianças, adolescentes e jovens: igualdade como direito, diferença como riqueza.* Caderno 2: conceitos e políticas. São Paulo: Smads; Cenpec; Fundação Itaú Social, 2007.

______. *Centro para Crianças e Adolescentes.* ago. 2022. Disponível em: https://www.prefeitura.sp.gov.br/cidade/secretarias/assistencia_social/rede_socioassistencial/criancas_e_adolescentes/index.php?p=331323. Acesso em: 18 abr. 2025.

Quintero, P.; Figueira, P.; Elizalde, P. C. *Uma breve história dos estudos decoloniais.* Museu de Arte de São Paulo Assis Chateaubriand: Afterral, 2019. Disponível em: https://assets.masp.org.br/uploads/temp/temp-QE1LhobgtE4MbKZhc8Jv.pdf. Acesso em: 16 dez. 2023.

Tocabens, B. E. "Los niveles de ayuda en la relación psicoterapéutica. Un análisis desde el enfoque histórico cultura". *Cadernos Ecos: Educação, Cultura e Desenvolvimento Humano.* São Paulo: Terceira Margen, 2006. p. 145-54.

Vieira, E. D.; Oliveira, J. F. de; Ferreira, L. G. de A. "O conflito indivíduo versus sociedade nas perspectivas do psicodrama e da Gestalt-terapia". *Revista Brasileira de Psicodrama,* São Paulo, v. 21, n. 2, p. 65-78, 2013.

Vigotski, L. S. *A formação social da mente.* São Paulo: Martins Fontes, 2007.

7 CONSTRUINDO UMA IDENTIDADE POLÍTICA: UM PROCESSO PSICOSSOCIAL COM CRIANÇAS EM UM CENTRO DE CONVIVÊNCIA

RAUL ALVES BARRETO LIMA

BEATRIZ FERNANDES MARTIN FARIAS

GIOVANA LO PRETE FAZAN

SABRINA GIARETTA BRASIL

Introdução

O trabalho do presente capítulo foi realizado em um Centro para Crianças e Adolescentes (CCA) localizado na Cidade Nova Heliópolis, zona sul da cidade de São Paulo. Como serviço de proteção social básica, a instituição e seus trabalhadores, que viraram nossos fortes aliados e companheiros durante esta construção, possuem como objetivo o desenvolvimento da autonomia e cidadania, voltando-se para o fortalecimento dos vínculos e o crescimento integral da comunidade.

Nosso processo, percorrido por três estagiárias e por um grupo com média de 30 crianças de 6 a 9 anos, fora supervisionado atentamente e construído lentamente, por muitas mãos, a partir do ressoar de cada encontro. A leitura e escuta das necessidades e emergências a serem trabalhadas foram se dando ao longo das semanas, possibilitando um processo que teve como foco o desenvolvimento e a construção das identidades políticas do grupo.

Acerca disso, partimos de uma visão de sujeito enquanto totalidade concreta, localizado em um processo dialético, isto é, em que é afetado mas também afeta. Nesse sentido, a realidade subjetiva de cada criança é, todo o tempo, constituída a partir de uma realidade social, a qual é interativamente apropriada pelo indivíduo que a adota de sentido próprio. Assim, nosso trabalho ousou olhar para os elementos circundantes ali presentes, buscando fornecer ferramentas para contribuir no processo de apropriação política das crianças.

Houve, ao todo, treze encontros com duração média de duas horas cada. Esses serão percorridos a seguir sem o objetivo de esmiuçar suas grandezas, na medida em que seria impossível qualquer tentativa de transpor ao livro a profundidade dos afetos emergentes durante nossos encontros. Vivemos na pele o poder da apropriação social que se justificou na intenção de munir os caminhantes do grupo, cada qual com sua possibilidade, em seus caminhares, cujas transformações individuais e coletivas serão contínuas e constantes.

Descrição da metodologia utilizada no processo grupal

Durante o estágio realizado, foram utilizados diversos métodos de intervenção grupal, pensados especificamente para a demanda e temática de cada encontro. As demandas iniciais foram estabelecidas a partir do primeiro contato com as gestoras do serviço, que explicitaram o que poderia ser interessante de se trabalhar nos encontros, reforçando que seria importante verificar se a demanda das crianças seria a mesma também. As metodologias utilizadas no estágio foram desenhos, jogos cooperativos, técnicas de relaxamento, contação e criação de história, colagem, modelagem de massinha e psicodrama.

Durante todo o processo grupal, foi feito o reforço semanal do enquadre utilizando uma cartolina. No dia da primeira atividade, foi explicado que na cartolina seriam escritos os nomes dos encontros, os quais seriam definidos pelo grupo ao final de cada dia. Além disso, o número de encontros foi colocado no papel, para que, no decorrer das semanas, as crianças pudessem saber quantos haviam passado e quantos faltavam, possibilitando uma previsibilidade bem visual. Tal prática também serviu para ampliar a sensação de pertencimento grupal.

Análise do processo grupal

A primeira demanda estabelecida foi a de fortalecimento e construção da identidade. Pensando no contexto do CCA em específico, tais crianças estão, muitas vezes, expostas a altos níveis de violência e vulnerabilidade. Para além disso, por estarem localizadas em Heliópolis, são constantemente referenciadas de forma pejorativa, sendo colocadas e enxergadas de maneira extremamente estigmatizada. Sendo assim, na visão das gestoras, seria importante trabalhar essa identidade, de forma a propiciar orgulho com relação a quem são e de onde vieram, bem como entendê-la como construção histórica, constituída a partir do contato com a sociedade, possibilitando ao grupo a apropriação de suas vivências e o seu fortalecimento político. Assim,

> o processo de produção da identidade, enquanto metamorfose, dá-se numa base absolutamente concreta: assim como a identidade é pressuposta nas relações sociais materializadas, ela é assumida e re-posta, sempre atrelada à realidade objetiva historicamente construída. (Mattos, Castanho e Ferreira, 2003, p. 4)

Essa concepção se mostra relevante para o trabalho realizado no CCA, uma vez que enxerga as crianças como sujeitos sociais e históricos e, a partir disso, possibilita trabalhar suas forças, potências, direitos e convivência. A seguir, serão abordados os encontros de forma específica, tratando das temáticas, motivações e análises realizadas.

Primeiro encontro — *"Encontro de todos"*

No primeiro encontro, a dinâmica principal foi o desenvolvimento de um autorretrato, baseado na primeira demanda das gestoras da instituição: entender o senso de identidade das crianças. Inicialmente, o grupo foi dividido em três para a realização de uma mímica, como forma de aquecimento e engajamento nas atividades. Após isso, foram colocados lápis de cor, grafite e borrachas no chão para que as crianças pudessem realizar o autorretrato desenhado. Como finalização, foi pedido que cada uma se apresentasse por meio do desenho e ajudasse a escolher o nome do encontro.

Como primeiro contato significativo com as crianças, essa primeira dinâmica obteve sucesso pois propiciou um espaço para apresentação e vínculo do grupo que ali germinava. Em relação aos desenhos, foi observado que uma quantidade significativa de crianças negras havia se autorrepresentado como branca.

No artigo de Maia e Zamora (2020, p. 479), esse fenômeno é trazido à tona:

> O branco é o modelo da beleza, detentor do saber, poderoso e respeitado. Esse 'ser branco', imposto em processos de colonização e sempre atualizado, está alinhado à ordem hegemônica e eurocêntrica, é responsável pela normatização da ordem social e pela organização do corpo no capital.

Tal questão foi tomada como reflexão principal, já que seria fundamental que as crianças tivessem referências gráficas de pessoas negras, a fim de se possibilitar uma possível identificação e apropriação.

Segundo encontro — *"Cuidado com a Baobá"*

Este encontro foi pautado pela demanda demonstrada no anterior, trazendo referências pretas para as crianças, no intuito de contribuir com o construto de identidade. Foi proposta uma atividade de leitura e criação de história a partir do livro *O pequeno príncipe preto* (França, 2020).

Inicialmente, realizou-se um relaxamento, a fim de colaborar com a capacidade de concentração do grupo. Depois, houve a leitura de uma parte da história. Feito isso, foi pedido para que as crianças ajudassem a contar o resto da narrativa, utilizando-se de um novelo de lã como mediador na tecelagem da história, possibilitando ver quem já havia falado e quem não.

Nessa atividade, foi possível perceber a capacidade criativa das crianças de forma geral e sua vontade de participar do grupo. Todas se mostraram interessadas em falar, opinar e contribuir de alguma forma para o encontro. Provavelmente por esse motivo, a dinâmica se mostrou como um bom estímulo para a paciência e tentativa de escutar o outro, uma vez que cada criança deveria suportar, de certa forma, suas agitações e esperar para falar suas ideias.

Na história que criaram, os principais temas que apareceram foram amizade e comunicação não violenta. Falaram sobre os valores de uma amizade, a importância dela e como é necessário poder perdoar as pessoas. Sobre comunicação não violenta, na história, um dos personagens tenta se comunicar através de um raio e, ao final, percebe que o melhor jeito de se comunicar seria por palavras.

Em relação à história contada, foi perceptível o número considerável de crianças que se identificou, principalmente nos momentos em que a questão do tom de pele foi abordado. Souberam falar sobre o tema, os possíveis tons de pele negra e sobre a cor do personagem do livro. Muitos disseram que ele era bonito e elogiaram seus cabelos que *"cresciam para o alto como a árvore Baobá"*.

> A criança negra precisa ser acolhida em suas necessidades de reconhecimento no que diz respeito às suas origens, às suas raízes. A história da negritude pode trazer não só o pertencimento que o branqueamento impediu, como uma diversidade de direcionamentos políticos descoloniais. (Maia e Zamora, 2020, p. 482)

As referências levadas se conectaram com as histórias e experiências das crianças de alguma forma e, além disso, ampliaram seus repertórios de imagens e referências.

Terceiro encontro — *"Encontro dos emojis"*

Tendo em vista a vontade de participação do grupo de forma geral, pensou-se que seria importante tratar de sentimentos, uma vez que atuam como parte fundamental na constituição da identidade pessoal e, para além disso, havia aparecido como uma demanda do educador. Na tentativa de facilitar e tranquilizar a participação de todos de forma simultânea, foi escolhida uma atividade manual e com a necessidade de colaboração concomitante.

Iniciou-se com um jogo chamado "Atenção", possibilitando falarem dos sentimentos e emoções que já conheciam, em roda e dinamicamente. Depois disso, o grupo foi dividido em três, para elaborar e pensar especificamente sobre medo, tristeza e raiva.

Cada subgrupo trabalhou as emoções fazendo representações com diferentes texturas disponibilizadas, como cascalho, papel higiênico, cartolina colorida, folhas, entre outras. Além disso, foram discutidas com as crianças formas de lidar com essas emoções. Ao final, cada grupo apresentou sua produção e ajudou a escolher o nome do encontro.

Conforme o esperado, todos se empenharam e conseguiram expressar seus "medos, tristezas e raivas" na colagem, com a mediação das estagiárias. Ao final, algumas crianças choraram no momento da partida delas, o que demonstrou necessidade de ser abordado mais fortemente o assunto do fechamento do processo.

Quarto encontro — *"Saudades das emoções"*

Seguindo a lógica da constituição identitária a partir das próprias emoções e experiências, a temática principal deste encontro foi a saudade. Além disso, pensou-se que seria importante trabalhar especificamente para, de alguma forma, colaborar com o enfrentamento dos processos finitos da vida, que perpassam todos os seres humanos, incluindo o presente processo grupal. Ao trabalhar a ambivalência da saudade, que pode ser algo positivo por ter ocorrido e também negativo por ter acabado, apostou-se na possibilidade de elaborar as dificuldades dos encerramentos que aconteceriam no grupo e na vida.

Foi levado um quebra-cabeça de cartolina com 36 peças. Depois de um aquecimento com um jogo fazendo a pergunta "O que é saudade?" diversas vezes, foi pedido para que eles desenhassem algo de que sentissem saudade na peça que receberam. Ao final, o quebra-cabeça foi montado, juntando todas as peças, e foi definido o nome do encontro.

A dinâmica possibilitou que as estagiárias se familiarizassem mais com as histórias de cada criança, possibilitando uma compreensão mais ampla. A temática da família foi bastante recorrente nos desenhos. Diversas crianças desenharam tios e outros familiares de quem sentiam saudades, tanto por um desencontro da morte quanto por distância física. Algumas crianças se aprofundaram mais no sentimento e outras permaneceram na superfície, dizendo sentir saudades de objetos, por exemplo.

A finalização da atividade também se mostrou positiva, pois se diferenciou das que ocorreram nos encontros anteriores. Em vez de precisarem apresentar suas produções, de forma individual ou grupal, o quebra-cabeça funcionou como algo completo em si mesmo. Ao montarem-no de forma coletiva, cada um pôde se ver representado dentro da produção, sem que precisassem discutir a respeito.

Ao final, todos puderam levar suas peças de quebra-cabeça para casa, mostrando-se bastante satisfeitos com isso. Ademais, foi possível representar a unicidade de um encontro grupal através do quebra-cabeça, uma vez que ele só foi montado dentro do encontro e, com cada um levando uma peça para si, ele jamais poderia ser montado novamente da mesma forma, assim como um encontro grupal jamais será igual a outro. Isso ilustra, de certa forma, a importância do encontro para a formação da identidade. "É no pertencimento aos grupos sociais que se dá o processo de constituição do sujeito, da sua identidade. O 'eu' surge dos papéis que desempenhamos na sociedade." (Malaquias, 2012, p. 19).

Figura 7.1 — Quebra-cabeça da saudade.

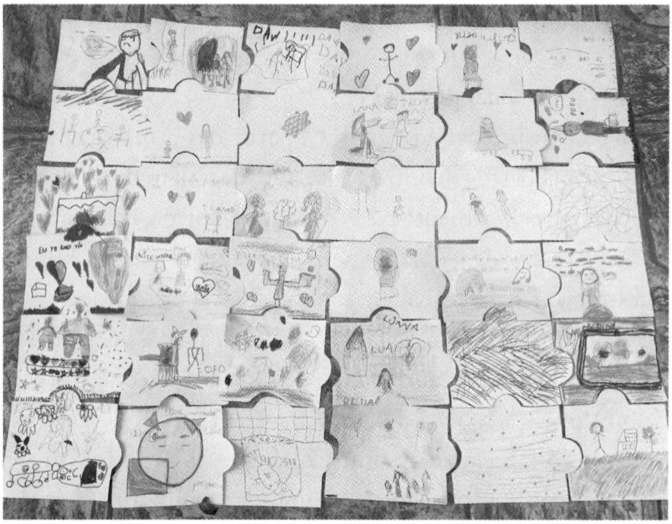

Fonte: Arquivo pessoal das autoras.

Quinto encontro — *"Encontro dos massinheiros"*

No quinto encontro, foi decidido que a temática principal seria família, tendo em vista sua recorrência no encontro anterior. Como aquecimento, foi desenvolvido um jogo de caçar imagens de tipos de família, vindas do *Livro da família* (Parr, 2008). Nessa dinâmica, houve a discussão a respeito dos diversos tipos de família, com suas várias composições.

Depois disso, foram entregues massinhas — feitas em casa —, para cada criança, com a proposta de que modelassem suas famílias, independentemente de como fossem e o que considerassem. Para finalizar, foi desenvolvida uma rua de cartolina no chão da sala a fim de escolherem onde iriam morar, colocando as produções no lugar. Além disso, receberam a receita de fazer massinha e escolheram o nome do encontro.

Foi percebido nessa dinâmica um alto nível de concentração por parte das crianças enquanto manuseavam o material. Além de ser um tema importante para todas, à sua maneira, a massinha exerceu um efeito de relaxamento. As estagiárias puderam passar observando as produções de todas as crianças e ouvindo suas histórias. Estas vivências positivas com o uso deste recurso também são descritas em Silva (2023, p. 7):

Muitas criações resultam do manuseio da massinha e, certamente, dentre estas um pouco da construção de si, na medida em que seus músculos, imaginação, percepção ativada e em alerta, concorrem para o sutil e permanente fortalecimento dos corpos que são.

Algumas crianças seguiram de forma constante com seus projetos iniciais e outras foram mudando ao longo do processo. Além disso, foi possível perceber o tipo de relação que cada uma possuía com suas famílias, permitindo também que elaborassem possíveis dificuldades, por meio da narrativa que faziam com base na produção própria.

Figura 7.2 — As famílias dos massinheiros.

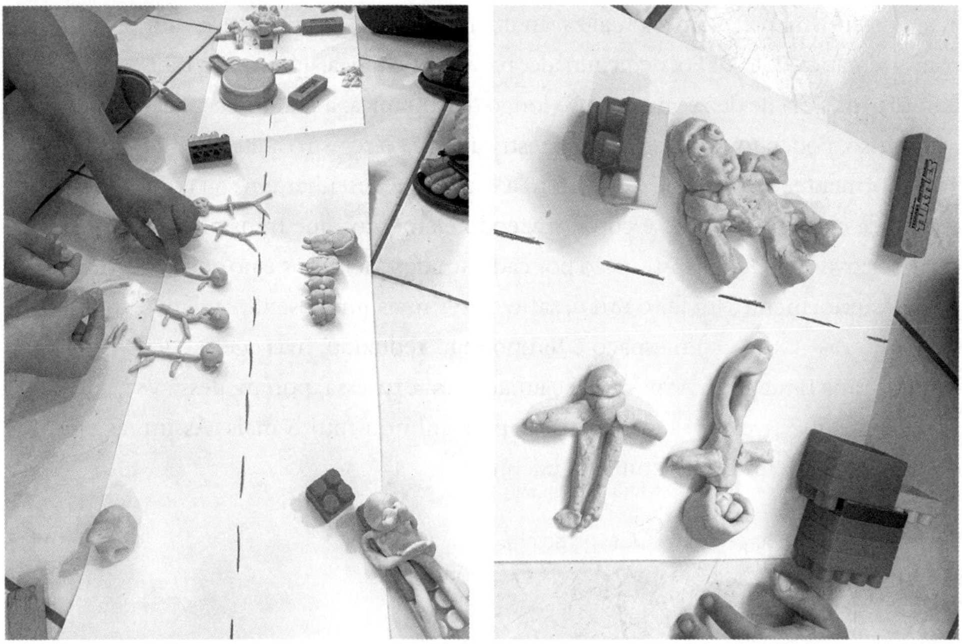

Fonte: Arquivo pessoal das autoras.

Sexto encontro — *"Festa"*

No sexto encontro, aconteceu a festa dos aniversariantes do mês da instituição. Foi importante para o fortalecimento dos vínculos com o grupo.

Sétimo encontro — *"Encontro das tatuagens"*

No sétimo encontro, foi trabalhado o vínculo das crianças com o CCA, lugar que compõe, para a maioria delas, uma rede de apoio. Esse trabalho partiu das cadeias associativas grupais, já que tinha como proposta observar a percepção do coletivo que vivencia conjuntamente o cotidiano do lugar. A respeito das associações grupais,

> [...] o processo associativo no grupo inclui não apenas as associações de cada um dos membros, desde sua singularidade, seu mundo intrapsíquico, mas também aquelas cadeias associativas produzidas intersubjetivamente, ou seja, coassociativamente no encontro grupal (Pino, 2015, p. 132).

No aquecimento, as crianças deveriam dizer "Quando penso em CCA, penso em...", completando, uma de cada vez, a frase, ao som de uma batida de rap. A música, além de ser um ritmo musical apreciado pelo grupo, também serviu de incentivo a uma associação mais leve. Essas associações iniciais surgem somente no interjogo, uma produção a partir do discurso flutuante. No levantamento, a instituição foi sendo vinculada ao "brincar", "amor", "amizade", "imaginar", entre outros.

Posteriormente, houve a realização de um desenho grupal, isto é, um pictograma, com a temática "CCA". Foi determinado, para cada criança, apenas um rabisco com uma duração máxima de dez segundos. Ao longo da dinâmica, a maior reclamação foi relacionada a isso, podendo estar associada à restrição para o registro afetivo, sendo explicitado, posteriormente, pelas crianças passarem a escrever e desenhar em seu corpo. A obra foi concluída cheia de detalhes e cores, trazendo elementos que transmitissem um significado positivo atribuído à instituição por cada um dos membros e no encontro vincular.

Posteriormente, foi feito um desafio: fazer mais um desenho coletivo, agora dentro das letras "CCA", com espaço e tempo mais reduzido, mas agora com a finalidade de virar uma tatuagem. A mesma reclamação foi expressa, porém, dessa vez, a ideia de possibilitar que tivessem tal registro na pele animou muito mais. Assim, as crianças desenharam e definiram o nome do encontro.

Figura 7.3 — "Quando penso em CCA, penso em..."

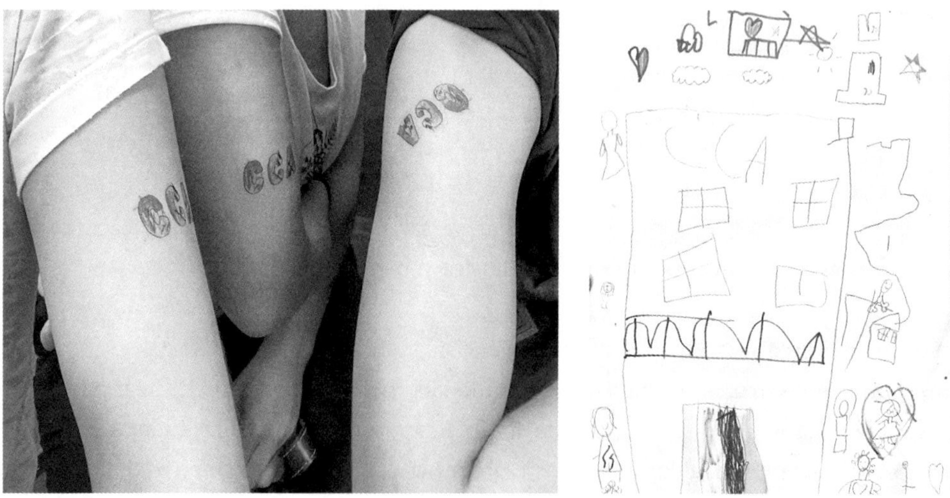

Fonte: Arquivo pessoal das autoras.

Oitavo encontro — *"Mapa do tesouro"*

O oitavo encontro foi iniciado com a retomada das tatuagens, com cada criança escolhendo o lugar do corpo em que a colocaria. Depois disso, foi proposto um jogo de tabuleiro humano, construído pelo grupo com a temática do território, pensando na rede de apoio das crianças.

Analisando-se a proposta de gamificação, é importante salientar: "o brincar promove um vir à tona dos impulsos, pulsões e desejos, assim como possibilita uma reedição de experiências marcantes já vividas pela criança" (Silva *apud* Ortolan *et al.*, 2018, p. 27). A reedição do território possibilita, para além de observar as percepções do grupo, uma apropriação de seu entorno. Assim,

> [...] o movimento do sujeito transformar o espaço por meio de suas ações e, ao mesmo tempo, deixar-se levar pelos referentes do lugar, é chave para o processo de apropriação do espaço, através do qual, no passar do tempo, um espaço "vazio" se torna um "lugar" com sentido. (Pinheiro e Silva, 2018, p. 262)

Com relação a isso, nada mais potente em gerar sentido do que o teatro. Dessa maneira, houve o pedido para que as crianças selecionassem locais importantes de seu entorno, dos quais foram escolhidos e enumerados seis. Elas foram divididas em grupos, um para cada estabelecimento e mais três de jogadores do tabuleiro. Jogando o dado, os participantes iriam para os locais correspondentes, previamente enumerados. Lá, deveriam encenar suas visões de como tal local opera, suas vivências ali. Nesse sentido, o território serve de palco para o grupo.

As temáticas apresentadas foram diversas, tais como: poder de compra e venda; entretenimento e lazer; religiosidade e espiritualidade; roubo e furto; afetos etc. O mais importante é observar que tais interações são frutos das relações diárias e concretas das crianças, pelas quais se desenvolvem e são permeadas.

Foi impressionante observar como se apoderaram de seus respectivos papéis, e a força e o afeto com que o grupo se dirigia ao seu respectivo estabelecimento, uma vez que as apropriações estão diretamente relacionadas às condições econômicas. Nesse sentido, a desapropriação está comumente ligada à desigualdade social, assim como a construção da alienação alicerçada às condições de poder.

O território ali trabalhado sofre ataques constantemente, tanto pelo Estado quanto pelas classes mais ricas, através das ideologias neoliberais, influenciando no processo de sua apropriação, pensando em seu aspecto afetivo, simbólico e de identificação por parte de seus habitantes. Assim, torna-se fundamental o incentivo de novas maneiras de se a ver com tal ambiente e suas referências, alvos de tantos ataques.

Nono encontro — *"Encontro das estrelas"*

"[...] a personalidade encontra-se em constante mudança e se apresenta com faces múltiplas. O próprio mundo no qual o indivíduo atua é múltiplo." (Góes, 2000, p. 118). Pensando nessa construção da identidade que nunca cessa, cuja configuração não é estática, propôs-se trabalhar com o grupo a concepção de sujeito histórico, construído ao longo de um tempo também histórico, composto de um passado, presente e futuro.

Nesse sentido, o encontro iniciou-se com um aquecimento que envolvia o tempo rítmico, utilizando-se de um metrônomo como mediador. As crianças precisavam se mexer no ritmo, de maneira livre. Com relação a isso, "o processo de investigação histórica envolve a compreensão de conceitos do tempo: a mensuração do tempo, continuidade e mudança, as causas e efeitos de eventos e de mudanças ao longo do tempo, semelhanças e diferenças entre períodos" (Cooper, 2006, p. 175).

Posteriormente, o grupo foi dividido em subgrupos. Cada um discutiria um dos tempos históricos e elaboraria uma cena para exposição ao final. Foi observado que pouco se conhecia sobre o assunto, a linguagem utilizada era escassa e houve dificuldades nessas concepções. Isso se torna importante na medida em que "desenvolver uma consciência do passado no contexto de nossas próprias vidas, por meio de histórias sobre o passado mais distante, é importante para a compreensão de quem somos, como nos relacionamos com os outros e sobre as semelhanças e diferenças entre nós" (Cooper, 2006, p. 10).

Nesse sentido, uma dificuldade de se conceber historicamente influencia na própria compreensão de si. Ao longo do encontro, para tal discussão, foram colocados, em cada subgrupo, objetos disparadores referentes ao respectivo tempo histórico trabalhado.

Com relação ao "Passado", as crianças foram recuperando sua própria história, com memórias de quando eram menores, e selecionando, como cena, a primeira vez que aprenderam a andar. Já referente ao "Presente", o grupo e a cena criada se direcionaram para os gostos atuais. O que brincavam hoje, de que forma passavam seu tempo, suas preferências, fator que, naturalmente, permitiu a criação de núcleos no subgrupo. Tal ponto é passível de relacionar justamente com o que foi dito a respeito da moldagem de uma identidade através do encontro com as semelhanças e as diferenças do outro.

Por último, no "Futuro", as discussões referentes à preservação do tempo e espaço e às mudanças com a passagem do tempo foram maciças. Uma preocupação relacionada ao território foi colocada, fator que pode estar atrelado à noção política das crianças. Além disso, a cena foi construída no relato sobre o que desejam continuar fazendo no futuro.

Décimo encontro — *"Encontro do respeito"*

No décimo encontro, houve a proposta de se trabalhar com a concepção de identidade política, o sujeito de direitos e deveres, premissa muito alinhada com o trabalho institucional realizado no presente CCA. Para isso, a base referencial principal do encontro foi o ECA, Estatuto da Criança e do Adolescente (Brasil, 1991). A dinâmica foi iniciada com a música do grupo Palavra Cantada, "Criança não trabalha, criança dá trabalho".

Após isso, foi realizada uma brincadeira em que as crianças deveriam dizer se concordavam ou não com algumas frases que foram lidas, relacionadas aos seus direitos e deveres. As proposições relacionadas à violência foram as que mais geraram discordâncias, consolidando a atividade quase que como uma assembleia política.

Nesse sentido, pôde-se perceber a dialética em sua completa ação. A pauta trazida não era uma novidade para o grupo, entretanto, na medida em que se haviam com suas realidades e atitudes, as disputas emergiam. A opinião das crianças sobre bater ou apanhar, por exemplo, se tornou relativa, a depender das relações de poder trazidas, o que demonstrou a própria contradição do sujeito político.

Para a produção final da atividade, foi proposta uma grande ilustração coletiva da pauta discutida. As crianças, divididas em subgrupos, ficaram encarregadas de um direito ou dever, a ser registrado da forma como quisessem na cartolina. Ao final, com a junção de todas as artes, produziu-se um grande quadro informativo.

Figura 7.4 — Direitos e deveres.

Fonte: Arquivo pessoal das autoras.

Décimo primeiro encontro — *"Encontro das pulseiras"*

Este encontro teve como principal proposta o trabalho das relações entre eles, com o intuito, novamente, de fortalecer o vínculo das crianças como um grupo, pensando na "[...] ideia de personalidade como uma obra social [...]" (Góes, 2000, p. 119). Observou-

-se previamente que a qualidade de seus encontros variava muito, ora construindo dinâmicas muito parceiras, ora mais depreciativas.

Inicialmente, foi lida uma tirinha da Turma da Mônica, em que Cascão tenta fazer um elogio à Mônica e não é bem-sucedido. Depois, foram apresentados outros personagens da turma, para que as crianças os caracterizassem. A partir desse registro na lousa, foi pedido para que circulassem apenas as características que julgassem como elogios.

Foi imediata a percepção de que a linguagem, caracterizadora da condição humana, é contextualizada sócio-historicamente. As crianças circularam como elogio as palavras "bonito", "inteligente", "fofo", "gordo", "ladrão", entre outras. Nesse sentido, a fim de não se deixar atravessar por ideologias moralistas na apreensão das qualidades, as estagiárias propuseram que elogio deveria ser aquilo que o outro entendesse como positivo, que ele gostaria de ouvir.

A partir disso, foram feitas duas filas de cadeiras, uma na frente da outra, e distribuídas miçangas. A ideia era que elogiassem a pessoa à sua frente e, posteriormente, entregassem-na uma miçanga, formando, ao final, um chaveiro composto pelos elogios e lembranças fornecidos pelos outros. A premissa de se caracterizar um ao outro trabalha também uma percepção de si. Nesse sentido,

> [...] a personalidade se faz pela sociedade, ou na vida social, em um processo que implica também o trabalho interno do ser humano para se unificar aos outros e deles se distinguir, assumindo papéis mais ou menos diversos daqueles desempenhados pelos demais membros do grupo. (Góes, 2000, p. 118)

As crianças foram muito afetadas pelo encontro, seja pelas frustrações geradas no manejo com as miçangas, pela necessidade de se dirigir ao outro qualificando-o, pela vinculação à produção etc. A intensidade do grupo pode ser atribuída ao processo de individuação das crianças, ali em construção, tal como defendido por Vigotski (*apud* Góes, 2000, p. 121): "Nos tornamos nós mesmos através dos outros".

Décimo segundo e décimo terceiro encontros

Os últimos dois encontros foram relacionados ao fechamento do processo grupal, a pedido da própria instituição. Com relação ao décimo segundo, ele se deu no dia 18 de maio, isto é, no Dia Nacional de Combate ao Abuso e Exploração Sexual de Crianças e Adolescentes. Nesse sentido, o território de Heliópolis tinha se organizado previamente para a semana da campanha. No dia, as estagiárias foram chamadas para participar de um grande ato político dos CCAs com fim de conscientização e divulgação da campanha. Essa belíssima proposta institucional também envolveu o vínculo com as crianças e com seu território.

Já com relação ao último, houve a produção de um vídeo de despedida por parte das estagiárias, reproduzido logo de início. Além disso, houve a entrega de um álbum de fotos que continha uma breve retrospectiva do processo até então. Todos estavam muito envolvidos nesse momento, emocionando-se e deixando-se afetar ao longo do encontro, que teve sua finalização com uma festa para celebração do processo tão prazerosamente construído.

Considerações finais

"Evidentemente, não se trata aqui de metamorfose como processo natural (como a da borboleta), mas de processo histórico e social, que se dá fundamentalmente como produção de sentido" (Ciampa *apud* Mattos, Castanho e Ferreira, 2003, p. 6). A aplicação da intervenção descrita anteriormente partiu do pressuposto apresentado, no qual as subjetividades são produzidas e desenvolvidas a partir de determinadas realidades, em uma constante interação dialética com o mundo, de tal forma que não nascem naturalmente, e, sim, se dão na produção subjetiva e concreta.

Figura 7.5 — Lista dos encontros nomeados pelas crianças.

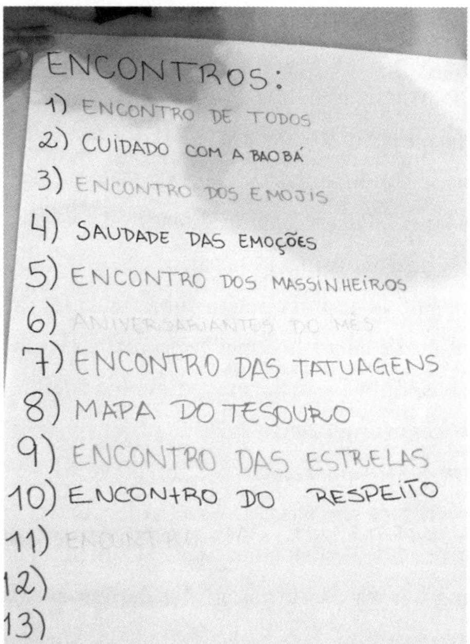

Fonte: Arquivo pessoal das autoras.

Para além disso, trabalhou-se a partir da visão do sujeito enquanto uma totalidade em incessante processo de construção. Assim, não se ousou finalizar reflexões, ou mesmo tratar de todas as questões envolvidas no processo de identidade de cada criança, mas, sim, possibilitar um olhar para os pontos em comum do grupo, os formadores que os marcam e as produções que realizam, obtendo uma percepção também de que o processo de identidade se dá na relação, a partir de e com o outro. É fundamental salientar que, como todo processo dialético, as crianças não foram as únicas afetadas, mas foram produtoras de afetos nas estagiárias durante esse caminhar.

O incentivo ao desenvolvimento de atividades nas mais diferentes esferas, isto é, nos âmbitos político, cultural, intelectual, entre outros, também foi praticado a partir da reflexão do lugar ocupado pelo grupo. Lugar este tão alvo de cerceamentos e exclusões que impede a ocupação de alguns espaços. Assim, propôs-se uma tentativa que englobasse possibilidades, produções diferentes de sentido e estímulos variados.

Intencionou-se muita coisa e criou-se muito mais. O grupo foi, todo o tempo, participando do processo ativamente, potencializando a criação e a relação. Para além do trabalho com a identidade individual, houve o vínculo grupal, o mais transformador de todos.

Referências

Brasil. *Estatuto da Criança e do Adolescente*. Lei 8.069/90. São Paulo: Atlas, 1991.

Cooper, H. "Aprendendo e ensinando sobre o passado a crianças de três a oito anos". *Educar em Revista* [*S.l.*], n. especial, p. 1-15, 2006. Disponível em: http://dx.doi.org/10.1590/0104-4060.405.

França, R. *O pequeno príncipe preto*. Rio de Janeiro: Nova Fronteira, 2020.

Góes, M. C. R. de. "A formação do indivíduo nas relações sociais: contribuições teóricas de Lev Vigotski e Pierre Janet". *Educação & Sociedade* [*S. l.*], v. 21, n. 71, p. 116-131, jul. 2000. Disponível em: http://dx.doi.org/10.1590/s0101-73302000000200005.

Maia, K. S.; Zamora, M. H. N. "Cor da pele e subjetividade: racismo, saúde e infância". *Desenvolvimento da criança e do adolescente: evidências científicas e considerações teóricas-práticas*, nov. 2020. Disponível em: https://downloads.editoracientifica.com.br/articles/200901402.pdf. Acesso em: 22 nov. 2023.

Malaquias, M. C. "Teoria dos grupos e sociatria". In: Nery, M. P.; Conceiçao, M. I. G. *Intervenções grupais: o psicodrama e seus métodos*. São Paulo: Ágora, 2012.

Mattos, R. M.; Castanho, M. I. S.; Ferreira, R. F. "Contribuição de Vygotsky ao conceito de identidade: uma leitura da autobiografia de Esmeralda". *Estudos e Pesquisas em Psicologia*, Rio de Janeiro, v. 3, n. 1, p. 82-96, ago. 2003. Disponível em: https://www.e-publicacoes.uerj.br/index.php/revispsi/article/view/7782. Acesso em: 22 nov. 2023.

ORTOLAN, M. L. M. *et al*. "Grupos de dinâmica infantil e os efeitos terapêuticos do brincar". *Revista SPAGESP*, Ribeirão Preto , v. 19, n. 2, p. 23-33, 2018. Disponível em: http://pepsic.bvsalud.org/scielo.php?script=sci_arttext&pid=S1677-29702018000200003&lng=pt&nrm=iso. Acesso em: 16 maio 2023.

PARR, T. *O livro da família*. São Paulo: Panda, 2008.

PINHEIRO, R. L.; SILVA, A. P. S. da. "Apropriação do espaço e psicologia histórico-cultural: reflexões e apontamentos para possíveis aproximações". *Arquivos Brasileiros de Psicologia*, Rio de Janeiro, v. 70, n. 3, p. 259-273, 2018. Disponível em: http://pepsic.bvsalud.org/scielo.php?script=sci_arttext&pid=S1809-52672018000300018&lng=pt&nrm=iso. Acesso em: 16 maio 2023.

PINO, M. A. P. del. "Do squiggle game ao pictograma grupal: a especificidade das cadeias associativas grupais". *Jornal de Psicanálise*, São Paulo, v. 48, n. 88, p. 131-42, dez. 2015. Disponível em: http://pepsic.bvsalud.org/scielo.php?script=sci_arttext&pid=S0103-58352015000100011&lng=pt&nrm=iso. Acesso em: 16 maio 2023.

SILVA, B. de M. C. da. "Intervenções na/da escola: movimentos estéticos com a massinha". *Revista Teias*, Rio de Janeiro, fev. 2023. Disponível em: https://www.e-publicacoes.uerj.br/index.php/revistateias/article/download/53580/39947. Acesso em: 22 nov. 2023.

8 O EU, O OUTRO, AS EMOÇÕES E O ESPAÇO: PROCESSO GRUPAL COM CRIANÇAS DE 3 A 4 ANOS

MARIA APARECIDA FERNANDES MARTIN
BRUNA CASTIÑEIRAS LOPES
MICHELLE YEJIN SHIM
SARA KISSIMOTO

Introdução

Este capítulo compartilha uma experiência de trabalho grupal com cerca de trinta crianças entre 3 e 4 anos de idade em um centro de educação infantil de uma região periférica da cidade de São Paulo. Um trabalho desafiador em vários pontos, começando pela compreensão das possibilidades relacionais que se estabelecem nessa faixa etária. Para tal, inicialmente foi necessário recorrer à compreensão do desenvolvimento infantil e, a partir disso, construir as atividades propostas ao grupo.

A segunda infância (período que compreende entre os 3 e 6 anos de idade) é um período marcado pelo desenvolvimento de diversas habilidades nos campos cognitivo, emocional, social e corporal. Nesse contexto, o brincar emerge como a principal ferramenta utilizada pelas crianças para explorar e compreender a si mesmas e o mundo ao seu redor. Ao engajarem em atividades lúdicas, elas adquirem diversas habilidades, desde motoras até resolução de problemas. Dessa forma, o brincar é essencial para promover aprendizagem e desenvolvimento na infância (Martorell, Papalia e Feldman, 2020).

Além disso, crianças entre 3 e 4 anos estão no estágio de desenvolvimento pré-operatório, segundo Piaget (2019), em que desenvolvem a socialização, o pensamento e a intuição. Diferentemente do estágio anterior (sensório-motor), em que o bebê interage com o mundo apenas por meio de objetos, as crianças iniciam um processo de interação por meio da linguagem e da reconstituição mental de objetos, mesmo na ausência destes. Porém, ainda não estão prontas para realizar operações mentais lógicas, de forma que ainda necessitam de objetos concretos para facilitar a compreensão de concepções mais complexas.

As técnicas do brincar e do uso de objetos concretos nortearam as atividades grupais apresentadas no presente trabalho, o qual fez parte do estágio obrigatório em práticas psicossociais de grupos. O centro educacional atua em período integral oferecendo serviços gratuitos com foco no desenvolvimento integral de crianças em situação de vulnerabilidade. Até o ano anterior, a escola possuía duas unidades, porém uma encerrou suas atividades, levando à realocação de todos para a unidade atual, formando turmas grandes e pouco integradas entre si, com as professoras e com o espaço, o que acabou se tornando um dos focos do trabalho desenvolvido.

A escola utiliza a pedagogia "escola sem parede", inicialmente adotada na Escola da Ponte, em Portugal, bem como na escola pública brasileira Amorim Lima, tendo por objetivo promover ambientes escolares mais democráticos, que incentivem a capacidade de decisão de seus alunos. As salas de atividades não possuem paredes entre si, interligando os módulos das crianças mais velhas, como uma única sala. Porém, as instituições que utilizam essa pedagogia são voltadas para o ensino fundamental, não sendo encontradas muitas práticas na educação infantil (Gravatá *et al.*, 2013). Por isso, foi observada uma dificuldade das crianças de reconhecer os limites do espaço da sala de aula e interagir dentro deste.

A partir de visitas iniciais à instituição, a fim de conhecer sua estrutura, sua metodologia pedagógica e o perfil das crianças, professoras e funcionários, foram definidos quatro temas principais a ser trabalhados com o grupo: *a integração, o conhecimento do corpo, o conhecimento das emoções e o conhecimento do espaço*. Ao longo deste capítulo será apresentado o percurso do projeto desenvolvido por cerca de quatro meses com as crianças e como foram exploradas as atividades e brincadeiras realizadas para cada uma dessas temáticas.

Método

Diversos instrumentos foram utilizados para trabalhar os temas propostos, baseando-se na importância do aprender brincando e do uso de objetos concretos. Entre eles, podem ser citados o desenho, a contação de histórias, a colagem e a construção de objetos para regulação emocional.

O desenho é considerado por Martorell, Papalia e Feldman (2020) uma forma de brincar construtivo. O desenvolvimento artístico na educação infantil é essencial para a aprendizagem, visto que se trata de um veículo para expressão de ideias, emoções e experiências. O desenho permite a comunicação e a imaginação da criança, dessa forma, o pintar livre deve ser estimulado, para que seus desejos, pensamentos e visão de mundo possam ser expressos no papel (Costa *et al.*, 2017).

A contação de histórias desempenha também um papel fundamental na educação infantil, contribuindo para o desenvolvimento cognitivo, emocional e social das crianças. Essa prática permite a exploração de um mundo imaginário, despertando a criatividade e a curiosidade, além de oferecer a oportunidade de ampliação de conhecimentos sobre o mundo ao redor. Ademais, estimula o desenvolvimento da linguagem oral, o gosto pela leitura e a interação social (Mateus, 2013).

Outra técnica que utiliza do ambiente lúdico para favorecer o desenvolvimento integral das crianças é o recorte e a colagem. Essa atividade artística estimula habilidades como a criatividade, a coordenação motora fina e a concentração, ao passo que exercita a precisão dos movimentos das mãos e dos dedos, além de permitir a exploração da organização espacial. Ela pode ser utilizada para favorecer a interação social, uma vez que facilita a expressão de suas ideias, a descrição do que estão fazendo e a interação com os colegas (Silva *et al.*, 2010).

Por fim, o uso de objetos sensoriais criados pelas próprias crianças pode ser uma ferramenta valiosa para ensinar estratégias de regulação emocional. Num momento inicial, os bebês dependem de adultos para que possam regular as suas emoções. Aos 3 e 4 anos, idade em que a criança já consegue procurar formas para regular a raiva e a tristeza de forma independente, um dos métodos principais é o ensino de estratégias de respiração e a mudança do foco atencional (Maia, 2020).

As coordenadoras do grupo organizaram as atividades considerando principalmente três etapas, iniciando com um aquecimento para preparar o grupo para a proposta central, seguido da atividade principal e, por fim, do encerramento.

Desenvolvimento e análise grupal

1. Integração

Nas primeiras semanas de interação com o grupo, foram propostas atividades de apresentação e integração. De acordo com Afonso (2002), a primeira fase do processo grupal é chamada de "formação de sentimento e identidade do grupo". Neste momento o grupo inicia um processo de formação de vínculo e identificação, no qual podem ser propostas técnicas em pequenos agrupamentos para favorecer o acolhimento e a formação desse sentimento grupal.

Como intervenção inicial junto às crianças, foi realizada a produção de fantoches, em que as crianças coloriram imagens de animais e as utilizaram para apresentarem tanto para as estagiárias como entre si.

Observou-se certa dificuldade, principalmente para as crianças se apresentarem entre si. De acordo com Martorell, Papalia e Feldman (2020), a habilidade de estabelecer amizades começa a se desenvolver durante essa faixa etária. Antes dos 3 anos, as crianças brincam próximas umas das outras, mas ainda não possuem a capacidade de interagir em grupo. É a partir dessas interações com os seus pares que elas começam a adquirir diversas habilidades socioemocionais, como resolução de problemas interpessoais, cooperação e empatia.

As crianças do grupo trabalhado começaram a relacionar-se com amizades mais próximas. Sendo assim, nas duas semanas seguintes, foram propostas atividades que propunham a formação de vínculo, trazendo a amizade como temática.

Na sequência do processo, foi realizada a contação de histórias utilizando o livro *Peixinho arco-íris*, de Marcus Pfister (1994), que aborda a importância do dividir e do compartilhar ao se fazer amizades. Após ouvirem a história, as crianças foram orientadas a desenhar os personagens para maior fixação. Por fim, foi realizada a brincadeira de pega-pega, na qual foi incentivada a interação entre as crianças, e não apenas com as estagiárias, as quais estavam mais presentes, evidentemente.

Ainda na direção do processo de integração do grupo, foi realizada uma adaptação d'*O pequeno livro da amizade*, de Christine Coirault (2012), utilizando imagens de animais em relacionamentos de amizade. Em seguida, foi proposto que as crianças pintassem uma peça de quebra-cabeça, disponível na Figura 8.1. A imagem só ficaria completa se a unisse com a imagem do colega, trabalhando a importância da interação e cooperação. Essa proposta visava o desenvolvimento da primeira configuração grupal — os pares.

Figura 8.1 — Peças de quebra-cabeça para colorir utilizadas na terceira semana.

Fonte: Elaborado pelas autoras.

As crianças apresentavam dificuldades para interação entre si e as comunicações tendiam a ser violentas. Por esse motivo, foram inseridas habilidades como cooperação e o brincar compartilhado, a fim de demonstrar a importância do outro para a realização das brincadeiras. Porém, após essas primeiras atividades, os comportamentos agressivos permaneceram como a principal forma de comunicação.

Foi observado, também, que nas primeiras interações havia certa falta de organização e foco na realização das atividades, principalmente por conta da dispersão no ambiente sem paredes. Sendo assim, foi identificada a necessidade de estabelecer uma rotina junto às crianças, pois propor atividades com certa previsibilidade na educação infantil oferece um ambiente de maior segurança, estabilidade e tranquilidade (Bilória e Metzner, 2013).

Desse modo, foi estabelecido que todo encontro seria iniciado com uma atividade de "bom-dia", utilizando opções de imagens para oferecer às crianças alternativas de como poderiam ser cumprimentadas, como demonstrado na Figura 8.2. Algumas opções envolviam contato físico e outras não, mostrando a importância de respeitar o espaço, o corpo e as escolhas das crianças. Após esse momento de boas-vindas, as estagiárias passaram a realizar diversas atividades nos diferentes ambientes da escola, como atividades em roda, na mesa e no parque, seguidas de um momento de lavar as mãos e se dirigir ao refeitório para almoço.

Figura 8.2 — Ficha utilizada para recepção das crianças.

Fonte: Elaborado pelas autoras.

2. Conhecimento do corpo

O esquema corporal pode ser definido como o conhecimento das partes do corpo, de seu potencial, de seus movimentos e das diferentes posturas. Esse conhecimento é essencial para o desenvolvimento da identidade na infância, pois permite que a criança diferencie o eu e o outro, assim como compreenda as sensações que envolvem a interação entre o seu corpo e o mundo externo, além de facilitar no processo de aquisição da linguagem e da alfabetização (Mastroianni *et al.*, 2007; Famoso *et al.*, 2021).

Entre os 2 e 3 anos é esperado que a criança comece a distinguir o seu corpo do mundo externo. Já dos 3 aos 7 anos, ela passa a compreender o corpo como instrumento para se relacionar com o ambiente e começa a compreender seus aspectos corporais (Le Boulch *apud* Mastroianni *et al.*, 2007).

Nas visitas realizadas nas semanas quatro e cinco, foram propostas atividades que estimulassem o reconhecimento do próprio corpo, do seu contorno e da noção de "dentro e fora".

Na quarta semana, como aquecimento, foi proposto um relaxamento utilizando as partes do corpo. Em seguida, como atividade principal, foi realizada uma brincadeira de coordenação motora ampla, em que as crianças deveriam parear suas mãos e pés com as figuras destas dispostas em um corredor, conforme material da Figura 8.3. Como continuação do trabalho de percepção e conexão com o próprio corpo, mas mantendo a proposta de interação, as crianças foram convidadas a fazer o contorno de suas mãos e pés com a ajuda de um colega. Por fim, foi incentivado novamente o pega-pega, com o uso de cores para incentivar a interação a partir da configuração de relações em pares (Eu-Tu).

Figura 8.3 — Tapete com mãos e pés para as crianças pärearem.

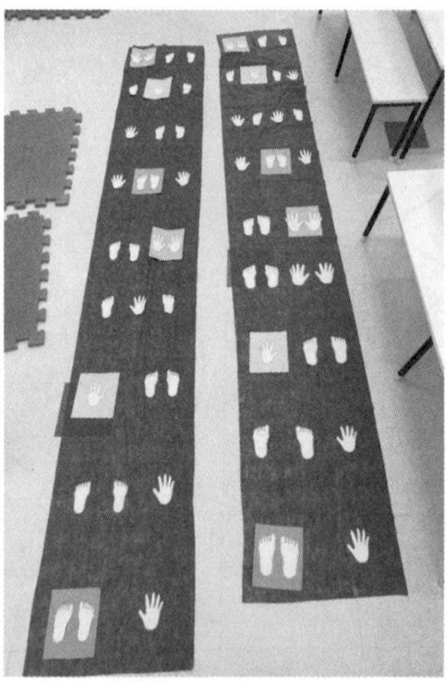

Fonte: Arquivo pessoal das autoras.

Retomando a temática corporal, a quinta semana foi iniciada com uma brincadeira com bolas (batata quente) dentro de um círculo previamente distribuído na sala, estabelecendo limites para o espaço que seria utilizado. Como atividade principal, foi realizado o contorno corporal de cada criança, a fim de trabalhar com elas o reconhecimento e visualização do seu corpo, incentivando que pintassem e desenhassem partes como olhos, nariz, boca, cabelo, entre outros.

Ao final dessas atividades, foi percebido que as crianças conseguiam identificar partes do corpo, bem como diferenciar o contorno corporal do de seus colegas, mostrando que a identidade do Eu está em desenvolvimento. Já a noção de "dentro e fora" se mostrou como um desafio maior para as crianças, por esse motivo será trabalhado com maior profundidade nas semanas com a temática espaço.

De acordo com Martorell, Papalia e Feldman (2020), aos 24 meses as crianças já são capazes de reconhecer a si mesmas como um ser diferente dos outros. Por volta dos 3 anos, a criança consegue avaliar com maior precisão seus próprios pensamentos e emoções. O reconhecimento de que os outros podem pensar, desejar e sentir diferentemente do Eu se desenvolve amplamente até os 5 anos de idade. Ou seja, a consciência corporal é pré-requisito para a compreensão de emoções.

Sendo assim, o objetivo principal ao trabalhar a noção de esquema corporal nas crianças objetivou incentivar a noção do Eu e das sensações do "meu corpo", a fim de aprofundar nas semanas seguintes as noções de emoções.

3. Conhecimento das emoções

Martorell, Papalia e Feldman (2020) afirmam que as primeiras emoções sentidas por bebês de seis meses são alegria, surpresa, tristeza, raiva e medo — as chamadas emoções primárias. Dos 15 aos 24 meses, com o início do desenvolvimento da autoconsciência, as crianças desenvolvem as emoções constrangimento, inveja e empatia. Aos 3 anos de idade elas passam a manifestar emoções autoavaliadoras, principalmente influenciadas pela cultura, sendo elas orgulho, culpa e vergonha.

No que concerne à regulação emocional, até os 2 anos de idade os bebês necessitam da ajuda de um adulto para compreender e lidar com suas emoções. Já a partir dos 3 anos a criança começa a lidar com suas emoções de forma mais independente, e somente aos 6 elas passam a utilizar estratégias cognitivas. Dessa forma, apesar de não necessitar mais tanto da ajuda de adultos, entre 3 e 4 anos as crianças ainda precisam de mecanismos externos, como o manejo de objetos, para se regularem (Denham *et al.*, 2008).

Sendo assim, entre a sexta e a oitava semana, foi trabalhada a temática de reconhecimento das emoções, com a proposta de oferecer materiais que auxiliassem as crianças em sua regulação emocional.

Na sexta semana, iniciou-se o tema emoções com a compreensão da raiva — uma das emoções primárias — e a calma, uma expressão de regulação emocional.

Esse trabalho foi realizado com a contação da história *Quando eu sinto raiva*, de James Misse (2018a). Posteriormente, foram mostradas imagens contendo diferentes situações ligadas à emoção calma ou raiva, e foi solicitado que as crianças identificassem qual emoção estava relacionada a cada imagem. Denham *et al.* (2009) pontuam que entre os 18 meses e os 3 anos de idade uma criança começa a fazer a distinção entre sentimentos "bons" e "ruins". Entre os 3 e 6 anos, ela consegue entender as expressões e situações de emoções básicas. Esses pontos foram observados durante essa atividade, visto que havia crianças que conseguiam fazer tal distinção, enquanto outras não.

Após a atividade com imagens, foi proposta a montagem do "pote da calma", um instrumento criado por Maria Montessori que visa tranquilizar crianças pequenas (veja a Figura 8.4). Ele é composto por água e materiais coloridos e "brilhantes", para que as crianças possam observar esses materiais se movimentarem lentamente pelo recipiente quando este é agitado e, dessa forma, trabalhar o ritmo respiratório e estimular a calma e a tranquilidade. Além disso, o pote da calma proporciona momentos estratégicos para que as crianças expressem e tentem explicar suas emoções e sentimentos (Nichel, 2019).

Figura 8.4 — Potes da calma produzidos com as crianças.

Fonte: Arquivo pessoal das autoras.

Conforme Maia (2020), no processo de aprendizagem da expressão e regulação da raiva algumas das estratégias que podem ser apresentadas às crianças como recursos para lidarem com a raiva seriam: permitir que a criança experiencie situações de frustração que sejam gatilho da raiva; ensinar a desviar a atenção de um objeto que a criança deseja, mas não pode ter; conversar sobre as causas e consequências da emoção; ensinar a respirar fundo, pensar em algo positivo e mudar o foco atencional (Dollar e Calkins *apud* Maia, 2020).

Dessa forma, ao final do encontro, foi entregue às crianças pulseiras contendo três saliências em sua extensão, com o objetivo de lembrá-las de que elas deveriam respirar, ao menos, três vezes em momentos de raiva, antes de tomarem alguma atitude.

À primeira vista, foi observada certa dificuldade de compreensão por parte das crianças em relação ao propósito do pote da calma, visto que elas o utilizavam como brinquedo, e não como instrumento com uma finalidade definida — a de se acalmar em momentos de raiva. Entretanto, no nono encontro, foi informado às estagiárias que, em uma reunião de pais e professores, os pais das crianças relataram que elas chegavam em casa falando sobre a raiva e sobre a necessidade de, quando sentirem essa emoção, chacoalhar a garrafa com água. Isso mostra, ao contrário do que havia sido entendido, que elas compreenderam o que foi ensinado sobre regulação emocional.

Na semana seguinte, houve a continuidade do tema de reconhecimento de emoções abordando a tristeza e a alegria, duas das emoções primárias. Sobre a tristeza, Maia (2020) explica a importância de validar e de possibilitar a expressão dessa emoção, além de utilizar de mecanismos para mudança do foco atencional.

Essas emoções foram trabalhadas com a contação da história *Quando eu me sinto triste* (Misse, 2018b) e a proposta de uma atividade de recorte e colagem, na qual as crianças deveriam identificar emoções de tristeza e alegria em revistas. Além disso, no início do encontro, as estagiárias utilizaram um "termômetro de emoções", contendo expressões de raiva, tristeza, alegria e calma, em que era perguntado como a criança estava se sentindo.

Ao longo das atividades do "termômetro de emoções" e da colagem, observou-se que as crianças tinham dificuldade de reconhecer as emoções primárias, uma vez que a grande maioria apontava para uma das emoções e imitava o desenho. Além disso, na atividade da colagem, quando era perguntado o que a pessoa da imagem estava sentindo, as crianças imitavam as expressões da figura ou identificavam as emoções de forma errônea. De acordo com Denham (2008), crianças de 3 anos já estariam na fase de reconhecimento das emoções. Segundo Martorell, Papalia e Feldman (2020), a imitação é uma forma importante da criança aprender. Com isso, hipotetiza-se que as crianças ainda estão em um processo de reconhecimento das emoções básicas por meio da imitação.

Ari *et al.* (2022) afirmam que o uso de materiais sensoriais ajuda na aprendizagem de distinção, classificação, organização e observação nas crianças. Dessa forma, foi montado um saco sensorial, inspirado no "*fabric box*" montessoriano.

No oitavo encontro, foi realizada uma retomada das emoções trabalhadas — raiva, tristeza e alegria. Inicialmente, foi solicitado que as crianças pintassem faces que expressavam as três emoções. Neste momento, algumas delas confundiram as emoções raiva e tristeza. Depois, as crianças jogaram o jogo da memória com imagens de pessoas que apresentam tais emoções. Mas mais uma vez, elas mostraram dificuldades de discriminar as emoções.

Entre 3 e 4 anos é evidenciado o início da criação de estratégias de regulação emocional independentemente da raiva e tristeza (Cole *et al. apud* Maia, 2020). Sendo ambas emoções consideradas "desagradáveis", isto pode explicar as trocas realizadas pelas crianças.

Segundo Lima (2013), crianças de 3 a 6 anos de idade estão em fase de autoconhecimento e desenvolvimento da personalidade, de forma que o reconhecimento das emoções ainda está em maturação e é adquirido a partir das relações com os pares. Apesar de, nesta faixa etária, as crianças já possuírem habilidades de comunicação verbal, é comum que elas expressem emoções desagradáveis com atitudes agressivas. Por isso, os adultos — principalmente pais e professores — têm importante papel nesse processo, pois podem auxiliá-las a reduzir suas crises emocionais e mostrar outras formas de lidar com essas emoções.

Para encerrar a temática de reconhecimento das emoções, foi proposta a montagem de uma "caixa da calma", onde seriam colocados os objetos que foram confeccionados durante os encontros anteriores. Isso foi realizado para que a caixa fosse compreendida pelas crianças como um instrumento de regulação emocional, e não apenas como um brinquedo.

4. Conhecimento do espaço

No nono e décimo encontros, foi trabalhado o conceito do espaço, tanto o pessoal quanto o do outro. De acordo com Martorell, Papalia e Feldman (2020), a noção de espaço começa a se desenvolver nos primeiros meses de vida, quando o bebê começa a explorar o ambiente ao seu redor. O desenvolvimento motor também desempenha um papel crucial na compreensão do espaço. À medida que a criança desenvolve suas habilidades motoras, ela adquire uma melhor compreensão do espaço e é capaz de se deslocar com mais eficiência, interagindo com objetos e pessoas de maneira mais habilidosa (Silva e Frezza, 2010).

Além disso, a noção de objeto é essencial para o desenvolvimento da compreensão do espaço. Nesse processo, a criança atribui significado e representa mentalmente os objetos em seu ambiente. Essa simbolização permite que ela adquira um conhecimento mais abstrato e conceitual sobre o mundo e o espaço em que se encontra. Portanto, o desenvolvimento da compreensão do espaço envolve tanto a exploração física do ambiente como a compreensão dos objetos e suas relações. Esses processos contribuem para a construção da consciência espacial e o desenvolvimento cognitivo da criança (Martorell, Papalia e Feldman, 2020).

No nono encontro, foram propostas atividades que exploraram o conceito do espaço e respeito mútuo. Para isso, as estagiárias fizeram uso de bambolês para que as crianças pudessem visualizar de forma concreta o seu espaço e o do outro (a disposição da sala pode ser encontrada na Figura 8.5). Ao longo das atividades, foi explicado diversas vezes que em cada bambolê caberia apenas uma pessoa, sendo este o seu espaço.

Figura 8.5 — Brincadeiras com bambolês.

Fonte: Arquivo pessoal das autoras.

As atividades realizadas nessa semana foram a pintura de "pés" dentro do seu espaço, seguido de "Seu mestre mandou", deslocando-se dentro e fora do bambolê, e "coelho sai da toca". Após esses momentos, foi proposto brincar de amarelinha com os bambolês, seguido de tempo livre no parque e brincadeira de túnel.

Durante as atividades, foram observadas as dificuldades das crianças de lidar com o conceito de espaço do eu e do outro. Martorell, Papalia e Feldman (2020) descrevem que durante a fase entre os 2 anos e meio e os 5 anos de idade é comum brigarem por brinquedos e pelo controle do espaço. Isso ocorre porque as crianças se encontram em uma idade em que estão desenvolvendo sua autonomia e começam a perceber que existem limites e propriedades individuais em relação aos objetos e ao espaço.

De acordo com o conceito de objeto mencionado anteriormente, as crianças começam a desenvolver uma consciência de si mesmas e dos outros como entidades separadas. Elas reconhecem que têm desejos e necessidades próprias, assim como os outros ao seu redor (Martorell, Papalia e Feldman, 2020). Portanto, essas dificuldades são esperadas para a faixa etária, pois as crianças ainda estão aprendendo a lidar com a ideia de que outras pessoas também têm direitos e necessidades. Tais situações também servem como oportunidade para aprenderem a lidar com as emoções e a negociar e respeitar o espaço dos outros.

No décimo encontro, manteve-se o tema espaço, focando na conscientização do espaço pessoal e social, bem como do conhecimento do espaço físico da escola. As crianças iniciaram pintando um animal escolhido, e a primeira atividade proposta foi uma variação da "dança das cadeiras", na qual cada uma tinha que encontrar a cadeira com o desenho do animal que havia pintado. Em seguida, foi proposto um desenho conjunto em que deveriam desenhar como imaginavam a escola. Por fim, foi realizado um "passeio pela escola", no qual as crianças seguiram um barbante pelos diferentes ambientes, nomeando os objetos e locais que encontravam pelo caminho. Essas atividades foram realizadas com o objetivo de mostrar os limites do ambiente em que frequentam no dia a dia, de forma que elas pudessem criar e aprimorar sua noção de espaço e localização no ambiente físico.

5. Finalização do processo e desligamento

Para finalizar o processo de intervenção, o último encontro foi voltado ao uso de atividades lúdicas para se despedir do grupo. A atividade de despedida foi uma "festa da tinta", na qual as crianças puderam se divertir pintando papel *craft* com diferentes cores. Elas foram incentivadas a pintar como quisessem, usando pincéis e/ou as mãos.

A fim de promover uma despedida, as estagiárias utilizaram a mesma técnica que utilizavam todos os dias para a recepção das crianças, mas agora para dar "tchau" a elas. Ao passar pelas crianças, as estagiárias explicaram individualmente que aquele seria o último dia delas na escola, mostrando-lhes as opções de cumprimentos para escolherem como queriam se despedir. Observou-se que a maioria escolheu dar tchau com um abraço, mesmo quem geralmente escolhia opções como "dancinha" ou "careta".

Além disso, foi explicado que cada criança receberia uma "garrafa da calma" como lembrança, que seria entregue para elas utilizarem em casa, acompanhada de um bilhete direcionado às famílias, explicando o significado e como utilizá-la. Foi observado que os pais demonstraram interesse na "garrafa da calma", expressando sua satisfação nas redes sociais ao receber esse objeto da escola.

Considerações finais

Durante o período na instituição, foram trabalhados com as crianças diversos temas ligados ao desenvolvimento psicomotor, social, emocional e de espaços físicos e simbólicos. As atividades propostas, embasadas na ludicidade, na utilização de objetos concretos, na repetição do tema e na demonstração, mostraram-se eficazes na promoção de aprendizagem e desenvolvimento na segunda infância.

No trabalho voltado para a integração, a utilização de técnicas como a confecção de fantoches e a contação de histórias contribuiu para o estabelecimento de vínculos entre as crianças, promovendo a cooperação e a compreensão da importância da interação social. Apesar dos desafios iniciais, as estratégias adotadas para estimular a amizade e a colaboração entre os pequenos demonstraram avanços ao longo das semanas.

As atividades focadas no esquema corporal permitiram que as crianças explorassem e compreendessem melhor as partes do próprio corpo. A diferenciação do "eu" e do "outro" foi evidente nas atividades que incentivaram o reconhecimento individual, contribuindo para o desenvolvimento da identidade na infância.

A abordagem das emoções revelou-se crucial, considerando a importância do reconhecimento das emoções, bem como de um forma de regulação emocional nessa fase do desenvolvimento. A exploração das emoções primárias, como raiva, tristeza e alegria, proporcionou às crianças ferramentas para identificar e expressar seus sentimentos. A criação de objetos sensoriais, como o pote da calma, mostrou-se uma estratégia valiosa para auxiliar na autorregulação emocional das crianças.

A temática do espaço, abordada nas últimas semanas do projeto, trouxe consciência sobre os limites pessoais e coletivos. As atividades práticas, como o uso de bambolês para delimitar o espaço individual, contribuíram para a compreensão das crianças sobre a importância do respeito ao espaço do outro. Além disso, a exploração física do ambiente escolar fortaleceu a noção de localização e pertencimento.

Observou-se uma maior concentração e engajamento quando utilizados objetos concretos. O aspecto lúdico também permitiu que as crianças desenvolvessem sua capacidade simbólica e de representação. Dito de outra forma, elas puderam atribuir significados e atributos imaginários aos objetos, fortalecendo sua criatividade e imaginação.

Em suma, as práticas psicossociais adotadas revelaram-se efetivas na promoção do desenvolvimento integral das crianças de 3 a 4 anos. O investimento na ludicidade, aliado à compreensão das particularidades dessa faixa etária, demonstrou ser uma abordagem enriquecedora e alinhada aos objetivos da formação cidadã e do bem-estar das crianças.

Entende-se que trabalhar com crianças e seu desenvolvimento nos diversos aspectos, integrando sobretudo aspectos emocionais e sociais, é uma prática preventiva e de grande relevância, pois sabe-se de suas interferências ao longo da história desse indivíduo.

Referências

Afonso, M. L. M. *et al. Oficinas em dinâmica de grupo: um método de intervenção psicossocial*. Belo Horizonte: Edições do Campo Social, 2002.

Ari, A. *et al.* "Montessori Education". In: Ari, A, (org.). *Student-friendly teaching approaches*. Reino Unido: Cambridge Scholars Publishing, 2022. p. 13-35.

Bilória, J.; Metzner, A. "A importância da rotina na Educação Infantil". *Revista Fafibe* [online], ano VI, n. 6, p. 1-7, 2013. Disponível em: https://www.unifafibe.com.br/revistasonline/arquivos/revistafafibeonline/sumario/28/11122013185355.pdf. Acesso em: 21 abr. 2025.

Costa, A. *et al.* "A importância do desenho na educação infantil I". In: *Prática pedagógica e a formação docente: teoria e realidade*, 2, Goiás, Anais do Congresso de Iniciação Científica Estágio e Docência do Campus Formosa, 2017.

Coirault, C. *O pequeno livro da amizade*. Lisboa: Presença, 2012.

Denham, S. A. *et al.* "Assessing social-emotional development in children from a longitudinal perspective". *Journal of Epidemiology & Community Health*, v. 63, p. i37-i52, set. 2009. https://doi.org/10.1136/jech.2007.070797.

Famoso, B. P. C. *et al.* "A percepção dos pedagogos sobre os conceitos e métodos do esquema corporal na educação infantil". *Revista Uniaraguaia*, Goiânia, v. 16, n. 3, 2021.

Gravatá, A. *et al. Volta ao mundo em 13 escolas*. São Paulo: Fundação Telefônica, 2013.

Lima, D. *Os Conflitos interpessoais das crianças na pré-escola: a visão das professoras*. Monografia (especialização) — Faculdade de Educação, Universidade Federal do Ceará. Fortaleza, 2013. Disponível em: https://repositorio.ufc.br/bitstream/riufc/37367/1/2012_tcc_dslima.pdf. Acesso em: 4 jun. 2025.

Maia, C. *Expressão de emoções em crianças pré-escolares: percepção das educadoras*. Tese (mestrado) — Programa de Pós-Graduação em Psicologia, Universidade Federal do Rio Grande do Sul, Porto Alegre, 2020.

Mateus, A. *et al.* "A importância da contação de história como prática na educação infantil". *Revista Pedagogia em Ação*, v. 5, n. 1, p. p. 50-64, 2013. Disponível em: http://periodicos.pucminas.br/index.php/pedagogiacao/article/view/8477/7227. Acesso em: 21 abr. 2025.

Martorell, G.; Papalia, D.; Feldman, R. *O mundo da criança: da infância à adolescência*. Porto Alegre: AMGH, 2020.

Mastroianni, E. de C. Q. *et al.* "A consciência corporal na educação infantil". In: Zambello, S.; Saglietti, J. R. (orgs.). *Núcleos de Ensino Artigos 2005*. São Paulo: Cultura Acadêmica, 2007. p. 12-30.

Misse, J. *Quando eu sinto raiva*. Cotia: Pé da Letra, 2018a.

______. *Quando eu me sinto triste*. Cotia: Pé da Letra, 2018b.

Nichel, M. *Iniciação à meditação com crianças de quatro a cinco anos de idade*. Trabalho de Conclusão de Curso. Universidade Tecnológica Federal do Paraná, 2019.

Piaget, J. *Seis estudos de psicologia*. Rio de Janeiro: Forense Universitária, 2019.

Pichon-Rivière, E. *O processo grupal*. 8. ed. São Paulo: Martins Fontes, 2009.

Pfister, M. *O peixinho arco-íris*. São Paulo: Manole, 1994.

Silva, J. A. da; Frezza, J. S. "A construção das noções de espaço e tempo nas crianças da Educação Infantil". *Conjectura: filosofia e educação* [*S.l.*], v. 15, n. 1, p. 45-53, jan./abr. 2010. Disponível em: https://repositorio.furg.br/bitstream/handle/1/1389/A%20constru%C3%A7%C3%A3o%20das%20no%C3%A7%C3%B5es%20de%20espa%C3%A7o%20e%20tempo%20nas%20crian%C3%A7as%20da%20Educa%C3%A7%C3%A3o%20Infantil.pdf?sequence=1. Acesso em: 21 abr. 2025.

Silva, E. *et al.* "Fazendo arte para aprender: a importância das artes visuais no ato educativo". *Pedagogia em Ação*, v. 2, n. 2, p. 95-104, nov. 2010. Disponível em: http://periodicos.pucminas.br/index.php/pedagogiacao/article/view/4850/5029. Acesso em: 21 abr. 2025.

9 DOS MUROS ÀS PONTES: QUANDO AS CONEXÕES TRANSPÕEM BARREIRAS

SUSETE FIGUEIREDO BACCHERETI

DANIELLE LAINA DE GODOI ERBOLATO

GIOVANNA CARLETTI AL MAKUL

O presente capítulo apresenta o desenho, a execução e a avaliação de intervenções psicossociais desenvolvidas no âmbito do Estágio Específico Supervisionado em Práticas Sociais de Grupos, referente à sétima etapa do curso de psicologia da Universidade Presbiteriana Mackenzie, junto a jovens e adolescentes vinculados a serviços municipais de assistência social localizados na zona oeste da cidade de São Paulo.

Os estágios, que ocorreram no ano de 2021 — em meio ao crítico e atípico cenário pandêmico —, foram iniciados de maneira remota e tiveram duração de dois semestres: inicialmente entre os meses de março e junho, e, depois, entre agosto e novembro.

Foram realizadas intervenções com três grupos distintos: dois de alunos (em semestres sequenciais) e um de colaboradores (educadores e equipe técnica).

Embora os grupos tenham tido inúmeras dificuldades (acesso à internet, possível ausência de espaços físicos seguros e sigilosos nas residências dos participantes, impessoalidade das câmeras fechadas, além da sensibilidade e vulnerabilidades que muitos demonstravam estar vivenciando), pode-se dizer que as propostas realizadas ao longo dos períodos foram muito importantes e significativas para as estagiárias, os adolescentes, os educadores e a equipe técnica.

O que acontece quando a soma de elementos desfavoráveis não é suficientemente desencorajadora?

• • •

O estágio inicial (a partir de agora denominado G1) ocorreu em um Centro de Desenvolvimento Social e Produtivo (Cedesp), um serviço da Prefeitura Municipal de São Paulo destinado a adolescentes, jovens e adultos com idade entre 15 e 59 anos. Sua finalidade é investir na formação profissional, assegurar o conhecimento do mundo do trabalho, capacitar em diferentes habilidades, ampliar o repertório cultural e a participação na vida pública, e preparar seu público-alvo para conquistar e manter a empregabilidade e autonomia, por meio de cursos específicos e gratuitos.

Como os demais serviços da Assistência e Desenvolvimento Social no município, o Cedesp em questão é administrado por uma organização não governamental sem fins lucrativos. Há 63 anos atende crianças, adolescentes, jovens e adultos e tem como finalidade manter programas socioeducativos na zona oeste da cidade de São Paulo, com medidas que visam a inclusão e inserção de cidadãos que se encontram em situação de vulnerabilidade social.

A instituição atua em prol de crianças, jovens e adultos entre 0 e 59 anos, inserindo-os em três projetos: Centro de Educação Infantil (0 a 4 anos); Centro para Crianças e Adolescentes (6 a 14 anos); Centro de Desenvolvimento Social e Produtivo (15 a 59 anos). O atendimento anual alcança cerca de 1.200 crianças, adolescentes, jovens e adultos, e 350 atendidos se formam a cada semestre. Vale lembrar que se trata de população em situação de vulnerabilidade social, e que para ter acesso a este serviço é necessário um encaminhamento pelo Centro de Referência da Assistência Social (Cras).

Embora a faixa etária de atendimento da instituição parceira fosse extensa, o público-alvo da intervenção inicial foram os adolescentes e jovens com idade entre 15 e 20 anos, vinculados ao Cedesp.

A Organização Mundial da Saúde (OMS) define a adolescência como a fase entre a infância e a idade adulta, demarcada pelas idades de 10 a 19 anos. Segundo Papalia (2013), essa faixa etária apresenta maior propensão a comportamentos de risco, devido às redes cerebrais que ainda não se encontram totalmente estabelecidas. Como a formação cognitiva e emocional se encontra em desenvolvimento, fatores como vulnerabilidade social agravam os riscos para os adolescentes, que "enfrentam hoje riscos ao seu bem-estar físico e mental, que incluem altas taxas de mortalidade por acidentes, homicídio e suicídio" (Eaton *et al.* *apud* Papalia e Feldman, 2013).

Segundo Farias e Moré (2011), a vulnerabilidade social se configura a partir de fatores multidimensionais, entre eles a escolarização. Esta influencia diretamente na dificuldade de inserção no mercado de trabalho, aumentando a vulnerabilidade social e tornando os jovens cada vez mais expostos à violência e às drogas, aumentando a exclusão.

Fruto de um convênio firmado em período anterior, mas que ainda não havia sido operado, a aproximação entre a universidade e a instituição foi apelidada de "encontro providencial", já que a demanda por atendimento psicológico havia emergido como necessidade imperiosa.

Desde os primeiros contatos (telefônico, seguido de formalização por correio eletrônico e agendamento de reunião virtual de apresentação da proposta de trabalho), a gerente do serviço demonstrou grande interesse, agilidade e solicitude. Sua postura engajada e resolutiva contribuiu significativamente para o desenrolar do projeto — a maioria das propostas feitas no decorrer do estágio, se não todas, foi recebida com entusiasmo. Assim, a equipe do serviço era prontamente mobilizada para que tudo acontecesse no menor tempo e da melhor forma possível, evidenciando esmero e cuidado com a população atendida — que carecia de toda sorte de recursos.

Em diversas oportunidades, a gestora do serviço destacou a demanda de atendimento psicológico individualizado, por conta de alunos com depressão, uso/abuso de medicamentos, crises de pânico, uso de drogas e diversas questões de saúde mental. Embora fosse inviável a realização de atendimentos individualizados, a proposta de grupos psicossociais mostrou-se uma oportunidade preciosa para que os usuários do serviço recebessem a atenção psicológica de que necessitavam.

Não obstante, ela mencionou que estava com um projeto de capacitação de educadores em andamento, aproveitando o recesso imposto pelo covid-19 (seu desenho contava com sete palestras de temas variados, com palestrantes convidados e um cronograma predefinido que se estenderia até o final do semestre).

Já o Centro Juvenil, outro local em que o estágio específico do sétimo semestre do curso de psicologia da UPM foi realizado, é uma organização da sociedade civil sem fins lucrativos, que também atua na zona oeste da capital paulista. Atualmente, a instituição é responsável por realizar aproximadamente 430 atendimentos diários, no contraturno escolar e totalmente gratuitos, nos três projetos que mantém na instituição: o CCA (Centro para Crianças e Adolescentes), o Cedesp (Centro de Desenvolvimento Social e Produtivo) e o programa Jovem Aprendiz. Este último foi o projeto com o qual foram feitas as intervenções grupais durante o segundo semestre de 2021, coordenado por três estudantes do curso da UPM.

Na época, esse programa atendia 48 jovens na faixa etária de 14 a 24 anos de idade e tinha como finalidade oferecer a eles a oportunidade da conquista do tão sonhado primeiro emprego. Sendo assim, os aprendizes trabalhavam durante quatro dias da semana em alguma empresa e em um dia participavam de atividades formativas no Centro Juvenil para contribuir com sua formação, com relação tanto ao seu crescimento pessoal como profissional. Os dez jovens do grupo em que foram realizadas as intervenções trabalhavam em empresas privadas na época com o intuito de serem efetivados nos locais em que atuavam e, a partir disso, contavam com o apoio de atividades formativas no Centro Juvenil para ter mais conhecimento profissional, além de um olhar mais crítico e um maior conhecimento de novas áreas do saber relacionadas a vida profissional.

O programa Jovem Aprendiz desempenha um papel crucial na vida de muitos adolescentes que enfrentam vulnerabilidades socioeconômicas. Essa iniciativa visa proporcionar oportunidades de trabalho e aprendizado a jovens que, de outra forma, poderiam ficar à margem do mercado de trabalho devido a diversas dificuldades, como falta de experiência profissional, baixa escolaridade, ambiente familiar desfavorável, entre outros fatores. O programa surge como um instrumento de inclusão social, oferecendo uma abordagem mais acessível para que esses jovens adquiram habilidades práticas e teóricas, além de experiência profissional valiosa. A escolha da instituição em que foi desenvolvido o projeto do estágio se deu por esta ser uma instituição parceira da UPM. Esse estágio será denominado G2.

Para a intervenção inicial (G1), foi elaborado um roteiro prévio, com tópicos como quantidade de participantes, faixa etária dos integrantes, demanda principal, dia da semana, horário e duração dos encontros, expectativas e objetivos, duração do estágio (quantidade de encontros) e possível restrição de assunto a ser abordado.

Acordados os termos, em tarefa conjunta com a instituição, foi elaborado um vídeo de divulgação do projeto, com data de início e duração prevista (em quantidade de encontros). Esse momento foi tratado com bastante delicadeza pelas estagiárias: o cuidado na escolha do texto, das vestimentas e dos acessórios, do fundo, do ângulo do olhar para a câmera e do tom de voz e dicção. Em tempos de exagerado apelo digital (uma verdadeira enxurrada de shows e lives), a efetividade do convite para intervenções psicossociais em grupo parecia uma tarefa difícil, ainda mais por se tratar de um público-alvo jovem.

O projeto tinha por objetivo criar um ambiente seguro de acolhimento e socialização, capaz de oferecer uma escuta segura e ética para jovens e adolescentes em situação de vulnerabilidade, bem como oferecer um momento de livre expressão e incentivo ao protagonismo, autonomia e criatividade dos participantes, pautado sempre pela liberdade de expressão, pelo respeito à opinião alheia, pela empatia, pelo comprometimento e pelo sigilo.

Por meio de atividades em grupo, como rodas de conversas e outras modalidades de intervenção, os jovens poderiam expressar suas dificuldades e potencialidades, compartilhando angústias e questões do cotidiano presentes na vida desses jovens, além de possibilitar reflexões que gerem novas perspectivas.

O intuito das estagiárias era organizar esse espaço de maneira horizontal, de modo que tanto elas quanto os jovens tivessem poder de ação. Como coloca Cruz e Abade (2009), acredita-se que o ser humano é criador e transformador de sua realidade, capaz de causar impactos no seu cotidiano. Por isso, era uma premissa que as temáticas fossem livres para que os participantes decidissem assuntos e temas de relevância conforme o interesse deles, apenas com sugestões das estagiárias para os casos de omissão/não manifestação.

No mais, optou-se por introduzir aos encontros uma abordagem artística, a fim de estimular a criatividade e propiciar outras formas de comunicação, já que a arte suscita emoções voltadas aos sentidos opostos ao habitual e, ao pôr em choque impulsos contrários, destrói paixões, acarretando a complexa transformação dos sentimentos (Vigotski *apud* Sawaia, 2009).

Nesse sentido, todos os encontros foram previamente planejados para possibilitar o reconhecimento e a valorização das construções coletivas sob a perspectiva espinosana dos afetos: da capacidade de afetar e ser afetado pelo outro (Spinoza, 2020).

Importante mencionar que, dada a preocupação das estagiárias com a condição de vulnerabilidade social, foram utilizados recursos artísticos simples e acessíveis, como música, fotografia e escrita criativa.

Por conta da pandemia, os projetos foram realizados a distância. Tal condição não favoreceu a adesão de muitos adolescentes, mas não inviabilizou sua execução (além de ter-se demonstrado necessário diante do cenário caótico do país e do mundo).

As sessões de supervisão contaram ainda com a participação dos outros dois grupos de estagiários que, a partir de suas experiências, possibilitaram uma evolução conjunta e uma riquíssima experiência de troca.

A metodologia escolhida para o projeto de intervenção do G1 foi trabalhar o processo grupal por meio de rodas de conversa. A princípio o grupo foi pensado para ser fechado, para que pudesse evoluir de temáticas mais simples às mais complexas, à medida que o vínculo grupal se fortalecesse. Porém, dada a adesão reduzida, optou-se por manter o grupo aberto a todos os interessados que eventualmente aparecessem. Ainda no tocante ao enquadre, foi definido que seria um grupo misto: heterogêneo quanto ao gênero e homogêneo quanto à etapa do desenvolvimento (adolescência); com periodicidade semanal.

Todos os encontros ocorreram online, de forma síncrona. A comunicação das estagiárias com os jovens se deu através de um grupo de WhatsApp que serviu para o envio de recados, lembretes e links dos encontros.

No primeiro encontro do G1 foi apresentado um formulário eletrônico, anônimo, para levantamento de temas relevantes para os jovens, com o intuito de organizar um cronograma semiestruturado. O link para esse formulário ficou disponível para os alunos durante todo o período de intervenção no grupo do WhatsApp.

No primeiro e segundo encontros foram passados o contrato e o enquadre, reforçando se tratar de um espaço de acolhimento mútuo. Também foi salientada a importância do comprometimento e da participação de todos, da empatia, da ética, do respeito e do sigilo para o bom funcionamento do grupo.

Eventualmente, o grupo do WhatsApp foi utilizado como ferramenta de troca para algumas dinâmicas, para compartilhar informações conforme o objetivo da atividade daquela sessão, bem como para a divulgação de *folders* compilando dicas e informações úteis.

Nos últimos três encontros do estágio, o grupo também foi utilizado para enviar imagens de divulgação do tema da semana um dia antes do encontro, na tentativa de conquistar a presença de mais integrantes.

Conforme mencionado anteriormente, as câmeras desligadas foram uma prática recorrente e configuravam um dificultador para a efetivação e fortalecimento de vínculo. Entretanto, as estagiárias foram bastante cuidadosas, sempre convidando os participantes a abrir suas câmeras à medida que se sentissem confortáveis. No primeiro encontro os participantes limitaram-se a mostrar as plantas que compunham os ambientes em que estavam, sem ao menos mostrar o próprio rosto. A comunicação era sempre por áudio ou chat de mensagens.

Inicialmente os integrantes buscaram se apresentar e compartilhar gostos, passatempos, receitas e amenidades. O grupo foi "batizado" coletivamente por meio de uma dinâmica em que cada integrante compartilhava palavras que representavam o que sentiam naquele momento. Assim nasceu o "Encontro de Acolhimento", uma inicialmente tímida, porém não menos potente súplica por um espaço de escuta, uma busca por amparo em tempos de distanciamento.

Ao longo das semanas, aqueles que já compartilhavam receitas e músicas sentiram-se prontos para compartilhar suas dúvidas, ansiedades e conflitos. Os jovens se mostraram bastante à vontade, a relação evoluiu e se aprofundou. Estava consolidado um ambiente de troca, acolhimento e confiança.

Todos os encontros ocorreram de maneira semiestruturada, com dinâmicas sugeridas a partir dos temas predefinidos pelo questionário, e transcorreram de maneira leve. Os participantes compartilhavam suas percepções, necessidades e interesses em todos os encontros.

A faixa etária trabalhada no grupo de acolhimento abrangia as fases de "identidade x confusão de identidade" e "intimidade x isolamento", de acordo com Erik Erikson (1972). Nesse momento, os jovens oscilam entre conflitos da ordem da identidade e pressão social a respeito de seu futuro profissional. Além disso, dá-se início a um período no qual a energia e o foco criativo desses indivíduos estão direcionados em sua maioria para o desenvolvimento pessoal. No entanto, em um ambiente pouco encorajador ou de cobranças em excesso, poderia surgir desmotivação e sentimento de inferioridade.

Para esse estágio de grupos, a proposta era abordar e discutir temas condizentes com questionamentos e conflitos típicos do momento de desenvolvimento da faixa etária selecionada, em especial àqueles que possivelmente tivessem menos abertura dentro do convívio familiar. Ao longo dos encontros foram abordadas as seguintes temáticas: ansiedade, relações familiares, identidade, espiritualidade, futuro e tempo livre.

Tendo em vista o momento de pandemia que assolava o mundo e reunia no âmbito residencial praticamente todas as interações sociais, foi possível observar um importante impacto que o ambiente de acolhimento proporcionou aos adolescentes participantes. Eles, que estavam enfrentando importantes crises de identidade típicas da fase em que se encontravam, tiveram suas inseguranças potencializadas pela pressão social de não estarem produzindo e estudando como gostariam, nem se relacionando com o grupo de amigos (extremamente importante na constituição identitária nessa etapa do desenvolvimento) por conta do isolamento social.

A confiança nas estagiárias expandiu os limites do grupo e se estendeu para a gerente do serviço e os educadores. A fim de cumprir com seu cronograma de capacitação da equipe, a gerente delegou às estagiárias a busca por palestrantes para dois temas específicos e o resultado foi bastante exitoso, contando até com a presença ilustre do técnico da seleção paralímpica de natação.

A pandemia se estendia por meses a fio, sem previsão de término. Diante da necessidade de escuta, uma nova demanda emergiu e foi prontamente acolhida: um grupo para os educadores e colaboradores. A fim de evitar conflitos éticos, o novo grupo foi conduzido por outros estagiários e teve uma duração mais curta, uma vez que se iniciou com o semestre já adiantado.

O engajamento na condução dos trabalhos rendeu a uma das estagiárias o convite para assumir a coordenação pedagógica da instituição.

Por fim, como mencionado anteriormente, alguns alunos — apesar de não abrirem a câmera para mostrar seus rostos — exibiram nos primeiros encontros vasos de plantas existentes em suas residências. O aluno que participou mais ativamente de todo o processo abriu a câmera para que fosse registrada uma foto do grupo no último encontro e voltou a exibir os vasos, que agora estavam floridos. A psicologia havia se manifestado não apenas de forma quantitativa ou qualitativa, como também simbólica!

Ao final do projeto, foi oferecido um certificado de participação para os alunos com maior frequência, bem como uma devolutiva para a instituição.

O projeto do grupo G2 foi iniciado no segundo semestre de 2021, momento em que o país ainda vivia um momento tenso e de grandes cuidados em decorrência da pandemia do covid-19. Por conta disso e por uma escolha da instituição, todos os encontros com os jovens aconteceram de maneira remota, o que fez a experiência do estágio ser extremamente produtiva, mas, ao mesmo tempo, desafiadora. Ainda pelo momento vivenciado, muitas pessoas estavam com a saúde mental prejudicada, demanda inicial trazida pela coordenadora do projeto, a qual tinha a expectativa de que as estudantes de psicologia pudessem acolher e dar o suporte necessário aos jovens nesse momento.

Diante da sensibilidade do momento e dos possíveis sentimentos despertados por ele, houve um cuidado redobrado com a forma de abordar determinados assuntos com os jovens, já que muitos deles podiam ser possíveis gatilhos e de difícil enfrentamento. Com base nisso, foram propostas oficinas temáticas baseadas nos temas sugeridos pelos jovens no início do projeto, sendo eles: ansiedade, rejeição, motivação, inseguranças, estresse, cultura, diversidade, psicologia, trabalho, relacionamentos, habilidades/competências e dificuldades pessoais.

É válido ressaltar que, por mais que a coordenadora da instituição tivesse especificado uma demanda inicial a ser trabalhada, os demais temas citados foram identificados ao longo do projeto e considerados importantes. De forma geral, assuntos como sentimentos, emoções e questões relacionadas ao trabalho englobaram os aspectos centrais vivenciados naquele momento pelos integrantes do grupo.

Assim, as intervenções proporcionaram aos jovens experiências que promoveram reflexões e um olhar crítico sobre os temas presentes em seu cotidiano, bem como sobre suas interações sociais. A estrutura dos encontros baseou-se na proposta psicodramática que considera em sua prática três etapas para o desenvolvimento da sessão, sendo elas o aquecimento, a dramatização (atividade principal) e o compartilhamento.

Para cada um dos encontros foi estabelecido um tema central a ser trabalhado e foram utilizados diferentes recursos metodológicos, a fim de tornar o trabalho mais dinâmico e atrativo. Foram utilizadas rodas de conversa, apresentações teóricas sobre as temáticas, jogos grupais (de integração e jogos interativos), fotolinguagem©, pintura temática e recurso audiovisual.

As rodas de conversa foram bastante utilizadas nos encontros, a partir do compartilhamento de ideias e reflexões que permitiam a emersão de experiências construídas ao longo da vida dos indivíduos. Sua premissa básica é a escuta de histórias que surgem ligadas a um fato contemporâneo ou passado da vida dos participantes do grupo — de acordo com o tema proposto. A atividade principal normalmente era precedida de um aquecimento ou descontração, por meio de conversas informais e comentários. Uma das características da modalidade é o encorajamento de todos que participaram a falar sem limite de tempo, ordem ou sequência — respeitando a vez do outro falar e o limite de tempo da sessão (Melo e Domingues, 2012).

A utilização de rodas de conversa é justificada porque as representações sociais são compostas nos discursos. A comunicação tem a função primordial de produzir trocas e interações que ocorrem com o uso de mecanismos universais, evocando fenômenos de influência e de pertença social. Considerando que as representações sociais compõem uma maneira de conhecer a si mesmo e ao outro, entende-se a relevância do contexto no qual o indivíduo se encontra no psiquismo, bem como da linguagem transmitida pela comunicação e do comportamento das pessoas, que, mesmo manifestado pela individualidade, impregna sua identidade e marca sua realidade, de um ponto de vista de um grupo social (Gebran e Trevizan, 2018).

Ao longo do processo, algumas dificuldades foram enfrentadas, impactando sobre as atividades, mas de modo algum afetaram o desenvolvimento grupal. Por estarmos nos referindo a indivíduos que vivem em contexto de vulnerabilidade social, muitos deles apresentaram dificuldades de acesso à internet em diversos momentos ao longo do semestre. Outra dificuldade (também enfrentada pelo G1) foi a ausência da ligação das câmeras pelos participantes nos encontros remotos.

Na prática, isso ocasionou a necessidade de maior insistência para que compartilhassem de forma mais elaborada em alguns momentos, como a solicitação para que priorizassem a abertura dos microfones em vez de escreverem no chat para se comunicarem, como faziam na maior parte das vezes. Essas dificuldades ficaram intensificadas após a saída dos dois jovens mais participativos da turma, que foram efetivados em seus respectivos trabalhos e não poderiam mais estar presentes nos encontros. A partir disso, foram propostas atividades mais dinâmicas visando despertar o interesse do grupo e ampliar a participação.

Diante das dificuldades, a intensificação da participação de um dos educadores da instituição proporcionou um maior engajamento e participação dos jovens. Ele conseguia mobilizar o interesse e a participação de todos nas atividades propostas, demonstrando a importância do vínculo para a coordenação de um grupo. A função de um educador/coordenador é mediar a realização dos objetivos do grupo e se atentar às suas diferentes comunicações e interações (que envolvem reflexões e emoções), olhando para o funcionamento global e o funcionamento individual (Afonso, 2005).

Um educador desempenha um papel fundamental na vida dos adolescentes, já que é durante essa fase de transição para a vida adulta que os jovens estão formando sua identidade e tomando decisões que vão moldando o caminhar de seu futuro. O vínculo entre o educador e os adolescentes é de primordial importância, na medida em que cria um ambiente de confiança e respeito mútuo, permitindo que os jovens se sintam à vontade para expressar suas ideias, aspirações, sentimentos, aspirações etc.

Tal relação contribui para o processo ensino-aprendizagem, de maneira que se faz necessário o comprometimento do profissional no processo educativo, assumindo o caráter social e político crucial que possui na formação e desenvolvimento dos estudantes. O diálogo, segundo Paulo Freire (1996), é um grande instrumento na constituição dos sujeitos, capaz de mobilizar a reflexão. A postura, a interação e o vínculo do educador conquista a curiosidade dos alunos, gerando valorização, respeito e o pensar em conjunto para um processo de aprendizagem efetivo e benéfico (Lopes, 2008).

As atividades organizadas por ele tendem a oferecer oportunidades de aprendizado prático e desenvolvimento de habilidades sociais, emocionais e cognitivas. Essas interações e atividades contribuem para o crescimento saudável e bem-estar dos jovens.

Assim, pode-se dizer que o vínculo do grupo com o educador permitiu às estagiárias a realização de um trabalho mais efetivo, ampliando o vínculo dos adolescentes com as estagiárias e gerando um espaço de maiores trocas e escuta ativa entre todos os integrantes.

Realizada uma análise referente a todo esse procedimento, constata-se que todos os encontros foram altamente proveitosos e instigaram os jovens a ponderar e debater sobre aspectos significativos da vida. O objetivo dos encontros era proporcionar um momento de liberdade aos jovens, afastando-os de suas rotinas e do modo automático em que muitas vezes estão imersos, incentivando-os a refletir sobre questões importantes que permeiam o cotidiano e visando a possibilidade de promover mudanças de atitudes diante de aspectos que demandam uma reconsideração e, por conseguinte, uma transformação.

Semanalmente, foram recebidos feedbacks sobre os materiais, as propostas, as atividades e os temas escolhidos, superando em grande medida todas as expectativas iniciais. Em uma ascensão notável, os participantes se envolveram nas atividades e todas as intervenções, diálogos e relatos acrescentaram elementos significativos às discussões e influenciaram os temas futuros dos encontros. Ouvir os relatos e as histórias de cada um foi enriquecedor, considerando a faixa etária, a realidade e as necessidades desses jovens, pois nem sempre eram temáticas confortáveis de serem exploradas e compartilhadas.

A oportunidade de se envolver com cada um daqueles indivíduos e gerenciar um processo com tal crescimento grupal foi responsável por impactar não apenas os jovens envolvidos nas atividades, mas também as estagiárias, que aprenderam muito ao longo de todo o processo e na troca com cada um dos participantes. Tal troca foi tão efetiva que, no último dia de encontro, os jovens realizaram um piquenique surpresa para receber as estagiárias e agradecê-las pelo semestre juntos. Além disso, foi dado para cada uma delas uma caneca escrita "eu escolhi a psicologia" junto de seus nomes, com bombons dentro, o que demonstra tamanho carinho e afeto que foi criado entre todos naquele grupo.

O fechamento presencial (G2) de um projeto com um grupo de jovens após a pandemia foi essencial para consolidar as relações, fortalecer laços emocionais e finalizar o processo de intervenção de forma mais intensa. Após um período de distanciamento social, o encontro face a face ofereceu uma oportunidade única para reforçar o pertencimento e celebrar conquistas, contribuindo para um encerramento mais significativo e emotivo. Além de encerrar o projeto de maneira mais completa, o encontro presencial nutre relações interpessoais, criando um ambiente propício para reflexão e celebração, fundamentais para o sucesso em longo prazo das atividades grupais.

Diante de toda a complexidade e desafios enfrentados ao longo do Estágio Específico Supervisionado em Práticas Psicossociais de Grupos, a parceria entre a Universidade e as instituições Cedesp e Centro Juvenil revelou-se não apenas efetiva, mas também enriquecedora. Desde o início, as coordenadoras das duas entidades demonstraram um comprometimento notável, desdobrando-se para superar as adversidades impostas pelo cenário pandêmico.

As intervenções, embora marcadas por algumas dificuldades, revelaram-se cruciais e significativas para as estagiárias, os jovens do grupo, os educadores e a equipe das instituições. A sensibilidade e o empenho das partes envolvidas foram fundamentais para transpor dificuldades como a impessoalidade das câmeras fechadas e as vulnerabilidades dos participantes, além de proporcionar um ambiente seguro de acolhimento e socialização como resultado das atividades propostas.

Para Pichon-Rivière (2012, p. XV), "os vínculos internos e externos se integram em um processo que configura uma permanente espiral dialética. Produz-se uma passagem constante daquilo que está dentro para fora, e do que está fora, para dentro".

Ao encerrar os dois projetos, evidencia-se que, mesmo virtualmente, a conexão humana e o compromisso coletivo podem transformar desafios em oportunidades de crescimento e aprendizado, concluindo que, de fato, as conexões humanas transpõem barreiras.

Referências

Afonso, M. L. M. *Oficinas em dinâmica de grupo: um método de intervenção psicossocial.* São Paulo: Artesã, 2005.

Centro de Desenvolvimento Social e Produtivo para Adolescentes, Jovens e Adultos — Cedesp. Prefeitura Municipal de São Paulo, 2020. Disponível em: https://www.prefeitura.sp.gov.br/cidade/secretarias/assistencia_social/rede_socioassistencial/criancas_e_adolescentes/index.php?p=3196. Acesso em: 8 nov. 2023.

Cruz, J. P. D.; Abade, F. L. *Intervenção psicossocial com oficinas em dinâmica de grupo: reflexões sobre o fazer com grupos de crianças e adolescentes.* In: XV Encontro Nacional da Associação Brasileira de Psicologia Social: psicologia social e políticas de existência: fronteiras e conflitos, 2009, Maceió.

Erikson, E. H. *Infância e sociedade.* Rio de Janeiro: Zahar, 1972.

Farias, R.; Moré, C. O. O. *Repercussões da gravidez em adolescentes de 10 a 14 anos em contexto de vulnerabilidade social. Psicologia: Reflexão e Crítica*, v. 25, n. 3, p. 596-604, 2011. Disponível em: https://www.scielo.br/j/prc/a/DC8YLNWQvnVr6Mkm6BLCxMR/?format=pdf&lang=pt. Acesso em: 10 dez. 2023.

Gebran, R. A.; Trevizan. "As representações sociais na construção da identidade profissional e do trabalho docente". *Acta Scientiarum: Education*, Presidente Prudente, v. 40, n. 2, p. 1-10, 2018.

Freire, P. *Pedagogia do oprimido.* São Paulo: Paz e Terra, 1996. p. 77-95.

Lopes, R. *A relação professor-aluno e o processo ensino-aprendizagem.* Dia a dia educação. 2008. Disponível em: http://www.diaadiaeducacao.pr.gov.br/portals/pde/arquivos/1534-6.pdf. Acesso em: 11 nov. 2023.

Melo, G. L, de; Domingues, A. R. *Conversas e memórias: narrativas do envelhecer.* 1. ed. São Miguel Paulista: Via Lettera, 2012.

Papalia, D. E.; Feldman, R. D. *Desenvolvimento humano.* Porto Alegre: Artmed, 2013.

Pichon-Rivière, E. *Teoria do vínculo.* São Paulo: Martins Fontes, 2012.

Sawaia, B. B. "Psicologia e desigualdade social: uma reflexão sobre liberdade e transformação social". *Psicologia & Sociedade*, v. 21, n. 3, p. 364-72, 2009. Disponível em: https://www.scielo.br/j/psoc/a/SNXmnP85p4XsKmsrWgbgtpr/. Acesso em: 25 nov. 2023.

Spinoza, B. *Ética*. Trad. Tomaz Tadeu. 2. ed., 10. reimp. Belo Horizonte: Autêntica, 2020.

10 A MÁQUINA DO TEMPO: DESENVOLVIMENTO DE ASPECTOS PSICOSSOCIAIS E AFETIVOS COM JOVENS APRENDIZES

RAUL ALVES BARRETO LIMA

GIOVANNA DE SOUSA RIÇA

NICOLE MAYUMI NAKAGAWA

Introdução

Neste capítulo, apresentaremos o trabalho realizado com um grupo de jovens aprendizes entre 17 e 21 anos em um Centro de Desenvolvimento Social e Produtivo da grande São Paulo (Cedesp). Ao todo, 13 jovens participaram de 11 encontros.

Na condição de serviço de fim socioeducativo e espaço intergeracional, o Cedesp tem por objetivo a promoção do desenvolvimento socioeconômico de comunidades em situação de vulnerabilidade. Oferecendo proteção social a pessoas entre 15 e 59 anos, os Cedesps promovem o fortalecimento de vínculos familiares e comunitários, bem como o desenvolvimento de populações através dos seguintes princípios pedagógicos norteadores da prática dos educadores: observar e se aproximar, escutar, intervir, propor, experienciar, discernir, comprometer e partilhar. São espaços multifuncionais onde são oferecidos atividades e serviços para a comunidade, que incluem capacitação profissional, formação educacional, assistência social, orientação para o empreendedorismo, acesso a serviços públicos e outras iniciativas relacionadas ao desenvolvimento social e produtivo. O acesso a esses centros ocorre via encaminhamento validado pelo Centro de Referência da Assistência Social (Cras).

O projeto buscou promover, mediante análise da demanda manifesta e investigação da latente, o desenvolvimento de habilidades socioemocionais dos jovens a partir da discussão dos seguintes temas: sentimentos e emoções; resolução de conflitos; ciclos da vida e seus lutos. Dessa forma, contextualizamos por meio de diferentes atividades a reflexão sobre aspectos psicossociais que englobam as relações profissionais, acadêmicas e familiares no cotidiano. Nosso objetivo foi favorecer a ampliação do repertório comportamental no que tange a regulação emocional e, ao mesmo tempo, propiciar terreno fértil à produção de sentidos relacionados aos ciclos de vida.

Descrição da metodologia utilizada no processo grupal

Os métodos utilizados na realização do projeto abarcaram uma gama de técnicas projetivas, cognitivas, lúdicas e dialógicas, bem como momentos de psicoeducação. A escolha baseou-se na análise contínua da demanda manifesta e latente ao longo dos encontros. Apresentaremos brevemente cada instrumento e, mais à frente, analisaremos os encontros e a justificativa relativa aos métodos escolhidos.

Entre os métodos utilizados estão os **jogos cooperativos**, que, através de atividades de caráter lúdico, visam a integração, comunicação, expressão corporal, criatividade, imaginação e motivação grupal. Os jogos são pensados para proporcionar um ambiente seguro, viabilizando a elaboração de conteúdos individuais e grupais, assim como a experimentação de novos comportamentos e padrões de interação. Desse modo, torna-se possível adquirir *insights* sobre si e os demais, bem como o desenvolvimento da coesão grupal (Amaral, 2007).

Já o **jogo dramático,** conforme Yozo (2020), é um recurso que articula as experiências dos participantes à espontaneidade do grupo em um processo criativo. Através da improvisação, são reproduzidas cenas vividas ou fantasiadas, auxiliando de forma lúdica o indivíduo a perceber condutas suas que se repetem. Isto é, no jogo *como se*, as personagens criadas costumam ter relação metafórica com aspectos da dinâmica relacional do indivíduo. Se a criação faz de nós seres orientados para o futuro, dado que o anseio de criar modifica o presente e, por consequência, o que ainda está por vir (Vigotski, 2009), os jogos dramáticos proporcionam a criação de novas realidades condizentes às aspirações e à expressão de cada um.

Quanto às **técnicas projetivas**, essas consistem no uso de estímulos ambíguos e não estruturados sobre os quais os sujeitos projetam sua personalidade, suas opiniões e seu autoconceito. Os estímulos atuam como objetos mediadores, servindo de anteparo do ego diante de suas ansiedades, identificações projetivas e resistências, permitindo que o indivíduo fale de si por meio do objeto. Nesse sentido, os objetos mediadores têm o potencial de ampliar a comunicação além do campo verbal. Ao ser convidado a fazer uso do campo imagético e da semiótica, o sujeito comunica mais significados do que é capaz de verbalizar. Podem ser utilizados objetos mediadores físicos ou simbólicos, tais como a fotolinguagem© e os personagens de séries, respectivamente.

A **fotolinguagem**© é um método projetivo que parte da utilização de fotos para dar suporte à fala. O encontro começa com uma pergunta que dispara a escolha das fotos em preto e branco. A questão deve ser simples, porém estruturada para não ser direta, longa ou complexa demais. As fotos são dispostas sobre as mesas e a escolha individual ocorre em silêncio — para respeitar a reflexão e o processo decisório dos demais — e pelo olhar — de modo a deixar as fotos disponíveis a todos, respeitando os diferentes ritmos de escolha. Os(as) coordenadores(as) do grupo também escolhem fotos pois, quando se implicam, sinalizam aos(às) participantes de que não se trata de uma atividade perigosa. Ao final desse primeiro tempo, o(a) coordenador(a) orienta: cada um apresenta sua foto quando desejar, articulando-se eventualmente com o que foi dito antes. Escutaremos atentamente e não faremos interpretações psicanalíticas, mas somos convidados a dizer o que vemos de semelhante ou de diferente na foto (Vacheret, 2008). Assim, a foto permite que se entre no mundo interno pela janela da sensorialidade. À medida que a escolha desloca a realidade do imaginário, revela também uma pequena parte da nossa vida interior.

A **roda de conversa**, dispositivo proposto por Paulo Freire a partir do conceito de círculos de cultura, pode ser definida como um espaço de encontro em que a palavra circula livremente, momento em que os sujeitos negociam sentidos abrindo caminho para novas análises da realidade. A simplicidade da técnica e o potencial emancipatório via construção dialógica fazem dessa técnica uma ferramenta ético-política tão versátil quanto incontornável na construção de conhecimento (Freire, 1970).

Também foram utilizados curtas-metragens e cenas de filmes como recurso narrativo para **sensibilização**. As obras audiovisuais oportunizam a identificação com personagens, uma vez que elas personificam aspectos de seus dramas internos, ao mesmo tempo abrindo espaço ao reconhecimento da alteridade. A experiência do cinema reconfigura a relação de sujeito e objeto — inundado pelas imagens, formas e sons do filme, o indivíduo faz um exercício de ampliação de percepção e exploração do universo emocional. O ambiente escuro, a fuga voluntária do cotidiano, bem como o fato de que imaginar outras realidades é um pressuposto da experiência, auxilia no rebaixamento de defesas, propiciando a emergência de conteúdos que dirão da psicodinâmica individual (Massaro, 2014). Logo, as obras audiovisuais convocam o espectador a completar seu sentido, sendo dotadas de uma plasticidade que contribui à elaboração dos conteúdos individuais e grupais.

Por fim, os encontros contaram também com momentos de **psicoeducação**, que, como sugere a palavra, têm por fim educar e fornecer informações que ajudem na compreensão do funcionamento de processos psicológicos, trazendo aos envolvidos no processo terapêutico conhecimento sobre saúde mental, bem como sobre a influência do contexto no comportamento. Desse modo, como estratégia terapêutica, a psicoeducação é válida ao desenvolvimento de habilidades de enfrentamento, comunicação, resolução de problemas, técnicas de relaxamento e estratégias de questionamento de crenças (Beck, 2011). Nessa perspectiva, explica-se o modelo cognitivo como meio de capacitar o indivíduo a ser protagonista de seu próprio tratamento. Aprendendo a reconhecer o contexto em que suas distorções cognitivas ocorrem, adquire-se maior controle sobre seu próprio comportamento, aumentando, portanto, a autoeficácia do sujeito.

Em suma, os presentes métodos foram escolhidos em razão de sua adequabilidade à investigação de conteúdos ambivalentes, elaboração de conflitos, bem como ao desenvolvimento de habilidades sociais e construção da identidade.

Análise do processo grupal

Em um primeiro momento, buscamos aprofundar a investigação da demanda inicialmente informada pela gestora de aprendizagem da unidade: "aprender formas de lidar com emoções, sentimentos e frustrações" em contextos familiares e profissionais. A construção desse projeto passou por quatro momentos: 1) análise da demanda (manifesta, a primeira "encomenda" feita ao psicólogo); 2) pré-análise [análise psicossocial da problemática enfocada, levantamento de dados e de "temas-geradores" — a exemplo das palavras-geradoras de Freire (1980) que mobilizam o grupo porque estão relacionadas à sua experiência]; 3) foco (tema geral em torno do qual o trabalho é deslanchado, complementado pelos temas-geradores); e 4) planejamento flexível (preparação e antecipação de temas e estratégias como forma de qualificar a condução do trabalho, ao mesmo tempo que se acompanha o grupo em seu processo fazendo as modificações necessárias às atividades e planejamento) (Afonso, 2018). Afinal, trata-se de uma perspectiva de trabalho que se constrói coletivamente — ou não se faz.

Primeiro encontro — *"Se eu fosse uma personagem, eu seria..."*
Para a apresentação individual, propôs-se o quebra-gelo *"se eu fosse uma personagem, eu seria..."*. A escolha dessa atividade de inspiração projetiva buscou, por um lado, potencializar o dinamismo inerente ao grupo, evidenciando os vínculos já formados e, por outro, explorar a história de vida dos membros a partir da identificação com personagens da cultura (séries, livros, quadrinhos, entre outros). Além de permitir que os jovens contassem de si com distanciamento seguro, promovendo o rebaixamento de defesas, a atividade evidenciou aspectos manifestos e latentes da identidade dos participantes. Ao mesmo tempo, na escolha vislumbra-se o ideal de eu de cada um(a) — a preferência por super/anti-heróis, por exemplo, foi unânime entre os jovens. Desse modo, oportunizou-se a emergência de identificações entre os membros. Por ser o núcleo dos mecanismos psicológicos que formam a identidade grupal, a identificação favorece a vinculação, ainda que também seja fonte de ambivalência (Afonso, 2018). Em outras palavras, é por meio das identificações que "assimila-se um aspecto, uma propriedade, um atributo do outro e se transforma, total ou parcialmente, segundo o modelo des-

se outro. A personalidade constitui-se e diferencia-se por uma série de identificações" (Laplanche e Pontalis, 1992, p. 22).

Após o quebra-gelo, realizou-se como tarefa principal a sondagem temática que seria o fio condutor para o planejamento dos encontros seguintes. Foram utilizados cartazes brancos dispostos nas mesas da sala, quatro deles com uma palavra ou tema escrito: sonhos, sexualidade, emoções e sentimentos e trabalho. O quinto cartaz ficou em branco para que o grupo pudesse projetar sobre ele conteúdos não relacionados às temáticas pensadas por nós. Os temas foram escolhidos em função dos aspectos-chave relacionados ao momento de vida dos jovens. Ao som de músicas escolhidas pelo grupo, eles foram convidados a escrever e desenhar associando livremente a partir das palavras nos cartazes. Durante a discussão grupal sobre o material produzido, destacaram-se quatro temas: o papel do esforço e da dedicação como pré-condição ao sucesso no trabalho; dificuldades de lidar com sentimentos de ansiedade diante da incerteza (de serem efetivados, mas não apenas); dificuldades com as perdas; e o enfrentamento do encerramento de ciclos.

Em vistas dos resultados do primeiro encontro, a princípio o projeto foi estruturado nos seguintes eixos: identificação de emoções e sentimentos e regulação emocional; desenvolvimento de habilidades sociais e processos de transição de vida.

Segundo encontro — *Os ciclos e os afetos*

Como novos membros juntaram-se ao grupo, começamos com uma breve apresentação cruzada — um participante apresentou o outro com uma característica da pessoa. Os novos membros apresentaram a si mesmos. Notou-se a predominância de adjetivos relacionados à noção de esforço, como *"dedicado"*, *"focado"* e *"determinado"*.

Em seguida, começamos a principal tarefa do encontro: a identificação e diferenciação entre emoções e sentimentos. A sala foi dividida em dois lados, o esquerdo correspondendo às emoções e o direito, aos sentimentos. Em pé, os participantes ouviam frases relacionadas a um dos dois temas, devendo escolher um lado para categorizar a frase lida. Após a escolha do lado, justificavam por que consideravam que a frase descrevia emoções ou sentimentos. Algumas das frases lidas em sequência aleatória foram: "São geralmente intensas e temporárias (emoções)"; "medo raiva, alegria, tristeza e surpresa são... (emoções)"; "são a interpretação subjetiva e consciente do que se sente (sentimentos)"; "alguns exemplos são amor, esperança e desesperança e gratidão (sentimentos)". Em roda de conversa, fizemos a síntese grupal.

O segundo tempo do encontro centrou-se no episódio da série *Love Death + Robots* intitulado "Zima Blue". A escolha foi motivada por dois fatores: além de grande parte do grupo ter expressado interesse em tecnologia e ficção científica, o conflito central da animação retrata nas entrelinhas a passagem entre os ciclos de vida. As perguntas que nortearam as reflexões foram "quais sentimentos e emoções essa história causa em você?" e "sobre o que é essa obra?". Em certo momento, um dos participantes nos indaga se sua opinião sobre o filme está "correta". Aproveitamos, então, a oportunidade para problematizar a perspectiva binária de respostas "certas" e "erradas", buscando aumentar o grau de transversalidade da comunicação do grupo. Sua riqueza como recurso psicoterápico é justamente a correlação que se estabelece entre as cenas, personagens e o espectador, somada à potência da elaboração no espaço vital do grupo.

Terceiro encontro — *O emocionário e as estratégias de regulação emocional*

Nesse encontro, buscamos, através de um jogo cooperativo, investigar e ampliar o repertório simbólico e informacional do grupo para identificar e lidar com diferentes afetos. A preparação da tarefa é simples: escreve-se o alfabeto em duas cartolinas em paredes opostas. Divididos em dois grupos, os jovens competem contra o tempo (10 segundos) para completar o alfabeto com uma emoção ou sentimento para cada letra. Por fim, comparam seus emocionários em busca de diferenças e semelhanças.

Notamos que, em letras mais difíceis, alguns escreveram palavras em inglês, como "*happy*". Uma vez antecipada essa dificuldade durante o planejamento, optamos por pesquisar sentimentos em outros idiomas para as letras com um grau de dificuldade maior. Para o W, por exemplo, encontramos *Wabi-sabi*, termo em japonês para descrever o sentimento de ver a beleza da imperfeição e da transitoriedade. A estratégia foi utilizar o momento de dificuldade com letras específicas não tanto para apresentar sentimentos em outras línguas ao grupo (um ganho secundário), mas para indagar: as palavras influenciam a forma como a gente sente? Dar nome a algo muda a relação com o sentimento?

Após a síntese do grupo, tivemos um momento de psicoeducação sobre ansiedade que teve como ponto de partida o vídeo "Fear of missing out" (medo de estar perdendo) (Hunty, 2019). As perguntas discutidas foram: quais são as causas desse sentimento? Quais são as sugestões dadas por Rita para lidar com o FOMO? E em que medida as sugestões apontadas podem ser úteis a você? Após o vídeo, os jovens refletiram sobre como os estímulos constantes aos quais somos expostos contribuem para a intensificação da ansiedade. Produziram *insights* importantes sobre hábitos que impactam a qualidade de vida, como a higiene do sono e o tempo passado em frente às telas.

Quarto encontro — *A mímica dos afetos e o manejo das frustrações*

Dessa vez buscou-se investigar como o grupo e seus membros se relacionam com a alteridade e endereçam os conflitos na esfera social. O quebra-gelo "mímica dos afetos" (Yozo, 2020) funciona assim: a) cada pessoa escreve duas emoções/sentimentos e dois comportamentos relacionados a eles num pedaço de papel, sem que os demais vejam; b) o coordenador recolhe os papéis, mistura e os redistribui, de modo que ninguém fique com o seu; c) cada participante deverá, através de mímica, representar tais características para que o grupo as descubra. Em seguida, tenta-se acertar o autor das emoções e dos respectivos comportamentos, que explicará o porquê das escolhas; d) comentários (referência do livro de onde a atividade foi tirada). Concluímos essa tarefa perguntando ao grupo o propósito da atividade, ao que os participantes responderam acreditar se tratar de "ver como o outro se sente e reage diante do que sente". Sentimentos associados aos mesmos comportamentos (por exemplo, tristeza — comer algo gostoso) abriram caminho à discussão sobre quais comportamentos realizamos quando deparados com a angústia, bem como quais estratégias usamos para autorregular sentimentos e emoções. O grupo analisou a sustentabilidade ao longo do tempo de alguns comportamentos em relação a outros (por exemplo, fazer exercício como estratégia mais funcional do que comer para se acalmar), mostrando-se capaz, através de sua dinamização natural, de construir novos repertórios colaborativamente.

A segunda tarefa teve como recurso a cena do filme *Cidade de Deus* em que Bené diz a Zé Pequeno que vai embora. Antes de assistirmos ao vídeo, o grupo explica aos que não conhecem sobre o que trata o filme. "*É o retrato do Brasil*", diz um deles. As perguntas norteadoras são: 1) "O que Zé Pequeno está sentindo?"; e 2) "Como ele poderia reagir diante dessa situação?". Pausamos o vídeo no final da cena em que Bené informa Zé que está saindo da favela. O grupo afirmou que Zé Pequeno estava triste por conta da história partilhada com Bené. Apesar disso, o grupo concordou que Bené tinha o direito de mudar de vida e não havia efetivamente traído o amigo. Em relação à forma como Zé reage (humilhando Mané Galinha na festa), o grupo refletiu que a personagem descontou sua raiva em um terceiro, "criando um ciclo de violência que poderia fazer da vítima [Mané Galinha] um futuro agressor". Concluíram que na primeira atividade se aproximaram da perspectiva dos outros; na segunda, conseguiram ver as consequências da incapacidade de dialogar.

Quinto encontro — *Identificando e flexibilizando as distorções cognitivas*

Iniciamos o encontro com uma sensibilização a partir do curta-metragem silencioso *Kitbull*, que retrata as adversidades vividas por um gato e um cão até que se tornassem amigos. Como no filme os animais personificam os dramas humanos, ele serve de exemplo para o reconhecimento de distorções cognitivas comuns. Por distorções, compreende-se a interpretação dos fatos com viés negativo que parece aumentar a vulnerabilidade a desordens psicológicas (Dozois e Beck, 2008).

As perguntas foram: como foi construída a relação entre o gato e o cachorro? Quais sentimentos o cachorro e o gato sentiam? Após a discussão em pares e em roda, distribuímos descrições de dez distorções cognitivas e suas respectivas definições com exemplos: 1) pensamento tudo ou nada; 2) generalização excessiva; 3) personalização; 4) leitura de mente; 5) catastrofização; 6) raciocínio emocional; 7) desqualificação do positivo; 8) previsão do futuro; 9) rotulação; e 10) afirmações de "deveria". O grupo analisou quais distorções reconheciam no comportamento das personagens no curta-metragem, ao mesmo tempo que contribuíam com outros exemplos cotidianos.

A segunda tarefa encadeou-se na primeira: a sala foi dividida em dois lados, um correspondente à presença de alguma distorção do pensamento e outro, ao pensamento sem distorções aparentes. Em pé, os participantes caminham para um dos lados categorizando e justificando os exemplos dados.

Um exemplo fictício foi:

> Ana está se preparando para uma entrevista de emprego. Ela passa semanas se preparando e pesquisando sobre a empresa. Na manhã da entrevista, acorda se sentindo muito nervosa e começa a pensar em tudo que pode dar errado: o transporte pode atrasar, o entrevistador não gostar dela, ela pode esquecer todas as respostas. Ela tem certeza de que, se não se sair bem, nunca conseguirá uma oportunidade de emprego tão boa novamente.

Salvo algumas discordâncias, a maioria dos participantes identificou o pensamento de Ana como catastrófico em algum grau. As perspectivas divergentes, aliás, oportunizaram o exercício da escuta do grupo: agora cientes da existência de distorções cognitivas, ao explicitarem seus diferentes pontos de vista, conseguiram pensar de forma complementar em vez de dicotômica, chegando a uma síntese conjunta.

Sexto encontro — *Fotolinguagem©: da foto à palavra*

Na sexta semana, visamos estimular a cadeia associativa sobre o mundo do trabalho, suas condições e contradições. Até então, a maioria das menções do grupo sobre o tema tinham sido superficiais, às vezes relacionadas à ansiedade perante a incerteza de efetivação do contrato de Jovem Aprendiz, e em geral carregadas de crença de mérito e esforço. Daí que utilizássemos um método que convidasse o sujeito a revelar seus conteúdos latentes e a se apropriar deles ao falar do objeto-foto, gerando um ponto de inflexão na investigação e exame dos conflitos grupais e individuais. Ao ancorar o pensamento do sujeito e orientar sua criatividade, a foto sustenta as trocas enquanto auxilia a fala do sujeito perante o grupo (Vacheret, 2008).

Foram apresentadas 48 fotos referentes às escolhas profissionais. A questão disparadora foi: "o que é trabalho?". Conforme os participantes apresentavam suas fotos, o grupo identificou como diferenças entre os tipos de trabalho se relacionam ao gênero. As jovens foram unânimes em escolher fotos cujo trabalho retratado era relacionado à esfera do cuidado, enquanto os jovens optaram majoritariamente por fotos cujo tema central era maquinários tecnológicos ou o trabalho braçal.

Pensando em dar encadeamento ao encontro de fotolinguagem© promovendo uma reconfiguração da relação entre sujeito e objeto, propusemos ao grupo produzir suas próprias fotos com inspiração em algumas palavras-chave. As palavras foram pensadas considerando os temas-geradores recorrentes nas sessões, bem como as dimensões da vida ainda não exploradas no processo grupal. Às palavras-chave propostas — "sentimento", "caminho", "sonho", "estudo", "trabalho" e "relações", o grupo escolheu acrescentar a palavra "amor". Foi combinado que cada membro tiraria uma foto representando cada palavra para uma exposição fotográfica coletiva.

Sétimo encontro — ***Fotoexpressão: da palavra à foto, da foto à palavra***

Considerada por Vigotski uma "técnica social dos sentimentos" (2001, p. 3), a arte e suas formas expressivas adicionam uma dimensão ao trabalho terapêutico que "aprofunda a autoexploração, expressão, atividade, imaginação e conexão corpo e mente" (Malchiodi, 2005, p. 9). Se "a atividade artística decorre das atrações primitivas da mente", conforme observou Freud (1912, p. 111), a criação de imagens fotográficas se mostra promissora como via de acesso ao inconsciente ao tangibilizar afetos.

Como quebra-gelo, os participantes andam pela sala ao som de uma música escolhida por eles. Quando a música para, formam duplas com a pessoa que estiver mais próxima e discutem a questão: "como você fez para realizar a atividade durante a sezmana?". A pergunta dispara a avaliação da autoeficácia individual, provocando a reflexão sobre todas as sub-operações envolvidas em uma atividade maior de tirar as fotos para o encontro (lembrar da atividade, escolher os objetos a ser fotografados, enviar as fotos a tempo, entre outros). O momento de troca propicia ao grupo identificar suas preferências individuais e favorece o aprendizado de novos comportamentos com a experiência do outro.

A exposição de fotos em si se deu em dois tempos. Primeiro, foram apresentadas ao grupo todas as fotos produzidas (cinco segundos por foto). Em duplas, o grupo tentou identificar qual palavra cada foto representa e o que acreditam que a foto comunica sobre essa palavra. No segundo tempo, em roda de conversa, cada membro apresentou seu conjunto de fotos explicando como as fotos representavam as palavras. Trazendo familiares, *hobbies*, laços de amizade e outros aspectos importantes da identidade para dentro do dispositivo grupal, a atividade mobilizou a comunicação além do campo verbal e catalisou a contação de histórias e novas associações espontâneas. Assim, observa-se como a arte produz reações estéticas e emocionais em diferentes níveis da consciência, resultando uma atividade dialética que se conclui na catarse potencializada pelo processo grupal (Vygotsky, 2004).

Oitavo encontro — *Jogo de ditados e provérbios*

O oitavo encontro marca a passagem para um segundo tempo da oficina. A essa altura do projeto, considerou-se relevante criar um espaço de reflexão sobre as crenças relacionadas ao trabalho e à ideologia subjacente que as sustentam. Tal decisão baseou-se em algumas falas do grupo com potencial estigmatizante ou culpabilizante sobre a atuação profissional, geralmente relacionadas à possibilidade de não efetivação em seus trabalhos. Notadamente, nas recorrências discursivas, certos aspectos da realidade do mundo do trabalho apareceram mistificados, naturalizados e/ou deslocados de seu contexto sócio-histórico. Frases como "esforço é progresso" e "só depende de você" denotaram a centralidade latente da noção de mérito, mais especificamente da crença na meritocracia, perspectiva que tangenciou as discussões acerca do que seria necessário para se obter sucesso. Com o intuito de problematizar quais variáveis materiais e sócio-históricas (para além do esforço) influem no que se consensuou chamar sucesso e mérito, foi construído um percurso de sentidos possíveis a partir da representação do significante trabalho (fotolinguagem©).

Visto que a alienação em relação à ideologia dominante é produtora de sofrimento (Mendonça *et al.*, 2016), tendo por agravo a impossibilidade de identificação de mal-estares, pensamos atividades interventivas que possibilitassem entrever aspectos ideológicos na sociedade e seus efeitos. Para tanto, valemo-nos da concepção funcionalista da ideologia proposta por Martín-Baró (2012, p. 17), que a entende como um conjunto aparentemente coerente de ideias e valores que orienta e dirige a sociedade, cumprindo, portanto, uma função normativa sobre a ação de seus membros. Nesse sentido, a ideologia seria uma falsa consciência que apresenta uma imagem não correspondente à realidade, a qual encobre e justifica a partir dos interesses da classe social dominante.

Em função da latência do tema, optamos por abordá-lo com um jogo cooperativo. Quando a técnica é um jogo, torna-se possível trabalhar um tema ou um conflito utilizando uma estrutura que promove uma abertura perceptiva à expressão de sentimentos e ideias, permitindo a encenação de relações, de forma que o sujeito se veja em situações não cristalizadas, possibilitando uma sensibilização e disposição para a apreensão de novos significados (Afonso, 2018). Para adentrar o campo ideológico da discussão, propusemos um jogo com ditos populares, alguns veiculando uma perspectiva meritocrática, outros não. Metade dos ditos sustentava a visão meritocrática, como "o sucesso é uma escolha", "se você não está conseguindo, é porque não está se esforçando o suficiente", "Deus não dá uma cruz maior do que você pode carregar" e "quando você nasce pobre, é culpa da sua família. Quando morre pobre, é culpa sua". A outra metade tinha um cunho mais contextualista: "a vida é como um jogo, mas uns nascem com mais fichas que outros", "nem sempre quem corre mais chega primeiro na corrida", entre outros. Em sequência, divididos em dois grupos, os jovens retiravam uma carta da pilha sobre a mesa, liam e refletiam sobre o dito para emitir uma opinião e discuti-la com o grupo.

A princípio, observou-se a predominância da concordância do grupo com as frases de fundo meritocrático, achado que vai ao encontro da análise de Sandel (2020) sobre a meritocracia enquanto discurso. Segundo o autor, a retórica de ascensão e mobilidade social exerce um apelo afetivo ao prometer recompensa pelo esforço, iniciativa e talento. Mas ante um cenário de desigualdade crescente e estagnação social, esse discurso parece descolar o indivíduo de seu contexto singular, escamoteando a estrutura que favorece ou inibe a mobilidade entre classes. Se é central à ética meritocrática a ideia de que não devemos ser recompensados ou prejudicados por fatores fora de nosso controle, a questão deveria ser: será que ter um talento (e as condições ambientais para desenvolvê-lo) está realmente sob nosso controle? Ao superestimar a agência humana, a mensagem de que *merecemos o que nos acontece* erode os laços de solidariedade e desmoraliza os que foram deixados para trás pela globalização e pelos efeitos da revolução tecnológica (Sandel, 2020). Entre os jovens aprendizes, essa mesma ética poderia ser potencialmente culpabilizante na hipótese de uma não efetivação no trabalho. Além disso, mesmo uma meritocracia ideal produziria húbris entre os efetivados e *bem-sucedidos,* uma tendência de esquecer das contingências favoráveis pelo caminho (Sandel, 2020).

Quando os subgrupos foram reorganizados em roda de conversa, veio à tona algum mal-estar quando alguns integrantes concordaram com certos ditos, como "ninguém tem culpa de nascer numa família pobre, mas de morrer pobre, sim". Mediado pelas falas uns dos outros, o grupo elaborou que "a pobreza vem das gerações anteriores". Apesar de referirem-se às gerações passadas, pareciam focar a esfera individual mais do que a estrutura social, desconsiderando a organização social que produz pobreza entre minorias sociais. Interpretamos esse fato como um possível sinal de resistência grupal em tornar manifesto o passado latente da escravidão que até hoje continua a empobrecer pessoas negras. Essa resistência foi atribuída a três fatores principais, embora não descartemos outros: 1) possível receio de pessoas negras do grupo em atribuir a condição de pobreza ao passado de escravidão para evitar serem rotuladas como "vitimistas", como não raro ainda acontece na sociedade; 2) a negação de uma realidade social insuportável (vivemos em uma sociedade em que corpos negros estão em permanente risco); e 3) a resistência como efeito da transferência do grupo para conosco, agentes da psicologia e pessoas brancas. É possível que as três hipóteses sejam válidas em diferentes medidas (ou não), entrelaçando-se de formas diversas para cada sujeito.

Nono encontro — *Mérito ou contingência?*
No penúltimo encontro, aprofundamos a reflexão grupal sobre as condições de trabalho a partir de uma imagem que viralizou em 2020: uma mulher russa com duas crianças pequenas carregando uma mochila de *delivery* nas costas no metrô. Do lado direito da foto, lê-se: "Quem quer dá um jeito. Quem não quer arranja uma desculpa". Do lado esquerdo, "O pássaro pode ter asas, mas se estiver em uma gaiola, não pode voar". O grupo discute qual frase melhor representa a foto, produzindo muitos *insights*: "de alguma forma, a mãe na foto 'dá um jeito' apesar das dificuldades, mas ela não parece bem..."; "a realidade na Rússia não é tão diferente da realidade daqui"; "as mulheres acumulam funções de cuidado e trabalho"; e a interessante metaforização: "as crianças não são a gaiola, porque criança não é algo ruim, a gaiola são essas condições de trabalho". Com base em exemplos pessoais, o grupo concluiu que as condições básicas de vida são tão pré-condição quanto o esforço para que o talento se desenvolva. Aos poucos, a crença onipotente de "quem quer consegue" abriu espaço ao reconhecimento das variáveis individuais e sociais que antecedem o "merecimento", como classe, cor e gênero. Como disse um participante, "não adianta talento se não tem o básico", pois é na intersecção dessas variáveis que se determinam os possíveis cursos de vida.

Décimo encontro — *Algo que diz de mim*
Diante do caminho percorrido, o último encontro foi pensado de forma a possibilitar a manifestação, fortalecimento e reapropriação individual de aspectos da identidade e da história de vida até então depositados mais ou menos inconscientemente no campo grupal, mas ainda não compartilhados. A proposta foi: *qual experiência marcou a sua vida, identidade ou personalidade?* Em sintonia com o processo de luto devido à conclusão dos encontros que coincidiram com o fim do ciclo dos participantes como alunos no Cedesp, as histórias foram marcadas por perdas e rupturas familiares, mas também por experiências de ressignificação de projeto de vida.

Elaboramos com o grupo o significado da perda de um objeto procurando fazer emergir quais fantasias e identificações os mantêm ligados ao que foi perdido, constituindo suas personalidades — isto é, o que se perde naquilo que se perde? Diante da mobilização de processos identificatórios, buscou-se acolher em presença reservada para poder fazer a escuta do perdido. Conforme nos contavam sobre como foram marcados pelo que perderam, ampliavam seu eu por meio da apropriação e introjeção de traços do objeto perdido, evitando o aprisionamento do sujeito pelo objeto em identificações inconscientes (Mendlowicz, 2009). Em suma, diante da inexorabilidade das perdas inerentes à experiência humana, pensamos conjuntamente em como as idiossincrasias, traços e memórias das pessoas que se foram podem inspirar uma construção criativa de um futuro que valha a pena ser vivido.

Considerações finais

Aproveitamos este espaço final para compartilhar impressões da transferência e de nossa contratransferência. Quando chegamos à instituição, a gestora enfatizou a importância da demanda dos jovens. Muito implicada, ela parecia preocupada, pois o grupo vinha de um processo anterior frustrante de psicoterapia grupal. Buscamos acolhê-la sem deixar que o novo dado enviesasse o trabalho, cientes de que os jovens, protagonistas de seu processo, teriam oportunidade de nos contar o que esperavam dos nossos encontros e de nós. E assim sucedeu. O grupo nos acolheu e se abriu às propostas desde o início. Foi assertivo em suas expectativas, engajado em seu processo e generoso na escuta coletiva do difícil, do diferente, do impensável — enfim, do vivido.

Acreditamos que isso foi possível graças não apenas às práticas empregadas, mas também à somatória de um trabalho de rede fortalecido em nível pessoal e interinstitucional; supervisão semanal; planejamento flexível, porque atento ao movimento grupal; e a premissa de construção de um espaço coletivo, no qual a palavra circula livremente, promovendo o desenvolvimento da liberdade de ação e expressão dos participantes. Isso permitiu uma ampla gama de respostas, resultando em uma visão mais abrangente tanto do indivíduo quanto do coletivo.

Por, de alguma forma, ocuparmos a posição de sujeito-suposto-saber no papel de "estudantes de psicologia da Universidade Presbiteriana Mackenzie", horizontalizar a distribuição de poder foi um objetivo importante. Compartilhamos, desde a realização do contrato de trabalho, os motivos de nossa presença, explicitando que o grupo tinha algo a nos ensinar em nosso processo de formação. Parte dessa busca por maior horizontalidade passou pela interseccionalização de atravessamentos como raça, classe e gênero durante as reflexões, promovendo a descolonização do pensamento que chega à "resposta certa", ou ao "sentido verdadeiro". *Mediatizados pelo mundo e pelo grupo,* refletimos e aprendemos juntos.

No décimo primeiro encontro fizemos uma festa de confraternização. Mas nosso último encontro será, de fato, quando enviarmos pelo correio, dentro de um ano, as cartas que os participantes escreveram para o seu "eu do futuro" durante a festa. Acreditamos ser esse um desfecho que reflete o processo de reflexão individual e grupal desenvolvido ao longo do projeto. Assim como nos encontros metabolizamos parte dos conteúdos do grupo para melhor espelhá-los, ao enviarmos as cartas, observando nossa função de presença mediadora reservada, devolveremos a cada sujeito o que lhe pertence — como uma espécie de "máquina do tempo", assim como um membro do grupo elaborou. É possível que algo se reelabore após a passagem do tempo ou sirva de lembrança singela em meio à correria de mais um dia, tudo depende das contingências. Fazer a escuta de si — isto é, conectar a fala (ou a escrita!) do sujeito à sua própria escuta: eis um desafio, um horizonte ético e uma construção singular.

Referências

Afonso, M. L. M (org.). *Oficinas em dinâmica de grupo: um método de intervenção psicossocial*. Belo Horizonte: Edições do Campo Cocial, 2000.

Alves, K.; Bonvicini, C. "O papel da ativação comportamental no manejo dos sintomas depressivos". *Research, Society & Development*, v. 11, n. 1, p. 1-9, 2022.

Amaral, J. D. *Jogos cooperativos*. São Paulo: Phorte, 2007.

Barros, M.; Batista-dos-Santos, A. "Por dentro da autoeficácia: um estudo sobre seus fundamentos teóricos, suas fontes e conceitos correlatos". *Revista Espaço Acadêmico*, n. 112, p. 1-9, set. 2010.

Beck, J. S. *Cognitive behavior therapy: basics and beyond*. Nova York: Guilford Press, 2011.

Correa, A. R. M. "Da necessidade de sonhar: as invasões bárbaras". *Revista Brasileira de Psicodrama* [online], v. 19, n. 2, p. 129-136, 2011. Disponível em: https://revbraspsicodrama.org.br/rbp/article/view/283/273. Acesso em: 24 abr. 2025.

Dozois, D. J. A.; Beck, A. T. "Cognitive schemas, beliefs and assumptions". *Risk Factors in Depression*, p. 119-143, 2008. doi:10.1016/b978-0-08-045078-0.00006-x.

Freire, P. *Pedagogia do oprimido*. São Paulo: Paz e Terra, 1970.

Ignez, L. A. F. *As técnicas projetivas como ferramenta complementar na pesquisa qualitativa*. Monografia de Pós-Graduação-Especialização — Escola de Comunicações e Artes, Universidade de São Paulo, São Paulo, 2011.

LaPlanche, J.; Pontalis, J. *Vocabulário de psicanálise*. São Paulo: Martins Fontes, 1992.

Love Flow. *Despedida do Bené — Cidade de Deus*. YouTube, 2021. Disponível em: https://www.youtube.com/watch?v=W3RXrAFRWLw&ab_channel=Jhow. Acesso em: 25 nov. 2023.

Malchiodi, C. *Expressive therapies*. Nova York: Guilford Press, 2005.

Massaro, G. "Cinema, subjetividade e psicodrama". *Revista Brasileira de Psicodrama*, São Paulo, v. 20, n. 2, p. 31-37, dez. 2012. Disponível em: http://pepsic.bvsalud.org/scielo.

php?script=sci_arttext&pid=S0104 53932012000200003&lng=pt&nrm=iso. Acesso em: 26 nov. 2023.

Mendonça, G.; Souza, V.; Guzzo, R. "O conceito de ideologia na psicologia social de Martín-Baró". *Revista Psicologia Política*, São Paulo, v. 16, n. 35, p. 17-33, abr. 2016. Disponível em: http://pepsic.bvsalud.org/scielo.php?script=sci_arttext&pid=S1519-549X2016000100002&lng=pt&nrm=iso. Acesso em:17 maio 2023.

Sandel, M. J. *The tyranny of merit*. Reino Unido: Allen Lane, 2020.

Schmidt, M.; Corrêa, M. (orgs.). *Psicodrama, cinema e processos de subjetivação*. São Paulo: FiloCzar, 2016.

Universa. "Foto de entregadora carregando filho viraliza na Rússia". *UOL*, 11 ago. 2020. Disponível em: https://www.uol.com.br/universa/noticias/redacao/2020/08/11/foto-de-entregadora-carregando-filho-viraliza-na-russia.htm. Acesso em: 27 nov. 2023.

Vacheret, C. "A Fotolinguagem©: um método grupal com perspectiva terapêutica ou formativa". *Psicologia: Teoria e Prática*, v. 10, n. 2, p. 180-91, 2008.

Vigotski, L. *Imaginação e criação na infância: ensaio psicológico: livro para professores*. Trad. Zoia Prestes. São Paulo: Ática, 2009.

Von Hunty, R. *Tempero Drag. Fear of missing out*. YouTube, 2019. Disponível em: https://www.youtube.com/watch?v=ciSlBhldFfc&t=46s&ab_channel=TemperoDrag. Acesso em: 25 nov. 2023.

Yozo, R. *100 jogos para grupos: uma abordagem psicodramática para empresas, escolas e clínicas*. 21. ed. São Paulo: Ágora, 2020.

Zima, B. (Volume 1, ep. 18). *Love Death + Robots* [Seriado]. Diretor: Robert Valley. Netflix, 2019. Streaming, son., color.

11 POR UMA ATENÇÃO PSICOSSOCIAL "CRIANÇÁVEL": COMPARTILHANDO TRINCHEIRAS COM CRIANÇAS E ADOLESCENTES NA CIDADE DE SÃO PAULO

ISADORA SIMÕES DE SOUZA
IAN GARCIA YAMIN
LARA SILVEIRA PILLON
LUANA MATSUDA TORRES
LUCAS CORDON MARTINES
VICTOR ABREU MASKALENKA

Um breve histórico da atenção psicossocial infantojuvenil no Brasil

Ao analisar a história, percebemos que o desenvolvimento da Política de Saúde Mental para Crianças e Adolescentes (SMCA), no Brasil, só teve início no século 21. Nota-se que foi um olhar tardio para uma questão de tamanha importância. Por muito tempo, foi desconsiderada a necessidade de atenção ao cuidado psicossocial desse público. No entanto, atualmente vemos uma política direcionada para a constituição de redes ampliadas e intersetoriais de atenção, com ênfase na articulação entre diferentes serviços e tendo como ação estratégica a oferta de Centros de Atenção Psicossocial Infantojuvenis (Capsij) (Couto, Duarte e Delgado, 2008). Essa proposta intersetorial visa superar o quadro anterior, no qual, a rigor, crianças e adolescentes com necessidades no âmbito da saúde mental ficaram desassistidas ou sujeitas à institucionalização no sistema manicomial, entre outros dispositivos como educandários que, por décadas, foram invisíveis até mesmo ao vigoroso movimento da Reforma Psiquiátrica brasileira (Couto, 2004). Cabe destacar que, desde a redemocratização do Brasil, vivemos um movimento pujante da reforma psiquiátrica que enfrenta inúmeros desafios, atualizando-se em novas roupagens de práticas e instituições. No campo saúde mental infantojuvenil não é diferente: vivemos desafios que recolocam os trabalhadores em diferentes trincheiras, como os necessários debates sobre sofrimento infantojuvenil.

Entretanto, mesmo com os avanços obtidos, sabemos que ainda é insuficiente o número de Capsij no país[1] — havia 256 unidades no ano de 2019, comparadas a um total de 2.383 Caps para adultos (Brasil, 2022). Esses números dificultam o atendimento psicossocial de crianças e adolescentes, mesmo sendo de conhecimento que a atenção psicossocial está dissolvida em outros pontos de atenção dentro da Rede de Atenção Psicossocial (Raps[2]), como atenção básica, estratégias de desinstitucionalização, moradia e estratégias de trabalho e renda. Os objetivos gerais da Raps são: ampliar o acesso à atenção psicossocial da população em geral; promover a vinculação das pessoas com transtornos mentais e necessidades decorrentes do uso de crack, álcool e outras drogas, bem como de suas famílias, aos pontos de atenção; e garantir a articulação e a integração dos pontos de atenção das redes de saúde no território, qualificando o cuidado por meio do acolhimento, do acompanhamento contínuo e da atenção às urgências (Brasil, 2014).

Já no campo das políticas de assistência social no Brasil, também se percebe, a partir da Constituição Federal de 1988, uma ampliação dos dispositivos assistenciais, com a regulamentação de direitos sociais para crianças e adolescentes, que até então sofriam com políticas repressivas, assistencialistas, caritativas e higiênicas. Foi então, em 2004, com a elaboração do Plano Nacional da Assistência Social (PNAS), que a assistência social passa a ter como definição o "direito de cidadania, com vistas a garantir o atendimento às necessidades básicas dos segmentos populacionais vulnerabilizados pela pobreza e pela exclusão social" (Brasil, 2004, p. 68).

Outra conquista foi a criação do Sistema Único da Assistência Social (Suas), em 2005, que reforçou a destituição e consequente substituição do viés assistencialista e passou a destacar a importância da família e do território como foco de atenção para a organização de intervenções. É partindo de um novo modelo de assistência social que o campo da psicologia está atuando e ampliando suas práticas.

Por muitos anos a institucionalização era um dos únicos caminhos tomados para "cuidar" de crianças e adolescentes, por meio de medidas disciplinárias ou reparadoras. Sabemos que em nome dessa pretensa proteção muitos direitos foram violados. Foi a partir da concepção do Estatuto da Criança e do Adolescente (ECA), do SUS e da Reforma Psiquiátrica que outros caminhos de cuidado territorial foram sendo criados (Couto e Delgado, 2015). Mesmo com a ampliação da noção de "infância", que passa a olhar

1 Cabe destacar que os Caps I, que assistem municípios de até 15 mil habitantes, também atendem crianças e adolescentes. Temos aproximadamente 1.000 Caps I. O Brasil é um país composto majoritariamente por cidades pequenas, dessa forma esses serviços são de suma importância.

2 A Rede de Atenção Psicossocial foi promulgada pela Portaria 3088/2011, sendo republicada em 2013, diminuindo os parâmetros populacionais, a fim de ampliar o acesso de cuidado a pessoas com questões relativas a sofrimento psíquico e necessidades decorrentes do uso de álcool e outras drogas.

para crianças e adolescentes como sujeitos de direitos, são visíveis dispositivos e práticas pautados em noções moralistas, preconceituosas e higienistas que entendem esses indivíduos como inferiores aos demais, sobretudo aqueles atravessados pela pobreza, que fogem do padrão estabelecido de "família".

O modelo definido pelo Código de Mello Mattos de 1927 estigmatizava crianças e adolescentes numa lógica docilizante, muito parecida com a lógica manicomial, afirmando-se como um instrumento legal destinado e regulado à disciplinarização dos filhos da pobreza com a finalidade de garantir o "saneamento social" (Coimbra, Ayres e Nascimento, 2009, p. 60).

No ano de 1979, foi promulgado o Código de Menores, que modificou aspectos do primeiro código, mas manteve a base jurídica na doutrina da situação irregular, mantendo a prática da institucionalização da infância. Mendéz (1998) compreende que a atuação indiscriminada da ação judicial sobre as crianças e os adolescentes em "situação de dificuldade" resulta em um afastamento da discussão sobre a ausência das políticas públicas e, por consequência, na assumpção de que as questões são de natureza individual, privilegiando os encaminhamentos para a institucionalização ou adoção.

Foi somente a partir da criação do ECA, em 1990, que as legislações acerca do tema infância e adolescência se alteraram, produzindo transformações em compreensões sociais e jurídicas. O termo "menor" foi suprimido, e a criança e o adolescente passaram a ser vistos e entendidos como cidadãos de direito, que possuem necessidades específicas decorrentes do processo de desenvolvimento e experimentação de mundo em que se encontram (Couto e Delgado, 2015). O artigo 3° do ECA coloca:

> A criança e o adolescente gozam de todos os direitos fundamentais inerentes à pessoa humana, sem prejuízo da proteção integral de que trata esta Lei, assegurando-se-lhes, por lei ou por outros meios, todas as oportunidades e facilidades, a fim de lhes facultar o desenvolvimento físico, mental, moral, espiritual e social, em condições de liberdade e de dignidade. (Brasil, 1990, p. 12)

Além disso, a Constituição Federal de 1988 aponta que a responsabilidade para com os direitos fundamentais das crianças e dos adolescentes é da família, da sociedade e do Estado (Brasil, 2014). Dessa forma, o Estado brasileiro passa a reconhecer sua responsabilidade na garantia das atenções e cuidados psicossociais infantojuvenis, respeitando e cumprindo com os direitos humanos.

Ainda no ECA, assegura-se direitos aos jovens que praticam atos infracionais, que incluem medidas socioeducativas, sendo elas de teor educacional, garantindo a importância da preservação de vínculos sociais e comunitários, do acesso a bens socioculturais e da convivência familiar, respeito e dignidade. Com isso, altera-se a lógica punitivista e assistencialista presente nos códigos menoristas, fazendo que exista uma perspectiva de responsabilização pelo ato infracional cometido alinhada aos direitos dessa população (Brasil, 2014).

Entende-se que o ECA é fruto de uma extensa e árdua luta dos movimentos sociais e populares durante o período de redemocratização do Brasil. As conquistas são extremamente significativas, no entanto a luta pela garantia dos direitos das crianças e dos adolescentes, pela proteção à vida e pelo acesso à atenção psicossocial é permanente e se faz cotidianamente.

Seguimos com autores como Moreira *et al.* (2022), que contribuem para a heterogeneização das concepções acerca da adolescência. Proporcionando uma visão sociológica sobre o tema, eles entendem este período do desenvolvimento humano como uma transição no modo como a sociedade e as instituições interagem com os sujeitos. Assim, mudam-se as expectativas, valores, cobranças, responsabilidades, afetos e formas de cuidado direcionados aos sujeitos que há pouco eram crianças.

Modos de não somente entender a infância e a adolescência como de vivê-las são possíveis e necessários. Ao discutir a atenção psicossocial voltada a essa população, é imprescindível considerar constantemente os atravessamentos de raça, classe, gênero e território na relação dialética entre a constituição subjetiva, as dinâmicas psíquicas e as possibilidades materiais desses jovens.

Não é segredo que as vicissitudes sociais e subjetivas do período escravagista ainda são vividas no Brasil. Do mesmo modo, ainda que em medidas diferentes, a ditadura civil-militar ainda é um fantasma presente nas subjetividades e nos modos contemporâneos de gestão de corpos e populações, e a violência policial é uma de suas expressões (Moreira *et al.*, 2022). Sob esse prisma, entende-se que a infância e a juventude negra e periférica estão constantemente atravessadas pelo desamparo — senão pela ativa negação — de direitos, pela violência de Estado, pela convocação precoce à idade adulta, pelo medo e pela morte. Dessa forma, nossas vivências realizadas em grupo com crianças e adolescentes e seus processos dinâmicos foram uma proposta contrária aos atuais discursos e modos de subjetivação neoliberais, bem como à política de desamparo.

Nosso objetivo com este capítulo é costurar recortes de experiências na condução de práticas psicossociais grupais com crianças e adolescentes em um Centro da Criança e do Adolescente (CCA) e um Centro de Defesa dos Direitos da Criança e do Adolescente (Cedeca) nas zonas sudeste e leste de São Paulo, respectivamente, como uma tentativa de investigar e apresentar meios possíveis de promoção de uma atenção psicossocial infantojuvenil emancipatória que possibilite a esses jovens sonhar ou, como aponta Sandra Torossian (2019), "narrar-se" por meio de histórias diferentes.

Os encontros e trincheiras com a moçada

As intervenções psicossociais grupais foram conduzidas com crianças e adolescentes em sua maioria negros que, salvo raras exceções, moravam na favela[3] mais próxima dos respectivos territórios nos quais o CCA e o Cedeca estão localizados. Desde o início do processo, ficou claro que esses determinantes não poderiam estar fora das considerações, do delineamento e do planejamento da promoção de uma atenção psicossocial condizente com os objetivos expostos.

Contudo, apenas levar em conta os determinantes sócio-históricos dos jovens que frequentam os grupos e as instituições não é suficiente. É de suma importância que levemos em conta, como profissionais da atenção psicossocial, os lugares que ocupamos nas teias discursivas e nas dinâmicas saber e poder, para sempre empreender o esforço de estarmos conscientes de nossa atuação — inerentes à nossa constituição subjetiva e formação profissional (Frosh, 2018).

A título de exemplo, em uma das instituições, concluímos que a violência (em suas expressões físicas e verbais) reproduzidas pelos jovens e percebidas por nós nas dinâmicas grupais poderia ser uma demanda válida a ser trabalhada ao longo dos encontros. Contudo, eventualmente os adolescentes requisitaram que tratássemos de temáticas mais positivas, como sonhos e futuro. Nesse sentido, percebemos que o desejo de diminuir tão prontamente as expressões das violências cotidianas entre os jovens também vinha de solicitações das instituições, e nós entendemos que era necessário que antes pudéssemos escutar o que eles queriam comunicar para nós ou entre si.

Para pensar nesses processos que pouco cuidam e mais controlam as diferentes formas de vida, buscamos Maria Cristina Vicentin (2016), que produz um importante debate, apresentando o conceito "descriançável", que envolve um entendimento para aquelas práticas que não acolhem as crianças. Diz a autora:

> [...] identificamos o "descriançável" no panorama das relações contemporâneas quando estas produzem um empobrecimento ou mesmo um sufocamento dos processos de abertura, acolhimento e invenção de territórios com as crianças e adolescentes. (Vicentin, 2016, p. 31)

Como resposta a essas "práticas de sufocamento", a autora nos dá pistas para pensarmos em práticas "crianҫáveis", mostrando caminhos para visualizarmos "onde estão

3 Optamos por usar os termos favela e comunidade pois é o modo como as crianças e adolescentes das instituições se referem ao território no qual residem.

os manicômios infantis e juvenis nos dias de hoje"; onde estão "as situações de perigo"; e, por fim, como pensar em "descolonizar a infância", a partir da afirmação de práticas criançáveis. A seguir me detenho em duas "situações de perigo" que a autora nos apoia nessa discussão:

> - na delimitação de fluxos dos serviços de saúde por critérios exclusivamente diagnósticos e não pelas expressividades e necessidades das situações ou pelo reconhecimento dos vínculos e dos territórios forjados pelos usuários;
> - na adoção acrítica às noções de proteção e desenvolvimento e, de forma geral. As colonizações que fazemos da infância. (Vicentin, 2016, p. 34)

Na busca de práticas que sejam efetivamente abertas ao encontro e à escuta, a própria autora abriu espaços quando falamos de crianças e adolescentes institucionalizados, escutando aqueles "meninos"[4] que ninguém costumava escutar. Quando ela fez a proposta para realizar uma entrevista grupal com esses adolescentes, foi surpreendida por eles com a seguinte provocação, que ela relata: "Para que eu pudesse gravar o que falariam, eu deveria transcrever a fita cassete, fazer uma cópia assinada, com registro em cartório, para que eles deixassem com a família" (Vicentin, 2005, p. 60). Esses meninos, que fazem parte do livro *A vida em Rebelião — Jovens em conflito com a lei*, parceiros da pesquisa de Vicentin, sabiamente certeiros, e já acostumados a serem desmentidos pela polícia e outras instituições, fizeram da experiência da pesquisa um registro da verdade.

Na experiência das crianças que acompanhamos durante nosso estágio, na cidade de São Paulo, podemos perceber diversos atravessamentos, que esmiuçaremos a seguir. Aqui, concordamos com Fernand Deligny, que nos provoca ao pensar em como cuidar desses estragos produzidos pelo mundo adulto na vida das crianças, "estragos que reencontro nas crianças para as quais a moral ensinada sem precaução é a catedral deserta que elas temem e cujos vitrais quebram por ódio dessa vida coletiva da qual são excluídas [...]" (Deligny, 2018, p. 121).

Para pensar em uma prática de cuidado ética e implicada com as questões próprias da moçada que acompanhamos em nosso estágio, apontamos alguns caminhos e inquietações no que diz respeito ao entendimento de que crianças e adolescentes são sujeitos de direitos.

4 Aqui vamos chamar de meninos justamente por sabermos que a maioria dos jovens que cumprem medidas socioeducativas de internação é do sexo masculino.

Os atravessamentos no cuidado e no campo: as intersecções de raça, classe e gênero

Iniciando pelos encontros no CCA, ficou muito evidente o quanto o ambiente em que os adolescentes estão inseridos é parte intrínseca de sua identidade e subjetividade. Por conta disso, propusemos uma visita à comunidade em que pudéssemos fazer um trabad lho olhando o território em si. Aqui trazemos as construções peripatéticas[5] de Antonio Lancetti (2008), que nos empresta a noção do "amigo terapêutico", ideia que nasce justamente de um entendimento de que muitas pessoas não aceitam ser cuidadas por alguém mais distante. Para alguns, "somente é possível algum processo terapêutico se as pessoas em questão se tornam um *brother*, um amigo" (Lancetti, 2008, p. 115).

A intervenção no território perpassa bem mais que somente o espaço: necessita de um olhar sobre todas as pessoas que compõem a rede em torno dos indivíduos. Assim, voltamos às dinâmicas, ao entendimento de como se configura a rede de apoio de cada um dos adolescentes, o que evidenciou como o próprio CCA, em especial suas educadoras[6], são muito importantes para as crianças e os adolescentes. Muitos usuários do CCA não recebem afeto e cuidado da família, deslocando, portanto, esse afeto ao CCA.

Um caso que chamou muita atenção foi o de uma menina muito quieta que pouco participava das dinâmicas, mas em um dos encontros expôs a nós situações muito pessoais. A partir daí passou a participar mais das dinâmicas e conversar mais conosco sobre sua vida pessoal. Dizia muito em seus relatos o quanto não recebia apoio da família e que o CCA era o único ambiente em que conseguia se divertir. Conclui-se que desenvolveu não só um vínculo importante com o centro como uma relação transferencial forte conosco, o que nos traz fortes indícios de quanto os espaços de cuidado são vivos.

Durante as nossas idas ao Cedeca, nos deparamos com diversos atravessamentos sociopolíticos no território e, consequentemente, na realidade das adolescentes. A forte e constante presença da violência policial foi o mais significativo e recorrente em uma realidade em que a pobreza é racializada e está sujeita à repressão e à extinção. O sujeito negro e pobre é colocado como perigoso, transgressor, o delinquente que é criminalizado e do qual é retirado a "moral", e assim o seu direito à vida é ameaçado (Iamamoto *apud* Movimento Mães de Maio, 2011).

As narrativas sobre violência policial no território eram inúmeras e constantes, e foram contadas não apenas pelas adolescentes, mas também por diversos moradores

5 Antonio Lancetti parte desse conceito "peripatético" partindo do conceito de *peripateo* de Aristóteles, que convoca a caminhar junto, passear, ir e vir conversando.

6 Aqui marcamos que em sua maioria as educadoras são mulheres, o que também revela uma dimensão de gênero no cuidado.

da comunidade. Todas as meninas possuíam relatos de agressões policiais vivenciadas por parentes próximos ou amigos, além das incontáveis vezes em que a polícia entrou agressivamente na favela fazendo ameaças e, algumas vezes, agredindo efetivamente os moradores. Isso nos faz entender a polícia como perpetuadora de opressões, agente de brutalidades contra pessoas negras e pobres e produtora de sofrimento. Sofrimento tal que se constitui enquanto social e político, atravessado pelas relações de poder e violência institucionalizada. A constituição subjetiva e o sofrimento psíquico estão diretamente ligados ao encontro com o campo social e, assim, com as instâncias políticas que pressupõem o uso e abuso de poder e diversas modalidades de violência (Rosa, 2017).

Com o aparecimento recorrente desse tema, pudemos desenvolver em conjunto sobre as violências que atravessam o território em que elas residem, e para melhor compreensão e elaboração do tema propusemos algumas atividades. Uma delas foi a proposta de assistirmos juntas a um documentário produzido por artistas locais que são moradores da região. O filme transita pela história local, discorrendo sobre as diversas formas de se expressar artisticamente, como, por exemplo, por meio do grafite, da música e das esculturas. Uma pauta importante mencionada foi a violência existente no território, em suas diversas configurações: violência policial, guerra às drogas, falta de políticas públicas e violência contra os projetos sociais. Falas como "o sistema não está por nós" e "nós por nós", presentes no documentário, evidenciam a necessidade de a periferia se manter unida, reivindicando políticas públicas, lutas organizadas e projetos sociais.

Outra atividade realizada foi uma caminhada pelo território até uma praça onde parte do documentário posteriormente assistido foi gravado. Nesse momento, apostamos em uma "clínica peripatética", conforme aponta Lancetti (2008), em que as meninas puderam nos mostrar a região, os caminhos que faziam para ir à escola, as casas que já moraram e os locais que costumavam brincar quando criança, além de compartilhar histórias sobre o local e observar as manifestações artísticas que encontravam no caminho, como grafites e pixos. Essa caminhada foi bastante significativa para as adolescentes, assim como para nós, para pensarmos na dimensão do território como um espaço vivo e em movimento.

Dessa forma, entendemos que conversar sobre e adentrar esse território foi extremamente valioso, uma vez que o "território diz respeito à vida como ela ocorre dentro de espaços que se configuram como sociais, políticos, econômicos e culturais e que delimitam os contornos para possibilidades humanas concretas e singulares" (Sousa *et al.*, 2020, p. 346).

Seguindo para outros atravessamentos raciais, em que pese a massiva maioria de jovens negros nos grupos conduzidos no CCA e Cedeca, destacamos o Centro de Defesa, cujas meninas — majoritariamente negras — comunicavam o desejo de falar sobre assuntos que gravitam sobre a temática. Entretanto, é necessário reconhecer que nunca se fala ou se deixa de falar à toa — afinal, para falar é necessário ter uma (rede de) escuta.

Nosso esforço de escutar as falas desses jovens a partir dos determinantes raciais se deu, principalmente, através das entrelinhas dos seus discursos e suas ações, ainda que no CCA o racismo e suas vicissitudes sociais e subjetivas foram trazidos à tona pontualmente — por exemplo, quando uma menina de 11 anos expressou, após assistir a um documentário, que se identificara com uma mulher dizendo que a vida como mulher, preta e pobre no Brasil é muito difícil.

Essa escuta nas entrelinhas foi pautada, principalmente, na ética do aquilombamento, e aqui seguimos com o autor Emiliano Camargo David (2022), que em sua tese de doutoramento define o quilombo como "o modelo de resistência mais coeso que existiu devido à sua vastidão e capacidade de continuidade histórica, permitindo diversificados protestos dos escravizados, de modo a estabelecer limites ao sistema opressivo (nas suas diversas instâncias, culturais, sociais e militares)" (David, 2022, p. 70). O quilombo seria, nesse sentido, o continente para o conteúdo da quilombagem — a "rebeldia teimosa" e resistente — contra o sistema que destitui lugares e joga os sujeitos ao desamparo.

A título de exemplo, em uma das semanas ao longo do processo grupal, participamos junto às crianças e aos adolescentes da passeata pelo Dia Nacional de Combate ao Abuso e à Exploração Sexual contra Crianças e Adolescentes, organizada pelo próprio CCA. Nesse dia, os elementos culturais negros — a saia de roda, os elementos de percussão usados no samba e a batida do funk tocada nestes — nos pareceu uma explícita expressão do aquilombamento daquele Serviço de Convivência e Fortalecimento de Vínculos.

O principal ponto dessa experiência é o entendimento de que aquelas crianças e instituição não dependem de nós, psicólogos e universitários, para produzir saúde mental e atenção psicossocial. É evidente que toda forma de ajuda e construção conjunta é bem-vinda e útil, afinal, "é necessário de uma aldeia para se criar uma criança"[7]. Entretanto, não é necessário que nós — brancos, de classe média e supostos detentores de um saber superior — os ensinemos alguma coisa. Todo território, todo grupo tem seu próprio saber-fazer, e nos foi confirmado que é a partir deste que nós, em conjunto com os próprios usuários que o detêm, devemos trabalhar — e não os colonizando. Aqui trazemos o que propõe Donna Haraway (2009), quando debate "os saberes localizados" falando da necessidade de construirmos um projeto de ciência que ofereça respostas mais possíveis para as pessoas, sobretudo para as mulheres:

7 Provérbio africano — sem fonte.

> as feministas têm interesse num projeto de ciência sucessora que ofereça uma explicação mais adequada, mais rica, melhor do mundo, de modo a viver bem nele, e na relação crítica, reflexiva em relação às nossas próprias e às práticas de dominação de outros e nas partes desiguais de privilégio e opressão que todas as posições contêm. (Haraway, 1995, p. 15)

Continuando no Cedeca e na pauta das meninas que atendemos, nos primeiros encontros pudemos perceber o interesse por parte delas em abordar temas nos quais o atravessamento de raça é bastante explícito, como violência nas favelas, violência policial, guerra às drogas, tráfico e propriamente o racismo. Durante a confecção de colagens e zines, algumas das adolescentes construíram suas obras em volta dessas temáticas, possibilitando que discussões sobre o tema se concretizassem e abrindo espaço para o compartilhamento e a elaboração de vivências e pensamentos na grupalidade. Nesse sentido, fez-se possível o vislumbre da relação entre o racismo e a violência policial ao discorrermos sobre como o jovem negro é o principal alvo da "suspeita" policial e como essas abordagens recorrentemente resultam em violências.

A construção de um espaço no qual se pode conversar sobre a temática racial e as violências circundantes faz-se extremamente importante, ainda mais ao considerarmos que as adolescentes que compuseram o grupo eram, em sua maioria, meninas negras. Emiliano Camargo David (2022) aponta em sua obra o quanto a discriminação racial produz efeitos subjetivos devastadores.

Além disso, percorremos movimentos que existiam no território e fora dele, perpassando pela arte enquanto forma de resistir às opressões, além das próprias atividades propostas pelo Cedeca.

Posto isso, no decorrer das dinâmicas grupais propusemos discussões e atividades que conversassem com essa tópica. Convidamos as meninas para uma visita guiada ao Memorial da Resistência, localizado na cidade de São Paulo, para a exposição "Memórias do Futuro: Cidadania Negra, Antirracismo e Resistência". A mostra buscava relatar as diversas e incessáveis lutas por direitos da população negra no estado de São Paulo, abrangendo o período de 1888 até os dias de hoje, através da arquitetura, música, quadros, manifestações, fotos, desenhos, documentação, relatos históricos, cartazes etc.

Durante a visitação e em conversa com o guia (educador do museu), abordamos assuntos como: o apagamento de figuras negras importantes para a história de São Paulo; a exclusão social de pessoas negras e periféricas; a organização da cidade de São Paulo e a exclusão das periferias; a importância da arte como forma de resistir às violências; as mais diversas formas de violência estatal, principalmente a violência policial; o luto/luta das mães dos filhos que são violentados ou mortos pela polícia;

o samba como resistência e cultura negra; o que é ser mulher negra no Brasil e quais as principais violências sofridas; as manifestações organizadas pela população negra ao longo da história; figuras negras importantes na resistência da ditadura militar brasileira; o valor das religiões de matriz africanas e a discriminação que sofre no país; entre outros.

As meninas demonstraram ter gostado bastante da exposição, tanto durante a visita, ao sustentarem a atenção às explicações do guia e demonstrarem interesse em suas explicações, como ao final, ao verbalizarem o quão significativo foi ter realizado essa imersão. Entendemos que foi importante elas ouvirem sobre a história do povo negro e como até hoje resistem às diversas formas de violência, levando em consideração que a maioria delas são negras. Além disso, o recorte de gênero sobre a realidade da mulher negra foi levado em consideração. Com isso, acreditamos que a visita ao museu colaborou para a materialização do conceito de resistência, que havia ficado um tanto quanto abstrato nos primeiros encontros.

Pensamos que o recorte de gênero no grupo de adolescentes do Cedeca vale ser enfatizado, já que o Centro de Defesa, historicamente, é instituição voltada para meninos, apesar de seu objetivo estar na defesa jurídico-social e articular setores sociais para que os direitos humanos de crianças e adolescentes (sem distinção de gênero) sejam garantidos e respeitados pelas famílias, pelo Estado e pela sociedade. A maior demanda de cuidado está direcionada às medidas socioeducativas, que, em sua grande maioria, são vivenciadas por meninos.

O grupo nasceu de uma demanda da própria instituição por um grupo estruturado e voltado especificamente para as meninas adolescentes que residem no território. Notamos que o grupo se tornou um espaço importante de atenção e cuidado para o público feminino, no qual temas que circundam a realidade feminina revelaram-se. A exemplo disso, temos as próprias sugestões das meninas em abordar o machismo em nossos encontros.

Ao discorrermos sobre a realidade das meninas, faz-se necessário compreendê-las como meninas negras e moradoras da periferia de São Paulo. Os atravessamentos de raça, gênero e classe são indicadores de posicionamento na teia discursiva de poder, enquanto o corpo da menina negra periférica está posicionado na interseccionalidade das opressões sistematicamente produzidas e perpetuadas: "A interseccionalidade nos mostra como e quando as mulheres negras são discriminadas e estão mais vezes posicionadas em avenidas identitárias, que farão delas vulneráveis à colisão das estruturas e fluxos modernos" (Akotirene *apud* Valentim *et al.*, 2020, p. 28).

Sendo assim, a importância desses espaços nos é evidenciada por Ana Marta Lobosque, no texto *As meninas-que-cortam* (2018):

> Que as suas questões — questões femininas — não sejam silenciadas pela tutela e pela vigilância, nem pelo desdém e pelo menosprezo. Que suas palavras encontrem registro numa escuta serena; que busquem saídas nos atendimentos, nas artes da saúde e da cultura, na dança e na escola, na música e na convivência, na família e na cidade. Que não sejam empurradas para a lamúria, a doença, a resignação; mas bem vindas à luta dura e corajosa pela qual transformamos a cada dia nossa condição de mulher. (Lobosque, 2018, n.p.)

Considerações finais

Na trincheira do cuidado ético e implicado com crianças e adolescentes, nos colocamos ainda mais fortemente, ao lado delas, justamente por entendermos que se faz necessário trabalhar conjuntamente, escutando de forma ética, criançável (Vicentin, 2016), saindo de uma posição "adultocêntrica", posição essa colocada pelo saber adulto (Torossian, 2019).

Ainda que sofrendo no corpo diversas violências, as crianças e adolescentes que acompanhamos durante o período de estágio constroem suas estratégias, formas de viver e de desenrolar seus "corres". Que esses percursos possam ser feitos de forma conjunta e caminhante, conforme nos propõe Lancetti (2008), com sua clínica peripatética.

Assim sustentamos, neste capítulo, a prática de um cuidado criançável, conforme nos aponta Vicentin (2016), para que possamos conectar práticas de cuidado com as questões que verdadeiramente atravessam as crianças do nosso tempo.

Referências

BRASIL. Ministério da Mulher, da Família e dos Direitos Humanos. Lei nº 8.069, 13 de julho de 1990. Dispõe sobre o Estatuto da Criança e do Adolescente e dá outras providências. *Diário Oficial da União,* 1990. Disponível em: https://www.gov.br/mdh/pt-br/navegue-por-temas/crianca-e-adolescente/publicacoes/eca-2023.pdf. Acesso em: 7 dez. 2023.

______. Política Nacional de Assistência Social (PNAS), aprovada pelo Conselho Nacional de Assistência Social por intermédio da Resolução nº 145, de 15 de outubro de 2004. *Diário Oficial da União*, 28 out. 2004.

______. Ministério da Saúde. *Atenção psicossocial a crianças e adolescentes no SUS: tecendo redes para garantir direitos*. Ministério da Saúde, Conselho Nacional do Ministério Público. Brasília: Ministério da Saúde, 2014.

______. Ministério da Saúde. *Coordenação de Saúde Mental, Álcool e outras Drogas — CGMAD/DEVIC/MS* — jun. 2022.

Coimbra, C.; Ayres, L.; Nascimento, M. L. *Da moralidade e situação irregular à violência doméstica: discursos da (in)competência*. PIVETES — Encontros entre a psicologia e o Judiciário. Curitiba: Juruá, 2009.

Couto, M. C. V. "Por uma política pública de saúde mental para crianças e adolescentes". In: Ferreira, T. (ed.). *A criança e a saúde mental: enlaces entre a clínica e a política*. Belo Horizonte: Ed. Autêntica, 2004, p. 61-74.

Couto, M.; Delgado, P. "Crianças e adolescentes na agenda política da saúde mental brasileira: inclusão tardia, desafios atuais". *Psicologia clínica*, v. 27, n. 1, p. 17-40, 2015.

Couto, M. C. V.; Duarte, C.; Delgado, P. G. G. "A saúde mental infantil na saúde pública brasileira: situação atual e desafios". *Revista Brasileira de Psiquiatria*, v. 30, n. 4, p. 390-98, 2008.

David, E. de C. *Saúde mental e racismo: saberes e saber-fazer desnorteado na/para a Reforma Psiquiátrica brasileira antimanicolonial*. Tese (Doutorado em Psicologia: Psicologia Social) — Programa de Estudos Pós-Graduados em Psicologia: Psicologia Social da Pontifícia Universidade Católica de São Paulo, São Paulo, 2022.

Deligny, F. *Os vagabundos eficazes: operários, artistas, revolucionários: educadores*. Trad. Marlon Miguel. São Paulo: n-1 edições, 2018.

Frosh, S. *Assombrações: psicanálise e transmissões fantasmagóricas*. São Paulo: Benjamin Editorial, 2018.

Haraway, D. "Saberes localizados: a questão da ciência para o feminismo e o privilégio da perspectiva parcial". *Cadernos Pagu*, Campinas, n. 5, p. 7-41, 1995.

Lancetti, A. *Clínica peripatética*. São Paulo: Hucitec, 2008.

Lobosque, A. M. *As meninas-que-cortam*. Belo Horizonte, 8 de março de 2018. (Texto não publicado.)

Mendéz, E. G. *Infância e cidadania na América Latina*. São Paulo: Hucitec/Instituto Ayrton Senna, 1998, p. 26.

Moreira, J. de O. *et al*. "Trajetórias adolescentes e infração: José, entre a morte e a aposta". *Psicologia: Ciência e Profissão*, v. 42, p. 1-17, 2022. Disponível em: https://doi.org/10.1590/1982-3703003231908. Acesso em: 15 nov. 2023.

Movimento Mães de Maio. *Do luto à luta: Mães de Maio*. Débora Maria e Danilo Dara. São Paulo: Giramundo Artes Gráficas, 2011.

Rosa, M. D. *A clínica psicanalítica em face da dimensão sociopolítica do sofrimento*. São Paulo: Escuta, 2017.

Sousa, A. de L. *et al*. "Diálogos da Psicologia Existencialista com o Conceito de Território". *Phenomenological Studies — Revista da Abordagem Gestáltica*, v. 26, n. 3, p. 339-49, 2020. Disponível em: http://pepsic.bvsalud.org/pdf/rag/v26n3/v26n3a10.pdf. Acesso em: 26 abr. 2025.

Torossian, S. M. "Entre histórias, espelhos e desigualdades, uma clínica se levanta". In: Emerick, B. F.; Onocko-Campos, R. T. (orgs.). *SaúdeLoucura* 10. São Paulo: Hucitec, 2019, p. 186-204.

Valentim, S. S. *et al.* Jovens negras periféricas: afloradas interseccionalidades de raça e gênero. *Revista Teias*, v. 21, n. 62, p. 23-37, 2020.

Vicentin, M. C. G. *A vida em rebelião: jovens em conflito com a lei*. São Paulo: Hucitec: Fapesp, 2005.

______. "Criançar o descriançável". In: Lauridsen-Ribeiro, E.; Lykoropoulos, C. B. (comps.). *O Capsi e o desafio da gestão em rede*. 1. ed. São Paulo: Hucitec, 2016.

Parte III

EXPERIÊNCIAS EM INSTITUIÇÕES DE ACOLHIMENTO A PESSOAS EM SITUAÇÃO DE RUA

12 RODAS DE CONVERSA: A PALAVRA COMO POSSIBILIDADE DE RECONSTRUÇÃO DAS EXISTÊNCIAS DOS HABITANTES DA RUA

BRUNA SURUAGY DO AMARAL DANTAS
NATALY SANTANA DE MELO
JOULBER CARVALHO
JOYCE PAIVA

Introdução

A rualização é um fenômeno urbano que, nas últimas décadas, se expandiu demasiadamente em razão do aprofundamento das crises econômicas, ampliação dos abismos sociais, implantação do programa de austeridade fiscal seletiva, aumento do desemprego em massa, redução das políticas públicas, empobrecimento extremo da população e degradação das condições de vida (Sousa e Macedo, 2019). Como realidade multidimensional, a vida na rua ocorre em cidades privatizadas, massificadas e excludentes, que há muito deixaram de ser espaços de encontro, convivência e permanência, tornando-se corredores de passagem, deslocamento e trânsito (Gonçalves Filho, 1998). Nessa urbe barulhenta e agitada, as pessoas apenas passam pelos lugares, não desfrutando da experiência do convívio social, o que as impede de ver os outros e de serem vistas por eles.

Conforme Amador e Fernandes (2016), as cidades passaram a ser empreendimentos econômicos lucrativos que funcionam como centros comerciais e condomínios fechados, que utilizam sistemas de segurança, dispositivos de vigilância e técnicas de policiamento para proteger os espaços, outrora públicos, da presença dos outros, considerados uma ameaça em potencial. O efeito imediato da cidade securitizada é a segregação espacial dos grupos sociais sobre os quais pairam uma desconfiança permanente e um medo generalizado. Tratados como sujeitos perigosos e expulsos das regiões habitáveis da cidade, os habitantes da rua encontram-se encarcerados em territórios públicos abandonados (Amador e Fernandes, 2016), destituídos do direito básico à moradia e da dimensão política da cidadania. Vivem em um "não lugar", ou em lugar nenhum, porque são submetidos à violência da especulação imobiliária — que cria obstáculos econômicos, culturais e geográficos à sua permanência em determinados espaços da cidade — e a ações de remoção e práticas higienistas conduzidas pelo poder público.

Em decorrência da sensação de perigo iminente e do sentimento hiperbólico de medo, as cidades contemporâneas são como fortalezas, protegidas por muros concretos, econômicos, simbólicos e subjetivos, que reforçam a estigmatização do outro e justificam a intolerância ao diferente. As ruas urbanas abrigam o fluxo intenso de automóveis e a massa de transeuntes que apenas circulam pela cidade, enquanto aqueles que vivem na e da rua — sem rosto, sem identidade e sem vínculo afetivo — perambulam erráticos pelos cantos em busca das sobras da vida social. Excluídos do mercado de trabalho e impossibilitados de superar os infortúnios do cotidiano, são considerados improdutivos, inúteis, miseráveis, desqualificados, descartáveis e desprezíveis (Sousa e Macedo, 2019). Como sujeitos "sobrantes", invalidados e inutilizados na cena coletiva, dependem do mercado laboral para sobreviver, enquanto o mercado os descarta por concebê-los como uma força de trabalho desprovida de qualificação e, portanto, desnecessária (Costa, 2006).

De acordo com Cunda e Silva (2020, p. 11), as principais características da rualização são o nomadismo urbano, o desenraizamento da cidade, a "desterritorialização geográfica" e a "distonia identitária". Impedidos de ocupar os espaços livres da cidade, os indivíduos em situação de rua vivenciam as hostilidades da arquitetura urbana, as diversas formas de humilhação social dada sua condição de invisibilidade e inexistência (Gonçalves Filho, 1998), além das sistemáticas rotinas de violência a que são expostos diariamente. A exclusão social se materializa nas barreiras territoriais, nas fronteiras culturais, na ausência de renda, na degradação da vida e na ruptura dos vínculos sociofamiliares. Em virtude da extrema escassez que acomete os habitantes da rua, as necessidades biológicas se impõem, restringindo a realização das potencialidades humanas, que transcendem os limites normativos do corpo (Varanda e Adorno, 2004).

Apesar de estarem sujeitos às mesmas condições de pobreza, segregação sociocultural e não pertencimento à sociedade formal, os indivíduos da rua apresentam biografias plurais e trajetórias singulares (Costa, 2006), não sendo possível reduzi-los a um sistema de classificação genérico e homogêneo. Segundo Cunda e Silva (2020), foram criadas socialmente categorias estigmatizantes para designar a população de rua, as quais suprimiram as singularidades individuais e produziram falsas uniformidades. Entretanto, esse grupo populacional é constituído por um mosaico de subjetividades, histórias, experiências e identidades idiossincráticas, apresentando como características comuns a pobreza extrema, o desemprego crônico, o rompimento temporário ou permanente das relações familiares, a ausência de habitação regular, o uso abusivo de álcool e outras drogas e a conversão do espaço público em lugar de moradia e fonte de sobrevivência (Silva *et al.*, 2021).

Conforme estudo realizado pelo Ministério dos Direitos Humanos e da Cidadania, até agosto de 2023, observou-se um crescimento expressivo da população de rua no Brasil. Utilizando-se dados do CadÚnico (sistema de cadastramento unificado de famílias brasileiras para acesso a políticas públicas do Governo Federal), constatou-se que, entre os anos de 2018 e 2023, esse grupo populacional praticamente duplicou, alcançando um total de 221.113 pessoas. Considerando o agravamento da pobreza no Brasil e a degradação das condições de vida da população de rua, tornou-se urgente formular políticas públicas e executar ações estruturantes para enfrentar suas múltiplas vulnerabilidades, assegurando, assim, os direitos previstos constitucionalmente. Em 2023, a mobilização da sociedade civil, a articulação de diversos atores sociais e a participação política dos movimentos da população de rua foram determinantes para o desenvolvimento de programas intersetoriais, inclusivos e integrados. Conforme o Plano Nacional "Ruas Visíveis", ações coordenadas, descentralizadas, transversais e participativas são imprescindíveis à promoção dos direitos humanos, ao exercício da autonomia e à garantia da inclusão social.

Contudo, para Serafino e Luz (2015), a realidade das políticas públicas não reflete esses postulados, uma vez que enfrenta problemas de fragmentação, ausência de coordenação institucional, reduzida participação popular, setorialização e exclusão social. Como parte da estratégia de despolitização do debate público, propõe-se a responsabilização exclusiva do indivíduo por seu estado de pobreza, desamparo, abandono e solidão, transferindo-lhe a obrigação de produzir soluções individuais para problemas de natureza social (Varanda e Adorno, 2004). Como argumentam Serafino e Luz (2015), as abordagens individualistas e reducionistas estimulam intervenções filantrópicas, assistencialistas e higienistas, as quais desconsideram os aspectos materiais, culturais, políticos e simbólicos das vidas pauperizadas.

Segundo Estanislau e Ximenes (2016), a pobreza apresenta implicações psicossociais, como sentimentos de vergonha e humilhação, juízos autodepreciativos, rebaixamento moral e intenso sofrimento psicológico; no entanto, sua gênese é cultural e econômica. O empobrecimento de determinado grupo social provoca a formação de um tipo de existência e subjetivação, um sistema de significação e uma autoidentificação (Ximenes *et al.*, 2014). Os habitantes da rua reproduzem as molduras identitárias que lhes são imputadas e essa reprodução se reflete na internalização culpabilizante dos discursos sociais e institucionais (Varanda e Adorno, 2004).

Levando-se em conta a realidade objetiva e subjetiva da população em situação de rua do nosso país, o presente capítulo pretende apresentar uma experiência de estágio, realizada com o público em questão, no curso de psicologia, ao longo de quatro meses. Almeja-se analisar o processo de constituição do grupo, os efeitos da metodologia "roda de conversa" no funcionamento grupal, o conteúdo simbólico resultado dos processos interativos, os conflitos emergentes, as ideias discrepantes, as formas de participação e as intervenções dos coordenadores.

Método

O método utilizado no estágio foi a técnica grupal "roda de conversa", que, por não ser rígida, permite fluidez, autenticidade e a criação ou fortalecimento de laços espontâneos. O método também permite que sejam construídos grupo a grupo os temas do próximo encontro, colocando como protagonistas os participantes e não o mediador. Também possibilita a construção coletiva do grupo, pois não se propõe a apresentar conceitos prontos, mas construir juntos novas formas de consciência, novos modos de ver o que ocorre em nós, novos conceitos, novas perspectivas. O grupo não é uma transferência, mas um processo que se constrói com o outro, pois a experiência viva nos faz reconstruir conceitos e, aos poucos, dissolver preconceitos.

Nesse método, o conflito não é evitado; pelo contrário, entende-se o conflito como uma forma de enriquecer o diálogo, trazer e questionar pontos de vista e favorecer o surgimento de novas possibilidades. Ao garantir essas divergências, os sujeitos não são relegados ao silêncio nem à invisibilidade. Nesse espaço, permite-se que as vozes sejam plurais. Na dialética grupal, para Lapassade (2008), há sempre tensões (podendo ser, por exemplo, entre os interesses individuais e coletivos ou entre pontos de vista), pois o grupo é um fenômeno inacabado, uma ação sempre recomeçada. O grupo é uma aproximação entre sujeitos para promover uma ação compartilhada, ou seja, uma práxis (ação reflexiva que ocasiona mudanças).

Sobre a roda de conversa, Moura e Lima (2014, p. 99) a concebem como um método que possibilita aos participantes vivenciar o prazer das trocas e produzir significados. Elas a definem como um instrumento de construção coletiva que "permite a partilha de experiências e o desenvolvimento de reflexões [...], em um processo mediado pela interação com os pares, através de diálogos e no silêncio observador e reflexivo". O método proposto favorece a compreensão de como os sujeitos significam questões humanas e sociais por meio da narrativa, pois as narrativas contribuem para um entendimento amplificado de como é e como pode ser a realidade.

A narrativa aponta para espaços e demarca acontecimentos; a dimensão temporal "se converte e se presentifica no passado que emerge da realidade (na concepção, no símbolo, inclusive, no próprio tempo)" (Moura e Lima, 2014, p. 99). Para as autoras, todos são narradores em potencial; além disso, ninguém narra sozinho, pois ali estão presentes as memórias culturais e individuais, discursos e memórias de outros que se associam à própria narrativa do sujeito no processo de rememoração e socialização. As narrativas marcam de pessoalidade as experiências compartilhadas, evocadas pela memória, articulando presente, passado e futuro, revelando, assim, uma vida lembrada por quem a viveu.

Para o bom funcionamento da roda, é importante um ambiente propício ao diálogo no qual todos se sintam à vontade para falar algo relevante ao grupo e escutar com atenção o que foi dito. Para esse método, a conversa não é somente o ato de falar, mas, sim, o ato de compreender com profundidade, refletir, ponderar, compartilhar e escutar. Nesse sentido, os saberes dos sujeitos são reconhecidos e validados.

> Conversar não só desenvolve a capacidade de argumentação lógica, como, ao propor a presença física do outro, implica as capacidades relacionais, as emoções, o respeito, saber ouvir e falar, aguardar a vez, inserir-se na malha da conversa, enfrentar as diferenças, o esforço de colocar-se no ponto de vista do outro etc. (Warschauer, 2001, p. 179)

As narrativas construídas na roda se dão pela interação com o outro (seja para discordar ou concordar, acrescentar, exemplificar, desenvolver). Além disso, a roda de conversa promove a construção e a reconstrução de conceitos e argumentos pela escuta e pela fala, pois dialogar (conversar) representa o ouvir e o falar de sujeitos com histórias de vida diferentes, maneiras singulares de ver o mundo e de pensar as questões propostas.

O método desenvolvido no estágio visa sempre à participação de todos, à construção coletiva de um diálogo e à escuta reflexiva dos pares. Um dos objetivos é a socialização dos saberes, as trocas de experiências vividas. Segundo Moura e Lima (2014, p. 101), é uma "caminhada coletiva, em que alguns possam apreender e refletir com os outros, em um processo de diálogo nascido de histórias de vida diferentes, visando propiciar a autoformação com autonomia e autoria".

Análise da experiência

Durante os encontros, o principal objetivo era ouvir as narrativas. Como dissemos anteriormente, nelas estão presentes as memórias culturais e individuais, discursos e recordações de outros que se associam à própria narrativa do sujeito no processo de rememoração e socialização.

Dessa maneira, torna-se fundamental a formulação de novas concepções para desconstruir as representações sociais sobre a população em situação de rua, as quais reforçam estigmas, como vagabundos, preguiçosos, bêbados, sujos, coitados ou perigosos. As representações sociais pejorativas transmitidas pelas práticas discursivas constroem imagens com as quais os sujeitos se identificam, constituindo uma formação identitária atribuída a esse segmento populacional. Foi possível perceber que os integrantes do grupo tentam se distanciar dos estereótipos que são colocados na população de rua; por isso, muitas vezes, recorrem a falas como "nem todos que estão na rua são vagabundos ou bandidos". Destacamos um relato que aconteceu durante o debate sobre racismo: "não tem acolhimento na rua, te veem como ladrão, usuário, julgam pela roupa, e para procurar emprego nem todo mundo aqui tem condição de ter uma roupa nova e limpa todo dia, então nos dizem não". Nesse mesmo encontro, um integrante se manifestou da seguinte forma: "Nós que estamos vulneráveis, o preconceito vem em dobro, é como se fôssemos muito inferiores mesmo". No grupo sobre educação, desinformação e *fake news*, perguntamos aos participantes o que eles gostariam que as pessoas entendessem acerca de quem vive na rua. Um deles apresentou a resposta a seguir: "Gostaríamos que as pessoas não 'fizessem estereótipos', aqui tem gente de todos os tipos, o pessoal é multifacetado. Quem não vive nos abrigos não entende a gente, tem preconceito. E gostaria que entendessem que nós também somos seres humanos, e que todo mundo está sujeito a passar por esse tipo de situação".

Os participantes deixaram claro, inúmeras vezes, que existem pessoas "honestas e trabalhadoras" que vivem nas ruas ou casas de acolhimento, como no relato a seguir:

> *Olha, não estou me vitimizando, mas a sociedade olha para a nossa condição e não faz nada, os políticos só olham [para nós] durante as eleições, vão na favela, levam todo o aparato e mostram para a mídia, se colocando na posição de deuses no momento, mas quando são eleitos não lembram da gente. A gente tem capacidade, mas precisamos de somente uma oportunidade, além de atenção e afeto. Eu sou mecânico, mas quando você não serve mais, ninguém liga pra você.*

Em outro relato, sobressaem-se os impedimentos reais da sociedade ao desenvolvimento dos indivíduos:

> *Muitas empresas fingem que contratam a população de rua (fazendo entrevistas, seleção) apenas para os fiscais verem, mas quase nunca dão o emprego. Eu tenho muitas experiências, mas quando me candidatei para um emprego de auxiliar de limpeza, disseram que não tinha experiência para aquele cargo. Gostaria de ter tido a oportunidade de aprender, mas não deram uma chance. Tenho 54 anos, eu não presto mais para a sociedade.*

Durante o grupo sobre racismo, emergiu a seguinte fala: "As pessoas nos acham inúteis e não pensam no que poderíamos oferecer se tivéssemos oportunidade".

Ao abordar as inúmeras violências sofridas, disseram que não querem se fazer de "coitadinhos", como relatou um participante no debate sobre desigualdade: "Não quero me fazer de coitadinho, eu sou grato pelas pessoas que já me deram roupas, e que me ajudaram, mas acho que a sociedade precisa ser menos egoísta e dividir com quem não tem".

Mattos e Ferreira (2004) afirmam que, neste contexto específico, as representações sociais são consideradas ideológicas porque reproduzem e naturalizam relações de dominação. De acordo com Chaui (2007), a emergência do discurso ideológico se dá quando os sujeitos representam a vida social e política por meio de ideias generalizantes, tentando explicar as formas de desigualdade, exploração e dominação como eventos naturais e universais. Ao estigmatizar os sujeitos que estão em condição de vulnerabilidade social, costuma-se culpá-los pela situação de pobreza e naturalizar as formas de violência que caracterizam a desigualdade social.

A ideologia tem como um de seus objetivos "fazer com que o ponto de vista particular da classe que exerce a dominação apareça para todos os sujeitos sociais e políticos como universal e não como interesse particular de uma classe determinada" (Chaui, 2007, p. 31). Algumas vezes, durante o debate, percebemos que os próprios sujeitos reproduzem o discurso de exclusão a que são submetidos, como na fala de um acolhido negro acerca do tema da escravidão e seus impactos no presente: "Negros não podem se colocar como coitados, a culpa é deles mesmos por não terem estudado. Se tivessem estudado, não precisariam descarregar caminhão. Eu nunca fui esculachado na rua por ninguém porque sei me portar e não tenho pose de ladrão. O preconceito muitas vezes vem do próprio negro".

Após o relato retratado, os participantes do grupo se manifestaram discordando, contra-argumentando e exemplificando os motivos de não concordarem com essa fala, dentre os quais destacaram as diferenças salariais entre brancos e negros que ocupam a mesma posição de trabalho, o questionamento sobre se há, de fato, uma "pose" de ladrão/bandido e o que determinaria isso. Nesse caso, os mediadores também problematizaram a questão, perguntando se os participantes achavam que brancos e negros possuíam as mesmas oportunidades.

Chaui (2007, p. 32) aponta que o discurso ideológico é estruturado a partir de espaços em branco e lacunas, e que essas lacunas o tornam poderoso, pois "[...] não diz tudo e não pode dizer tudo [...]". Segundo a autora, a dissolução do discurso ideológico depende de suas contradições internas, que caracterizam um processo dialético, rompendo com a dicotomia.

> Evidentemente, não precisamos aguardar que a ideologia se esgote por si mesma, graças à contradição, mas trata-se de encontrar uma via pela qual a contradição interna ao discurso ideo-

> lógico se ponha em movimento e destrua a construção imaginária. Essa via é o que denomino discurso crítico. Este não é um outro discurso qualquer oposto ao ideológico, mas o antidiscurso da ideologia, o seu negativo, a sua contradição. (Chaui, 2007, p. 33)

Por isso, valorizamos quando os sujeitos apontam as contradições nos discursos que surgem dentro do grupo, quando questionam as "verdades" sociais e culturais, quando problematizam suas falas, quando pensam nas questões sociais com outros olhares, baseados no que foi ouvido durante o debate. As problematizações também indicam as contradições, fazendo que os sujeitos direcionem seu pensamento para as questões indicadas e criem formas de entender e ver o mundo, ou seja, dialetizar o discurso, pois a ideologia "tende a fixar a origem e o significado dos fatos de sorte a oferecer certos signos fixos e constantes que neutralizam toda a contradição possível entre aquilo que já está dado e o que possa acontecer historicamente" (Chaui, 2007, p. 39).

> Se respeitarmos o movimento interno pelo qual sujeito e objeto vão sendo constituídos um pelo outro no real, a crítica da ideologia não se fará pelo contraponto de um segundo discurso, mas se fará por dentro dela, isto é, pela elaboração de um discurso negativo no interior do discurso ideológico. (Chaui, 2007, p. 34)

A população em situação de rua escancara as contradições do capital ao expor a falácia da meritocracia e da igualdade de oportunidades. Estes cidadãos são, portanto, os exemplos vivos da exploração e da desigualdade provenientes do modo de produção capitalista (Di Flora *apud* Mattos e Ferreira, 2004). Podemos exemplificar essa crítica a partir do relato de um dos participantes do grupo em resposta a uma pergunta referente à existência ou não de igualdade de oportunidades no mundo do trabalho: "Durante uma entrevista de emprego, a entrevistadora pegou as xerox dos documentos e, quando entreguei a carta dizendo que morava em abrigo, ela rasgou e disse que a empresa não contratava albergado. Eu me senti humilhado".

Conforme Chaui (2007, p. 31), a sociedade é histórica e internamente dividida. Essa divisão faz que "a sociedade seja, em todas as suas esferas, atravessada por conflitos e por antagonismos que exprimem a existência de contradições constitutivas do próprio social". O sistema capitalista também exerce seu papel ideológico ao atribuir aos próprios sujeitos as causas dos conflitos e divisões sociais. Diante dessas contradições, Mattos e Ferreira (2004) mencionam o mecanismo da "culpabilização", que favorece a legitimação ideológica das relações de exploração e dominação capitalista, pois a problemática da exclusão-inclusão no sistema de produção é reduzida à esfera individual e subjetiva, responsabilizando o indivíduo, exclusivamente, por sua condição. Esse mecanismo é originário de um psicologismo radical, em que as causas da exclusão e exploração do sujeito são individuais. Sendo assim, aquele que não consegue um emprego formal ou não se encaixa no que, culturalmente, é entendido como um ideal a ser atingido, é considerado anormal ou desviante (Mattos e Ferreira, 2004).

Como exemplo, podemos citar a fala de um participante, referente ao tema "preconceito", ao interpretar uma imagem que os mediadores compartilharam com o grupo: "Todo mundo de olho nele, igual nós, as pessoas ficam de olho em nós, é o preconceito, criticando e olhando meio torto. No nosso dia a dia, aparece o preconceito porque não estamos naquele padrão". Outro integrante do grupo acrescentou: "A gente vive isso no dia a dia e se tornou natural a exclusão, somos excluídos por ser de outro jeito".

Um aspecto interessante da experiência grupal foi o surgimento de formas de enfrentamento e resistência às violências sofridas e às privações de direitos. Nós consideramos que o ato de falar, de pensar criticamente já é uma forma de resistência ao projeto homogeneizante neoliberal. Colocando-se como protagonistas dos discursos, os participantes do grupo saíram do papel de *outro,* ou seja, daqueles sobre os quais as pessoas falam, pois o *outro*, geralmente, é condenado ao lugar de silenciamento, em uma posição subalterna àquele que fala (Ribeiro, 2019). A manifestação de um integrante no início de um encontro pode exemplificar a importância que falar e ser ouvido têm: "Aqui podemos falar e ser ouvidos, lá fora não conseguimos isso".

Outras formas de enfrentamento que o grupo citou bastante ao longo dos encontros foram organizações coletivas políticas e movimentos sociais, como podemos exemplificar na frase:

> *A mudança vem pela resistência, pela questão política. Os políticos só se tornam fortes depois que pegam na caneta, nós somos a resistência, somos a força e a militância. A militância é tão forte quanto o cara no poder, podemos resistir, os poderosos não vão colocar a questão da desigualdade em pauta. Por isso, precisamos nos reunir e lutar, ser humildes e ter o coração aberto para o ser humano. A massa tem que se juntar e se fortalecer para exigir leis para acabar com a desigualdade, pois os políticos só se importam com a mídia e divulgação. Precisamos mostrar nossa força, a nossa resistência e ir para as ruas.*

Entendemos essas formas de enfrentamento como uma antítese à tese dominante, que mantém o *status quo*. Ao dialetizar o pensamento por meio dos debates, os participantes resistem à tese estruturante e abrem possibilidades para novas formas de ser, refletir e ver o mundo.

Considerações finais

Este capítulo teve o propósito de apresentar uma experiência de estágio com a população em situação de rua e elucidar o processo de formação de grupo, mediante a análise da estrutura grupal e dos conteúdos simbólicos produzidos nos encontros. Acreditamos que a presença das estagiárias no centro de acolhimento favoreceu a expressão de afetos mútuos e a troca de experiências e conhecimentos entre os participantes ao longo das semanas.

Foi possível, por meio das rodas de conversa e dos diferentes dispositivos, criar um espaço aberto de discussão, rico em conteúdos e com possibilidade de debate. A partir das discussões, pudemos observar a evolução dos temas e do exercício crítico dos participantes, que refletiram sobre o seu contexto e as dificuldades que enfrentaram na constituição do grupo. Terminaram o processo pedindo mais participação na instituição e na sociedade.

Durante os encontros, evidenciou-se o desejo dos integrantes de discutir questões políticas, econômicas e sociais, mas também de constituir relações de respeito e amizade entre eles. Havia, antes de tudo, uma necessidade de troca e de ser ouvido pelo outro, o que se tornou evidente na seguinte frase: "É muito bom ter esse espaço para falar. Ninguém passa para escutar ou conversar com a gente. Quando tem essa oportunidade, a gente solta o barulho".

Por fim, destacamos o pedido do grupo por espaços de troca e mais oportunidades de socialização e expressão. Para tal, enfatizamos a importância de manter um ambiente de escuta, sem julgamento, que promova o acolhimento entre os conviventes e amenize o sofrimento ético-político (Sawaia, 2015) decorrente da situação social vulnerável. Além de promover a futura reinserção social, é fundamental pensarmos nos vínculos afetivos que podem acontecer durante a estadia deles no centro de acolhida. Acreditamos que outras práticas psicossociais poderão dar continuidade à formação de grupos, propiciando relações e trocas entre os conviventes, e criando redes de suporte interno entre os pares.

Referências

Amador, F. S.; Fernandes, D. R. "Cidades (in)habituais: considerações sobre neoliberalismo e resistência". *Fractal: Revista de Psicologia*, v. 28, n. 2, p. 252-56, 2016. Disponível em: https://www.scielo.br/j/sausoc/a/CPFwkZBjHZXSS6YX4djjQ4B/. Acesso em: 15 jan. 2024.

Brasil. Ministério dos Direitos Humanos e da Cidadania. *Plano Nacional "Ruas Visíveis"*. Plano de ação e monitoramento para efetivação da política nacional para a população em situação de rua. Brasília, 2023.

Chaui, M. *Cultura e democracia: o discurso competente e outras falas*. 12. ed. São Paulo: Cortez, 2007.

Costa, A. P. M. "População em situação de rua: contextualização e caracterização". *Textos & Contextos*, Porto Alegre, v. 4, n. 1, p. 1-15, 26 out. 2006. Disponível em: https://revistaseletronicas.pucrs.br/ojs/index.php/fass/article/view/993/773. Acesso em: 2 set. 2020.

Cunda, M. F.; Silva, R. N. "Me chamam rua, população, uma situação: os nomes da rua e as políticas da cidade". *Psicologia & Sociedade*, v. 32, e223876, p. 1-17, 2020. Disponível em: https://www.scielo.br/j/psoc/a/jhvzDFSFYqLRhtSJf9NcCqj/abstract/?lang=pt. Acesso em: 15 jan. 2024.

Estanislau, M. A.; Ximenes, V. M. "Vivências de humilhação e vergonha: uma análise psicossocial em contextos de pobreza". In: Ximenes, V. M. (org.). *Implicações psicossociais da pobreza: diversidades e resistências*. Fortaleza: Expressão Gráfica e Editora, 2016, p. 121-46.

Gonçalvez Filho, J. M. "Humilhação social: um problema político em psicologia". *Revista Psicologia USP*, São Paulo, v. 9, n. 2, p. 11-67, 1998. Disponível em: https://www.scielo.br/j/pusp/a/s63y4NmBfsHYpwm3gtw4wFD/. Acesso em: 10 jan. 2024.

Lapassade, G. *Grupos, organizaciones e instituciones*. Barcelona: Editorial Gedisa, 2008, p. 227-58.

Mattos, R. M.; Ferreira, R. F. "Quem vocês pensam que (elas) são? — Representações sobre as pessoas em situação de rua". *Psicologia & Sociedade*, Porto Alegre, v. 16, n. 2, p. 47-58, ago. 2004. Disponível em: https://www.scielo.br/pdf/psoc/v16n2/a07v16n2.pdf. Acesso em: 10 nov. 2020.

Moura, A. F.; Lima, M. G. "A reinvenção da roda: roda de conversa, um instrumento metodológico possível". *Revista Temas em Educação*, v. 23, n. 1, p. 95-103, 31 jul. 2014. Disponível em: https://periodicos.ufpb.br/ojs2/index.php/rteo/article/view/18338/11399. Acesso em: 9 set. 2020.

Ribeiro, D. *Lugar de fala*. São Paulo: Sueli Carneiro: Polén, 2019.

Sawaia, B. B. "Psicologia e desigualdade social: uma reflexão sobre liberdade e transformação social". *Psicologia & Sociedade*, Florianópolis, v. 21, n. 3, p. 364-72, dez. 2009. Disponível em: https://www.scielo.br/pdf/psoc/v21n3/a10v21n3.pdf. Acesso em: 27 ago. 2020.

Serafino, I.; Luz, L. C. X. "Políticas para a população adulta em situação de rua: questões para debate". *Revista katálysis*, Florianópolis, v. 18, n. 1, p. 74-85, 2015. Disponível em: https://www.scielo.br/pdf/rk/v18n1/1414-4980-rk-18-01-00074.pdf. Acesso em: 2 set. 2020.

Silva, T. O. *et al*. "População em situação de rua no Brasil: estudo descritivo sobre o perfil sociodemográfico e da morbidade por tuberculose, 2014-2019". *Revista Epidemiologia e

Serviços de Saúde, v. 30, n. 1, e2020566, 2021. Disponível em: https://www.scielo.br/j/ress/a/PSxSGxP74bq473khC96GZmb/. Acesso em: 12 jan. 2024.

Sousa, A. P.; Macedo, J. P. "População em situação de rua: expressão (im)pertinente da 'questão social'". *Psicologia: Teoria e Pesquisa*, v. 35, e35510, p. 1-11, 2019. Disponível em: https://www.scielo.br/j/ptp/a/64zCsnkcy3kVgkhDmvj7QgH/. Acesso em: 15 jan. 2024.

Varanda, W.; Adorno, R. de C. F. "Descartáveis urbanos: discutindo a complexidade da população de rua e o desafio para políticas de saúde". *Saúde & Sociedade*, São Paulo, v. 13, n. 1, p. 56-69, abr. 2004. Disponível em: https://www.scielo.br/pdf/sausoc/v13n1/07.pdf. Acesso em: 27 ago. 2020.

Warschauer, C. *Rodas em rede: oportunidades formativas na escola e fora dela*. Rio de Janeiro: Paz e Terra, 2001.

13 RODA DE CONVERSA E PASSEIO COM RESIDENTES DE CENTROS DE ACOLHIMENTO EM UM PROJETO DE GERAÇÃO DE RENDA

ROBSON JESUS RUSCHE
CARLA BELANDRINO RUSIG
EVELYN TORRES PICONI
MARIANA BASTOS DEOLINDO

Introdução

Para se compreender o fenômeno da população em situação de rua e, principalmente, sua ampliação no presente momento, faz-se fundamental olhar para a história e analisar como se deu o desenvolvimento do modo de produção capitalista, suas contradições e consequências para os dias atuais. Esse modelo tem como principal alicerce a exploração da mão de obra da classe trabalhadora, a fim de produzir o acúmulo de capital para os detentores dos meios de produção, condição essencial na constituição das abruptas desigualdades sociais que enfrentamos na atualidade.

Ademais, esse modo de produção tem, historicamente, promovido desemprego em massa, intensificação da precarização do trabalho e da ampliação do trabalho informal, o que Marx (2013) denominou superpopulação relativa ou exército industrial de reserva. Trata-se de uma excedência da população ativa às necessidades de produção que é fundamental para a existência do capitalismo. Ou seja, com o Estado sustentando os interesses da minoria que detêm os meios de produção, cada vez mais o sistema se volta para "a redução da mão de obra, a concentração de terras incrementadas pela indústria agroexportadora e do capital financeiro" (Silva, 2019, p. 6). Emerge, assim, uma população marginalizada do processo produtivo, tornando-se essa marginalização essencial para se manter como mão de obra a baixo custo, a fim de ampliar o lucro das classes dominantes. Como consequência, observa-se a elevação nos níveis de pobreza e a ampliação da população em situação de rua.

No Brasil, segundo o Instituto de Pesquisa Econômica Aplicada (Ipea, 2020), estima-se que aproximadamente 222 mil pessoas estejam em situação de rua; destes, 70,9% exercem alguma atividade remunerada e geralmente informal, sendo 27,5% catadores de materiais recicláveis, 14,1% flanelinhas, 6,3% ligadas à construção civil, 4,2% em limpeza e 3,1% como carregadores. Números esses que contrariam o estigma social de que todos que se encontram em situação de rua dependem estritamente de caridades e doações, gerando uma relação assimétrica entre a população geral e os moradores de rua. O que é verdadeiramente essencial para essa população, ou seja, uma rede de apoio fundamentada em políticas públicas de acesso a direitos, torna-se escasso e pouco eficaz.

Dando continuidade a essa análise, percebemos que não é possível generalizar a caracterização dessa população devido à sua heterogeneidade. Todavia, segundo Brasil (2009), é possível elencar alguns aspectos característicos dessa população. Acerca das razões de terem ido para a rua, observa-se que 35% relacionam isso a problemas vivenciados com o uso de álcool ou drogas, fato complexo que envolve diversas variáveis e antecedentes que não podem ser negligenciados. Outros 60% se dividem em desemprego ou conflitos e desavenças com parentes. A pesquisa afirma, ainda, que esses fatores estão todos correlacionados.

No âmbito de características socioeconômicas, 82% são homens, 67% são pardos ou negros e a metade ganha entre R$ 20 e R$ 80 por semana. Salienta-se ainda que, devido à pandemia, à má gestão governamental e à precarização dos modos de sobrevivência (alimentação, moradia, segurança e saúde), o censo Suas (2021) delineou um aumento de 139% de pessoas morando na rua em relação ao último censo, o que nos levou a considerar a hipótese de que os dados apresentados podem apresentar hoje uma maior heterogeneidade.

Tendo em vista esse contexto e tentando compreender o que transcorre àqueles que são marginalizados do mercado formal de trabalho e que buscam alternativas para a geração de renda, pesquisas indicam a economia solidária como horizonte estratégico possível, visto que pode proporcionar a essa população, além da geração de renda, o trabalho autogestionário (Petersen *et al.*, *apud* Singer, 2014, p. 2). Trata-se de um modelo que consegue coexistir com outros modos de produção, justamente porque o capitalismo é incapaz de inserir dentro de si toda a população economicamente ativa, como visto anteriormente. Ocorre que, segundo Singer (2002a), a prática de autogestão proposta pela economia solidária se assemelha a um processo democrático e carrega em si todos as possibilidades, avanços, complexidades e contradições que a democracia envolve, pois diz respeito a um grupo que se organiza para administrar a produção, levando em consideração a opinião de todos sobre a tomada de decisões, a distribuição econômica, a autonomia e tantos outros fatores que perpassam uma cooperativa e/ou experiências coletivas de geração de renda.

Em se tratando de uma população marcada por processos de exclusão social, experiências de desrespeito, estigma, ausência de reconhecimento social no seu cotidiano e desvalorização em relação aos demais membros da sociedade (Teixeira *et al.*, 2020), a experiência de autogestão se torna um potente instrumento para o fortalecimento das identidades, sobretudo pela superação dos estigmas que, muitas vezes, são internalizados pelas pessoas, de modo que elas se afastam dos serviços sociais e de saúde, agravando ainda mais as suas condições de vida. Dessa forma, podemos pensar que a geração de renda e a economia solidária podem cumprir um papel fundamental para a saúde física e mental da população em situação de rua, pois propicia um espaço de aprendizagem e vínculos grupais, de valorização pessoal e de construção de projetos pessoais.

A geração de renda trata-se, portanto, de uma importante estratégia de redução dos danos pelos quais populações em situação de vulnerabilidade passam, uma vez que a dinâmica do trabalho desenvolvido a partir da perspectiva da economia solidária pode proporcionar aos trabalhadores uma rede de apoio, a assunção de responsabilidades coletivas, relações afetivas e autonomia, iniciativa, participação, e interações mais horizontais que contribuem para minimizar as consequências adversas provenientes da condição em que se encontram. A proposta de redução de danos é justamente isto: o respeito à liberdade de escolha dos indivíduos, valorização de seus desejos e possibilidades (Oliveira *et al.*, 2019).

Contudo, há que se levar em consideração as críticas que foram produzidas às práticas de economia solidária para que o efeito não seja justamente o oposto. A economia solidária pode acabar sustentando projetos que sugerem que o uso do capital passa por uma escolha individual, que só o esforço individual realiza a pessoa e que os insucessos decorrem das limitações de seus atores e não do fato de estarem inseridos em um sistema socioeconômico hegemônico que obstaculiza a desalienação dos indivíduos. Dessa forma, suspendem-se as possibilidades concretas de transformação social e se dá corpo à lógica capitalista que reduz a existência humana ao âmbito do trabalho e da competição (Ipea, 2020).

O propósito primordial desta prática de estágio específico do curso de psicologia da Universidade Presbiteriana Mackenzie foi a implementação de um grupo terapêutico destinado a indivíduos acolhidos em centros de assistência e integrados a uma instituição participante do programa municipal da cidade de São Paulo, com enfoque na reinserção social e produtiva. Neste contexto, uma das frentes de atuação da instituição era a própria cooperativa de reciclagem em que os participantes estavam envolvidos, ou seja, os ganhos gerados eram distribuídos de maneira equitativa entre os membros cooperados. Essa cooperativa, atrelada às demandas institucionais e municipais, tinha o objetivo de servir como porta de saída das ruas e porta de entrada para o mercado de trabalho formal. Portanto, também se almejou, no decorrer do estágio, refletir sobre essa demanda institucional e o conflito entre ela e os objetivos e as expectativas dos cooperados. Estes, como observamos, pretendiam não exatamente ingressar no mercado de trabalho no qual se sentiam impelidos à produção, mas continuar nas atividades de geração de renda, com os vínculos pessoais e institucionais que ela proporciona.

O objetivo do estágio consistiu em investigar as dinâmicas de relacionamento estabelecidas no âmbito do grupo, tanto entre os membros da população institucionalizada e os estagiários quanto dentro do próprio grupo e em suas interações institucionais e com outros como familiares, amigos e a sociedade em geral que estavam presentes nos discursos de cada indivíduo no processo grupal. Adicionalmente, procurou-se examinar a relação que essa população desenvolve com o trabalho, podendo então identificar a relação da demanda institucional com a realidade simbólica e subjetiva que permeava a fala dos sujeitos.

Além disso, o projeto objetivou contribuir com o processo de ressignificação e apropriação dos participantes diante de suas próprias histórias, considerando o contexto de vulnerabilidade em que se constituíram. Vínculos pessoais, desejos, histórias de vida e projetos emergiram no decorrer dos encontros.

O processo grupal desenvolveu-se, especialmente, por meio do resgate do desejo de narrar-se, escutar sua própria história e realidade, assim como dos demais participantes, sobretudo a partir da criação de uma relação grupal em que a prática da afetividade, confiança e alteridade se tornasse uma potente ferramenta para a subversão da lógica da estigmatização e da marginalização. A ideia foi que as identificações e vínculos decorrentes das atividades grupais contribuíssem para que os participantes encontrassem caminhos para a representação de sua subjetividade, de suas emoções e sentimentos, de seus interesses e objetivos, de suas angústias e formas de prazer, possibilitando que as tensões vividas fossem mais bem elaboradas e significadas no diálogo grupal.

Tendo em vista, neste momento, a justificativa deste projeto, concentramos nossa atenção para a imperatividade de um grupo terapêutico com pessoas em situação de vulnerabilidade social. Nesse sentido, a população em situação de rua é perpassada por um histórico extenso de violências sociais, sendo alvo de estigmas e discriminações não apenas da sociedade, mas também do poder público que manifesta este "repúdio por meio de práticas higienistas e de retirada forçada dessa população dos espaços públicos" (Silva, 2019, p. 7). Ademais, para Zakabi (2014, p. 2), "a discriminação ocorre quando, a partir dos processos de estigmatização, há violação de direitos, que impedem o exercício da cidadania". Como cidadania, podemos pensar em cultura, lazer, trabalho e educação, de modo que esse processo de marginalização compromete algo fundamental para a existência humana: a identidade, que é como a pessoa se reconhece, seus referenciais para a constituição do autoconceito e da imagem de si (Moraes, 2020).

Desse modo, o processo grupal encontra sua justificativa na contribuição da apropriação e da retomada da narrativa sobre si, de cada integrante no coletivo, ou seja, compartilhando semelhanças e diferenças, a fim de fortalecer identidades. Nesse contexto, o espaço grupal se manifesta como um espaço de potencialização individual que se estabelece no processo coletivo. À medida que o grupo compartilha suas experiências, histórias de vidas, desejos, fantasias e angústias, ele energiza e catalisa a construção de uma nova rede de significantes e significados, tornando-se relevante ao passo que contribui para que esses sujeitos voltem a ocupar espaços sociais, tanto no âmbito físico quanto simbólico, fortalecendo relações e rede de apoio, projetos e possibilidades de enfrentamento da realidade. Esse último ponto, em específico, também diz respeito à proposta institucional.

Para o desenvolvimento deste projeto foi realizado um processo grupal com os usuários de um serviço que é oferecido por uma organização humanitária voltada para o combate à fome, a violações de direitos e a inserção econômica e social de populações extremamente vulneráveis. Tal equipamento atua com a população em situação de rua, promovendo ações formativas de geração de renda e de inclusão produtiva a mais de 60 pessoas, principalmente a partir das atividades de reciclagem, jardinagem e artesanato, com o objetivo de inseri-las no mundo do trabalho e contribuir para a construção de sua autonomia. Os participantes estão inseridos no serviço prestado pelo equipamento em virtude de parceria firmada com a prefeitura de São Paulo, que encaminha, por meio dos assistentes sociais dos centros temporários de acolhida — (CTAs), participantes para o projeto dessa organização humanitária.

Metodologia

O grupo terapêutico atendido pela equipe de estagiários do curso de psicologia foi formado com o auxílio do coordenador e de educadores do projeto, a partir do interesse dos integrantes. O grupo teve duração de dez semanas, sendo executado todas as manhãs de terças-feiras, das 8h às 12h. Além disso, realizou-se encontros para passeios em dois finais de semana fora da instituição. O grupo contou com uma média de participação de dez trabalhadores, na faixa etária de 19 a 60 anos, sendo que a grande maioria possuía mais de 40 anos.

O método para o desenvolvimento do grupo foi a roda de conversa, utilizando-se de diferentes disparadores para que se estabelecesse uma dinâmica reflexiva em que a palavra fluísse de forma espontânea e criativa. Os temas principais foram escolhidos no primeiro encontro, com adaptações ao longo do projeto em função de novas demandas e interesses manifestos pelos próprios integrantes, semanalmente, quais sejam: vínculos, música, história de vida e trabalho. A cada encontro foi proposta uma atividade inicial de aquecimento, como disparador, relacionada ao tema do dia.

A roda de conversa é um método que propicia a criação de espaços de diálogo, em que os integrantes se expressam com liberdade, mas também aprendem a escutar os outros e a si mesmos. Na conversação, os indivíduos compartilham experiências, produzem narrativas, evocam memórias, ressignificam histórias e vivenciam afetos, desenvolvendo uma compreensão mais profunda de si, do outro e do mundo. (Dantas e Rusche, 2021, p. 95)

A orientação grupal foi, sobretudo, a narrativa e a escuta de si e do outro, possibilitando a criação entre os participantes de um espaço de trocas de experiências, histórias de vida, projetos, sensações e percepções, mas também de estabelecimento de vínculos e identificações, da pontuação e nomeação de emoções e sentimentos, de modo que fossem experimentadas relações afetivas que pudessem ser transformadoras.

Outra metodologia que consideramos para o desenvolvimento do processo grupal foi o de acompanhante terapêutico, que se distingue da clínica tradicional pela sua natureza ambulante e sem um *setting* clínico fixo, podendo ocorrer fora dos consultórios e das instituições. Trata-se de uma proposta bastante interessante para pessoas que não se adaptam aos protocolos clínicos tradicionais, e que ocorre caminhando no território em que os integrantes vivem suas vidas. A ideia partiu da noção de que "estar presente em movimento, esse estar-aí-junto e em movimento, gera uma continência às vezes maior que a que se passa entre as quatro paredes do consultório" (Lancetti, 2008, p. 30), contribuindo para que o diálogo e a comunicação se aprofundassem, assim como o acolhimento e os afetos. Nesse sentido surgiu a ideia de realizar passeios para lugares escolhidos pelo grupo no decorrer dos encontros. Tal atividade demonstrou-se especial a fim de favorecer o estabelecimento de vínculos, a liberação da palavra, o levantamento de temas de interesse, o fortalecimento das relações grupais e, por fim, maior aderência ao projeto. "Conversações e pensamentos que ocorrem durante um passeio, caminhando — peripatetismo — são uma ferramenta para entender uma série de experiências clínicas realizadas fora do consultório, em movimento." (Lancetti, 2008, p. 19).

As dinâmicas, os objetivos e os materiais utilizados em cada encontro foram sintetizamos a seguir:

- Dois dias de imersão na instituição trabalhando com os integrantes a fim de estabelecer um vínculo inicial.

- Apresentação da proposta de grupo para todos os integrantes, visando ao convite para participar das atividades.
- Nove encontros com o grupo e um encontro para devolutiva institucional.

1. Primeiro encontro

Objetivo: apresentar os integrantes por meio da dinâmica do novelo de lã, objetivando estabelecer o enquadre grupal, conhecer os participantes e levantar temas de interesse.

Atividades

a) **Aquecimento:** exercícios de respiração, visando a tranquilização e a integração do ritmo grupal.
b) **Dinâmica do novelo de lã:** atividade em que cada um, quando receber o novelo, responde às seguintes perguntas (três rodadas):
   A. nome, como gosta de ser chamado, idade, onde nasceu, o que gosta de comer;
   B. time de futebol, se gosta de algum esporte, o que gosta de fazer, habilidades;
   C. o que gosta de ler e assistir, um superpoder que gostaria de ter, um momento que o deixou feliz na última semana.

Materiais: novelo de lã.

Urna — escolha dos temas:

- Surgiram temas tais como: política, família, relacionamentos, rotina, trabalho, hobbies, história de vida, prazeres, drogas, preconceito.

2. Segundo encontro

Objetivo: expressar histórias de vínculos e relações interpessoais, relacionar semelhanças e diferenças com os integrantes do grupo, reconhecer e compartilhar sentimentos dessas relações.

Atividades

a) **Aquecimento:** atividade que consiste em contar três coisas particulares, sendo uma mentira e duas verdades. Todos os integrantes tentam adivinhar em cada fala qual das três é a mentira.
b) **Dinâmica dos palitinhos:** narração de uma história que envolve alguém que caminha por um bosque e encontra uma cesta de flores. Neste momento, solicitar que os participantes peguem uma flor para cada pessoa importante em sua vida. Essa narrativa ocorre com os integrantes do grupo de olhos fechados, imaginando as cenas. Após isso, são distribuídos palitinhos coloridos no centro do grupo e cada in-

tegrante deverá pegar uma quantidade conforme o número de flores que imaginou. Por fim, cada integrante narra para o grupo para quem são as flores que pegou, ou seja, quem são essas pessoas especiais, e compartilha as histórias de vínculos.

c) **Fechamento**: sopro na bexiga representando todos os sentimentos ruins. Questionar o que gostariam de fazer com aquele balão de sentimentos, podendo soltá-lo ou estourá-lo. É possível com o final desta dinâmica solicitar um feedback do que foi para cada uma a atividade do dia.

Materiais: bexigas e palitinhos coloridos.

3. Primeiro passeio

Objetivo: ocupar novos espaços que permitam trazer a percepção do sentimento de pertença ao território, que muitas vezes passa despercebido em nossas andanças.

Atividades

a) Caminhada com interações e diálogos até o Parque da Aclimação.
b) Solicitação para que cada participante fotografe o que quiser, propiciando a apresentação pela escolha do olhar para o espaço geográfico, olhar subjetivo.
c) Compartilhamento do lanche levado e piquenique para trocas informais, criando mais conectividade e integração entre o grupo, refletindo, inclusive, sobre os motivos e escolhas das fotos.
d) Caminhada de volta com interações e diálogos.

Materiais: câmera fotográfica ou celular que possua câmera.

4. Terceiro encontro

Objetivo: trocar percepções sobre o passeio e elaborar o sentimento de pertencimento ao grupo e à cidade.

Atividades

a) Conversa sobre como foi o passeio no parque, suas percepções e sentimentos.
b) Distribuição das fotografias que foram tiradas durante o passeio, permitindo que cada participante escolha uma delas e comente.
c) **Fechamento:** levantamento de músicas favoritas de cada participante para o próximo encontro.

Materiais: fotos impressas do passeio.

5. Quarto encontro

Objetivos: expressar sentimentos e emoções advindos da escuta coletiva de músicas escolhidas pelo grupo, e elaborar questões pessoais por meio da análise da interpretação das letras.

Atividades:

a) Distribuição das letras das músicas selecionadas.
b) Escuta das músicas e debate sobre seu significado, relacionando com sua vida.
c) **Fechamento:** cantar as músicas em grupo.
d) **Materiais:** aparelho de som.

6. Quinto encontro

Objetivos: estimular a fala e o compartilhamento de aspectos subjetivos de nossas vidas por meio de imagens, trazendo à luz questões pessoais.

Atividades

a) **Aquecimento:** três perguntas: como você se sente hoje (principalmente no campo do trabalho)?; como você se sentia antes?; como você gostaria de se ver no futuro?
b) Fotolinguagem© com imagens diversas.
c) Incentivo a observar as fotos.
d) Escolha de uma foto relacionada a cada pergunta dos temas do aquecimento, realizando três rodadas para compartilhar tais sentimentos.

Materiais: dossiê de fotolinguagem©.

7. Sexto encontro

Objetivo: promover reflexões sobre a vivência no trabalho e o planejamento futuro de nossas vidas.

Atividade:

a) Quadrigrama, do seguinte modo: FAÇO e gosto — FAÇO e não gosto / NÃO FAÇO e gosto — NÃO FAÇO e não gosto. Duas aplicações — uma para o trabalho na instituição e a outra para a vida em geral.
b) Escrever em uma cartolina colada na parede o que for dito pelos participantes para que possam visualizar as repostas em grupo, formando um quadro das respostas coletivas.

Materiais: cartolina, folhas de sulfite e canetas.

8. Segundo passeio

OBJETIVOS: ocupar novos espaços que permitam trazer a percepção do sentimento de pertença ao território, que muitas vezes passa despercebida em nossas andanças; realizar a avaliação dos encontros em um espaço comunitário e acolhedor.

ATIVIDADES

a) Piquenique no Parque do Ibirapuera.
b) Avaliação do processo grupal.

MATERIAIS: alimentos para o piquenique.

9. Sétimo encontro

OBJETIVO: trocar percepções sobre o passeio; elaborar o sentimento de pertencimento ao grupo e à cidade; realizar a devolutiva grupal.

ATIVIDADE

- roda de conversa refletindo com o grupo sobre todo o processo e a possível continuidade para o próximo semestre com outra equipe de estagiários.

MATERIAIS: não se aplica.

10. Terceiro passeio

Foi realizada mais uma visita à instituição com o objetivo de avaliação, devolutiva e feedback institucional. O projeto foi muito bem recebido e a instituição solicitou a sua continuidade para o próximo semestre.

Análise do estágio e do processo grupal

A fim de facilitar a compreensão desta análise, optamos por dividi-la em duas seções. Na primeira apresentaremos uma reflexão a respeito da instituição, suas demandas, percepções e dificuldades identificadas e, na seguinte, centraremos o debate a respeito do processo grupal, dos avanços e das dificuldades.

1. O confronto entre as demandas institucionais e os objetivos dos integrantes do processo grupal

Após contato inicial com a instituição, por meio de seu coordenador, deu-se início ao trâmite institucional para a viabilização do estágio. Durante esse período, realizamos a fase de imersão no espaço, a fim de conhecer os possíveis integrantes do grupo, estabelecer os primeiros vínculos e convidá-los a participar do projeto. Notamos uma considerável sobrecarga dos trabalhadores do equipamento, muito em virtude da alta demanda de serviço e escassez de funcionários. O diálogo e a disponibilidade do coordenador para conversar sobre o projeto foram fundamentais. Também notamos que os contatos iniciais foram realizados por meio do WhatsApp pessoal dos funcionários, muitas vezes fora do horário de trabalho, o que evidenciava uma entrega ao projeto institucional, bem como uma sobrecarga desses trabalhadores, tendo em vista a invasão do serviço nos horários de lazer e descanso. Sabemos que as instituições de atendimento à deficiência e à vulnerabilidade têm esse caráter de entrega maior que a comum, todavia certo estresse estava expresso nessa relação, o que indicava também a necessidade de um grupo com os funcionários.

> É importante ainda destacar, que existe uma associação negativa entre a satisfação profissional e sobrecarga de trabalho, ou seja, à medida que uma aumenta a outra diminui. Dessa forma, estar insatisfeito com a sobrecarga de trabalho e suas condições precárias ocasionam, muitas das vezes, a exaustão física e mental, influenciando na produtividade, desempenho, absenteísmo, rotatividade, cidadania organizacional, saúde e bem-estar, satisfação na vida e satisfação dos usuários. (Oliveira *et al.*, 2019, p. 2594)

Logo no início, fomos informados sobre a demanda de investigar a relação dos usuários do serviço com o trabalho formal. Essa solicitação derivou da observação de que, embora a instituição estivesse facilitando o encaminhamento de indivíduos para empregos formais e permanentes após o período de participação no programa, o qual tinha prazo de seis meses, uma proporção significativa optava por não permanecer nesses postos ou não demonstrava interesse em ser direcionada para essas oportunidades, manifestando preferência pela permanência na instituição e na cooperativa.

O trabalho tem grande importância para cada trabalhador e desempenha um papel na sociedade. Trabalhar pode ser fonte de realizações e de prazer. Acontece que, muitas vezes, dependendo das condições em que o trabalho é feito, ele também pode causar sofrimento, adoecimento e até mesmo a morte (Bottega e Merlo, 2017).

A partir dessa demanda institucional, compreendemos que seria interessante a formação de um grupo misto com integrantes que tivessem sido encaminhados para empregos formais e voltado por alguma razão, e outros com integrantes que conseguiram permanecer por mais tempo no mercado. A ideia era tentar mapear quais eram as percepções e os sentimentos dos participantes envolvidos no processo que englobava ingresso no serviço, permanência no equipamento, saída e rompimento do vínculo com o mercado de trabalho. Contudo, com o decorrer do processo de imersão na instituição, optamos por selecionar apenas os trabalhadores atuais, até pela dificuldade de contatar e conseguir liberação dos ex-integrantes para participar das rodas de conversa.

No decorrer do atendimento ao grupo, sobretudo no que diz respeito à compreensão da complexidade das problemáticas enfrentadas pela população em situação de rua em diversos aspectos da vida, levantamos a hipótese de que a dificuldade enfrentada pela instituição nesses encaminhamentos para o mercado formal poderia estar relacionada especialmente com o tempo, tanto de permanência no equipamento quanto de elaboração do rompimento do vínculo com este.

> As pessoas não são naturalmente inclinadas à autogestão, assim como não o são à heterogestão. Poucos optariam espontaneamente por passar a vida recebendo ordens, atemorizados com o que lhes possa acontecer se deixarem de agradar aos superiores. Aprende-se a obedecer e temer os "superiores" desde os bancos escolares, num processo educativo que prossegue a vida inteira. (Singer, 2002b, p. 21)

Mesmo que não sejamos naturalmente inclinados a uma ou outra, a autogestão tem vantagens para as populações em vulnerabilidade, pois, em vez de evidenciar hierarquias, regras rígidas e a competição, promove-se a participação, a cooperação e o desenvolvimento humano por meio de outras atividades paralelas ao trabalho.

> A economia solidária é ou poderá ser mais do que mera resposta à incapacidade do capitalismo de integrar em sua economia todos os membros da sociedade desejosos e necessitados de trabalhar. Ela poderá ser o que em seus primórdios foi concebida para ser: uma alternativa superior ao capitalismo. Superior não em termos econômicos estritos, ou seja, que as empresas solidárias regularmente superariam suas congêneres capitalistas, oferecendo aos mercados produtos ou serviços melhores em termos de preço e/ou qualidade. A economia solidária foi concebida para ser uma alternativa superior por proporcionar às pessoas que a adotam, enquanto produtoras, poupadoras, consumidoras etc., uma *vida melhor*. (Idem, p. 114)

Pensamos também em outra hipótese em relação à dificuldade de permanência no mercado de trabalho: a de que o ingresso no mercado formal pode ser perpassado por diversas dificuldades e ansiedades, uma vez que conflitua diretamente com os modos de relação dos sujeitos em vulnerabilidade com a sociedade. Isso implicaria uma pesquisa, para além das possibilidades do estágio, incluindo uma complexa tarefa de identificar os objetivos de vida de cada um dos participantes em relação ao trabalho, principalmente no que diz respeito ao trabalho no formato do capitalismo direto. Ou seja, no decorrer da escuta do grupo percebemos que a perspectiva de estar trabalhando em uma cooperativa estava muito mais relacionada com os interesses e objetivos de vida daqueles trabalhadores do que o mercado formal com suas regras rígidas e atividades repetitivas e pouco criativas. Entretanto, isso não significa que seguimos no sentido de confirmar tal proposição. Refletindo e lendo sobre o problema, percebemos que mundialmente estamos vivendo uma crise dos empregos formais.

> O novo padrão de desenvolvimento instalado nos países da América Latina no final da década de 1990, produziu um impacto cuja matriz característica é a vulnerabilidade social, em especial no trabalho. Estamos mais vulneráveis em todas as partes do mundo. O novo mercado de trabalho deixa os indivíduos inseguros com relação ao futuro, relacionado com o emprego e o seu sustento. A diminuição do Estado benfeitor elimina as redes de seguridade e a crise financeira agora se torna uma crise social. (Centenaro, 2021)

A partir daí, passamos a aprofundar nossos estudos na proposta da economia solidária como alternativa a esse processo e com um modo de produção muito mais próximo dos princípios relacionados ao processo grupal do qual se tratava nosso estágio, princípios estes de respeito e escuta dos objetivos, interesses, facilidades e dificuldades dos integrantes da atividade.

> Talvez a principal diferença entre economia capitalista e solidária seja o modo como as empresas são administradas. A primeira aplica a heterogestão, ou seja, a administração hierárquica, formada por níveis sucessivos de autoridade, entre os quais as informações e consultas fluem de baixo para cima e as ordens e instruções de cima para baixo. (Singer, 2002b, p. 17)

A segunda, ou seja, a autogestão, implica compromissos grupais, colaboração, reuniões para a troca de ideias e tomadas de decisão em processos coletivos.

Importante frisar, ainda, que tal forma de economia representa uma reposta para as circunstâncias vividas pelos excluídos que promove possibilidades cada vez mais efetivas de inclusão social, por propiciar em sua arquitetura o modelo de assembleias e de cooperação, além do atendimento às necessidades dessa população, tais como grupos temáticos, psicoterápicos, oficinas, entre outros.

> Vendo-a seja como um campo de trabalho institucional, seja um alvo de políticas públicas de contenção da pobreza, seja ainda uma nova frente de lutas de caráter estratégico, visões, conceitos e práticas cruzam-se intensamente, interpelando-se e buscando promover a economia solidária como uma resposta para os excluídos, como base de um modelo de desenvolvimento

comprometido com os trabalhadores, como saída diante do aprofundamento das iniquidades, das políticas neoliberais, do próprio capitalismo. (Gaiger, 2003, p. 183)

Sendo assim, durante o processo grupal, fomos percebendo que havia uma ansiedade institucional em relação ao imperativo de inserção dessa população no mercado de trabalho formal. O malogro da entrada nesse tipo de emprego em um prazo predeterminado, que muitas vezes entrava em conflito com o tempo e os objetivos de vida de cada sujeito, trazia grande frustração para os funcionários do equipamento, que se sentiam fracassados quando os sujeitos voltavam para a instituição em busca da continuidade dos vínculos estabelecidos. Com o auxílio dos debates nas supervisões de estágio na universidade, notamos que seria fundamental compreendermos, inicialmente, o desejo de cada trabalhador, para depois pensarmos no campo do emprego. Ou seja, não poderíamos supor que todos que se encontram em situação de rua ou residindo em abrigos desejam, de fato, um emprego formal, sobretudo porque até mesmo aqueles que anseiam por isso percorrem um grande percurso cercado de desafios e tensões de adaptação institucional. Uma coisa era adaptar-se ao trabalho na geração de renda; a outra, totalmente oposta, no trabalho formal.

Nossas conclusões diante da demanda institucional do dispositivo assemelham-se às de Pinho, Pereira e Lussi (2019) sobre centros de referência especializados para a população em situação de rua, ao apontar que geralmente esses dispositivos atribuem grande importância ao trabalho, principalmente formal e, de fato, essa questão deve ser uma escolha individual dos participantes. Sendo assim, é fundamental romper com a ideia de que aqueles que não estão engajados em atividades consideradas socialmente produtivas são "vagabundos" e têm como obrigação querer trabalhar formalmente. Os trabalhos informais, realizados na rua, entre outros, também representam atividades produtivas. Ademais, para moradores de centros de acolhida que passaram pela situação de ter de morar nas ruas, o papel social de trabalhador ganha sentido, mesmo que a sociedade rejeite essa noção.

> Assim, é importante refletir sobre qual conceito de trabalho nos referimos àqueles que o têm como alternativa de superação da situação de rua, uma vez que o trabalho assalariado formal e regular parece ter limites claros para inserção dessa população. Ou seja, na medida em que os equipamentos sociais e os próprios sujeitos depositam expectativas de inclusão produtiva apenas no trabalho formal pode ser limitante e frustrante no processo de acompanhamento e suporte a quem vive na rua. E pior, geralmente culpabilizando os sujeitos pelo fracasso da não inserção no mercado de trabalho [...]. (Pinho, Pereira e Lussi, 2019, p. 487)

Essa observação foi notada durante as discussões no grupo em relação aos Centros de Atenção Psicossociais (Caps). Nesse ponto, os participantes expressaram seu descontentamento em relação às atividades dessas instalações. Eles mencionaram que a abordagem predominante nessas intervenções está centrada no tratamento em relação ao uso de substâncias e na inserção do indivíduo no trabalho formal.

Essas falas manifestam a ausência de escuta do desejo do sujeito, sobretudo com populações em situação de vulnerabilidade social. Nesse sentido, é fundamental adotar uma escuta ativa, afetiva e política. Identificamos que essa escuta, quando atenta aos desejos e objetivos de vida do sujeito, permitirá a realização de um acolhimento diante da alteridade e, portanto, a transcendência de preconceitos inerentes ao sistema capitalista.

Existem outras considerações teóricas que podem enriquecer essa análise das dificuldades de inserção no mercado de trabalho para grupos em vulnerabilidade, especialmente no caso da população em situação de rua. Foi identificado no grupo que, além de enfrentarem obstáculos como a ausência de documentos ou endereço fixo, esses indivíduos sofrem estigmatização significativa. Ao passo que se sentem incluídos no equipamento que realiza a geração de renda, em outros espaços sociais sentem-se em situação de exclusão ou invisibilidade. Adicionalmente, confrontam-se com desafios do mercado de trabalho formal, caracterizados por níveis educacionais muitas vezes reduzidos, escassa experiência profissional, abuso de substâncias, estigmatização, antecedentes prisionais e dificuldades na adesão e gestão financeira.

Esses elementos indicam uma tendência à individualização de questões que, em sua essência, são de natureza social e deveriam ser abordadas por meio de políticas públicas. A abordagem desses desafios requer uma compreensão mais ampla e sistêmica, visando não apenas a inserção no mercado de trabalho, mas também a resolução das barreiras estruturais e sociais que perpetuam a vulnerabilidade desses grupos.

Portanto, advogamos pela necessidade de adotar uma abordagem renovada em relação aos objetivos da instituição em questão, mesmo reconhecendo-a como um ponto crucial na trajetória desses indivíduos. No entanto, é imperativo evitar que a ênfase exclusiva na obtenção de empregos formais e permanentes não se sobreponha a outros aspectos igualmente relevantes que a instituição realiza de forma adequada. Caso contrário, os resultados obtidos podem permanecer limitados e o esforço diário dos funcionários pode ser percebido como infrutífero, gerando maior estresse nas relações institucionais.

É essencial considerar todos os ganhos e benefícios que os participantes já experimentaram ao frequentar as atividades de economia solidária na instituição, sobretudo se desejamos orientar nossas ações com base na abordagem da redução de danos. Essa perspectiva requer uma avaliação integral das necessidades e aspirações dos envolvidos, reconhecendo que a promoção do bem-estar e da autonomia pode ocorrer por meio de uma variedade de meios, para além da obtenção de um emprego formal.

A redução de danos (RD), muito mais do que pensar no contexto do uso de drogas, propõe pensar a saúde promovendo medidas que permitam minimizar as consequências adversas das mais diferentes situações de vulnerabilidade. Isto é, o princípio fundamental dessa abordagem é o respeito à liberdade de escolha dos indivíduos, valorizando os desejos e as possibilidades deles, de modo que os profissionais que atuam a partir dessa modalidade com as populações em vulnerabilidade devem estar atentos às práticas de cuidado que as próprias pessoas já construíram, auxiliando-as a potencializar essas práticas. "A RD [...] consiste em um conjunto de medidas em saúde que visam minimizar as consequências adversas [...], cujo princípio fundamental é o respeito à liberdade de escolha do indivíduo e o acesso aos serviços de saúde" (Oliveira *et al.*, 2019, p. 13).

Sendo assim, nessa perspectiva, torna-se fundamental a escuta e a valorização do sujeito como um ser de desejos e de possibilidades, permeando as práticas em saúde no diálogo, na negociação e na reflexão coletiva.

> No tocante à população de rua, mediante a perspectiva da RD, surgiram os Consultórios de Rua vinculados ao Departamento de Saúde Mental (atualmente chamados Consultórios na Rua, vinculados à Atenção Básica) que ofertam serviços na modalidade de atendimento extramuros e promovem acessibilidade aos serviços de saúde, assistência integral aos usuários de rua e promoção de laços sociais com enfoque intersetorial. (Oliveira *et al.*, 2019, p. 13)

A RD ainda carece de ampliação e aprofundamento teórico; no entanto, apresenta-se como uma proposta ética, que engendra uma clínica com visão crítica e social, pautada na escuta, no respeito e na compreensão para a constituição de uma política pública de promoção de saúde coletiva na relação com o álcool e outras drogas. Todavia, ainda enfrenta grandes dificuldade para superar os modelos hospitalocêntricos, fundamentados na interação entre justiça, psiquiatria e moralidade.

Trata-se, portanto, de uma escuta que não apenas acolhe o sofrimento, embora este também seja fundamental, mas que busca acolher a potência nas mais distintas situações. A dinâmica que o trabalho na instituição promove, no que diz respeito à rotina, responsabilidades, interações, participação, lazer, entre outros, contribui, em muito, para a promoção de saúde na vida desses indivíduos. Esse também é um indicativo para se pensar os projetos de vida que são desenvolvidos nessas atividades institucionais, tendo no projeto de estágio do curso de psicologia da Universidade Presbiteriana Mackenzie o estabelecimento de um processo de escuta e acolhimento dos indivíduos, a partir da perspectiva do que eles já conquistaram ou têm conquistado.

O grupo: entre laços e dificuldades

Aqui optamos por analisar como se deu o processo grupal, as dificuldades e os avanços que enfrentamos durante os encontros e os passeios.

Alguns pontos foram relevantes nesta análise, sendo eles o comparecimento das pessoas nos encontros, o vínculo terapêutico e pessoal, as dinâmicas grupais e o desenvolvimento de todo esse processo.

Com relação à conformação do grupo, notamos um impasse diante da participação dos integrantes nos encontros. O grupo iniciou com uma média de seis participantes selecionados pela instituição, que evoluiu para doze após convites realizados pelas estagiárias às pessoas que estavam no pátio e no refeitório. Contudo, a participação desses doze em todos os encontros foi extremamente periódica, sendo que apenas oito deles se comprometeram com o enquadre do início ao fim. Aqui pontuamos que é difícil analisar essa periodicidade como falta de comprometimento, tendo em vista que não é possível apontar os motivos do não comparecimento aos encontros, que variam desde impasses pessoais, como períodos de uso intenso de substâncias, impaciência com o grupo e outras questões, até a impossibilidade de participar devido às demandas de trabalho.

Entretanto, mesmo que tenha sido verificada essa inconstância dos participantes, foi possível a continuidade do grupo e o desenvolvimento de um vínculo terapêutico. Vínculo este que foi fortalecido pelos encontros, pelos passeios e pelas conversas cotidianas realizadas antes e depois do grupo. Foi essencial que as estagiárias estivessem no pátio e no refeitório no período anterior e posterior aos encontros, pois nesses momentos, além do estabelecimento de vínculos, foi possível observar quais eram as questões mais em evidência para os participantes. Esses contatos foram fundamentais para auxiliar no planejamento das atividades e temas propostos, sobretudo para que a dinâmica não ficasse desinteressante e totalmente descolada da realidade e desejos dos participantes. É possível afirmar que foi estabelecido um vínculo grupal muito forte, principalmente quando percebemos que, durante o grupo e na devolutiva final, todos se envolveram em uma troca de afetos, demandas de atenção e necessidade de compartilhamento coletivo de suas expectativas, ansiedades, esperanças e projetos.

Sendo assim, é fundamental evidenciar que a importância das dinâmicas e temáticas desenvolvidas passou pelo objetivo de fortalecimento desses vínculos grupais, embora tantos outros temas pudessem ter sido desenvolvidos para atender às demandas institucionais iniciais. Isto é, embora a instituição ansiasse por respostas no âmbito do trabalho formal, o grupo optou por, inicialmente, seguir um caminho de fortalecimento das relações grupais, propondo dinâmicas mais relacionais, afetivas e introspectivas, promovendo para todos os que estavam ali presentes (estagiárias e integrantes) um processo grupal não assimétrico, e sim solidário, que propiciou a expressão e reflexão coletiva de dores individuais, desejos, sonhos, história de vida e relações interpessoais.

Na devolutiva final foi possível também fortalecer os vínculos com a instituição, que considerou o projeto e sua continuidade como de grande relevância para o desenvolvimento das atividades institucionais.

Consideramos o processo grupal e o percurso de alguns participantes, que gradativamente foram se abrindo para as trocas interpessoais e se permitindo olhar para os mais diversos aspectos de suas vidas, como um *locus* privilegiado para o desenvolvimento da saúde integral desses indivíduos.

Importante ainda mencionar a importância de romper com a visão que geralmente se tem da psicologia, no sentido de que os psicólogos são aqueles que resolvem conflitos e sofrimentos individuais. Um processo terapêutico bem-sucedido pode ser grupal e é aquele no qual os integrantes vão se inserindo num processo de reflexão coletiva acerca de seus projetos de vida, na medida em que vão se escutando, libertando suas falas, realizando considerações e tomando posições, responsabilizando-se pelas suas escolhas e questionando as consequências futuras de seus atos. O que aprendemos é não sobrepor as teorias e técnicas psicológicas à escuta dos sujeitos e aos processos vinculares e coletivos.

> Entre as dificuldades identificadas por Dimenstein (2000, 2001), destaca-se a falta de integração entre as instituições de ensino superior e as múltiplas realidades dos equipamentos sociais, serviços públicos e espaços comunitários, além de uma formação tecnicista que submete a consciência crítica ao privilégio da técnica. Conforme Dimenstein (2000, 2001), os profissionais ainda realizam prioritariamente, nas instituições sociais, a prática hegemônica no campo da psicologia: a psicoterapia, que lhes confere segurança, diferenciação e prestígio por ser um instrumento exclusivo dos psicólogos. (Dantas e Rusche, 2021, p. 77-78)

A ênfase nas técnicas e explicações teóricas prontas em sobreposição à reflexão, à percepção do fenômeno e à criticidade já foi estudada por Hannah Arendt (2007), na obra *A condição humana*. Nessa concepção, esvaziou-se os métodos e os processos de imersão no fenômeno que têm a finalidade de descrevê-lo na busca constante de sua compreensão. As explicações prontas engendraram preconceitos que acabaram por dificultar processos de interação e de escuta na saúde.

Considerações finais

Os encontros de avaliação e devolutiva com o grupo foram muito significativos e expressivos. No início, passeamos pelo parque do Ibirapuera conversando, brincando e vendo as atrações; depois o grupo se acomodou para realizar o piquenique e conversar sobre a trajetória do processo grupal. Questionados sobre a percepção deles a respeito das atividades realizadas, todos disseram que gostaram muito e queriam que o projeto continuasse, pois criaram um carinho muito grande pelas pessoas durante as atividades. Além disso, as conversas nos encontros foram muito boas e foram bons momentos de parar de trabalhar e pensar em outras coisas. Comentaram que os passeios foram muito importantes para lembrar de momentos de que eles gostavam e atividades que não faziam havia muitos anos. Ademais, expressaram que foi uma forma de ver que ainda podem frequentar esses lugares e "viver coisas felizes" [sic]. Questionados sobre as dinâmicas, eles disseram que o melhor não foram as dinâmicas em si, mas, sim, o jeito das estagiárias, o carisma, o fato de saberem escutar o que eles tinham a dizer com atenção, de serem dedicadas e estarem ali de corpo e alma. Um dos participantes disse que "a relação se tornou como uma árvore que criou raízes" [sic]. Eles apontaram que geralmente a postura de quem faz as oficinas é diferente, mais distante, e que isso não gera tanto interesse. Eles agradeceram e desejaram o melhor para a vida profissional das estagiárias.

Elas também agradeceram muito pela participação deles, por todos os ensinamentos e trocas que proporcionaram. Disseram que o vínculo desenvolvido no processo grupal foi muito importante e que ficaram muito felizes com a entrega de cada integrante no decorrer dos encontros, assim como com a amizade e a parceria para além da instituição. Apontaram também que ficaram muito felizes em ouvir a devolutiva e avaliação do processo pelo grupo, sobretudo com relação aos passeios, por acharem fundamental que eles continuassem a visitar esses lugares, entre outros de importância cultural e de lazer. Foi bastante gratificante observar como, progressivamente, cada um foi encontrando sua maneira de se expressar, dialogando sobre temas por vezes tão difíceis. Questionadas sobre a continuidade do projeto no equipamento, retomamos o enquadre para dizer que, como estagiárias, o nosso trabalho terminava ali, mas que as rodas de conversas teriam seguimento com outros estagiários nos próximos semestres.

Com relação à instituição, foi realizada reunião com o coordenador do projeto para que fosse realizada a devolutiva. As estagiárias agradeceram imensamente o esforço dos trabalhadores do equipamento para que o estágio se concretizasse, sobretudo do coordenador. Agradeceram também pela disponibilidade do espaço para a realização das atividades, pelo auxílio dos educadores para reunir o grupo nos dias de encontros, assim como por toda a abertura, diálogo e construção conjunta do estágio com os educadores e funcionários em geral. Destacou-se a importância das devolutivas semanais com o coordenador, especialmente para auxiliar no manejo das demandas institucionais.

Em seguida, as estagiárias pontuaram a complexidade do objetivo da instituição, ainda mais considerando a população que se pretende atender, questionando a questão da temporalidade de permanência no equipamento e os fins a que se propõe, sobretudo em função da importância da geração de renda a partir da perspectiva de redução de danos. Questionaram também a respeito das relações interpessoais entre funcionários e usuários do serviço, especialmente levando em consideração a frustração, cansaço e ansiedade institucional, diante das multiplicidades de desafios enfrentados diariamente, ressaltando a necessidade de um acompanhamento institucional por psicólogos, em parceria com a assistência social, para atendimento das demandas tanto dos usuários quanto dos trabalhadores do equipamento. Com relação à continuidade dos sujeitos envolvidos nas vagas de trabalho formal, foi indicado que seria interessante que houvesse algum tipo de acompanhamento destes após a saída do equipamento, para auxiliar na elaboração das ansiedades que surgem diante do ingresso no mercado de trabalho. Também foi apontada a importância do fortalecimento dos espaços de autonomia e escuta no equipamento, especialmente com relação à agenda e às atividades propostas, sugerindo que fosse instalada uma agenda coletiva no pátio, para que os participantes pudessem ativamente acompanhar o cronograma de atividades.

Ficou o indicativo de que o estágio em processos grupais ficará responsável pela continuidade das rodas de conversa e que é possível que o estágio comunitário auxilie também, desenvolvendo um projeto para tentar articular o trabalho com a rede de atendimento psicossocial, promovendo fóruns de diálogo entre os trabalhadores de outros equipamentos e universidade. Foi ressaltada a possibilidade de um dos projetos ser desenvolvido com os técnicos da instituição, atendendo à demanda apontada pelo coordenat dor. As estagiárias se colocaram à disposição para se reunirem com os futuros grupos de estagiários, a fim de contribuir, ao máximo, para a continuidade do projeto de parceria entre a universidade e a instituição.

Referências

Arendt, H. *A condição humana*. Rio de Janeiro: Forense Universitária, 2007.

Bottega, C. G.; Merlo, A. C. "Clínica do trabalho no SUS: possibilidade de escuta aos trabalhadores". *Psicologia & Sociedade*, v. 29, 2017, e156376.

Brasil. Ministério do Desenvolvimento Social e Combate à Fome. *Rua aprendendo a contar*. Pesquisa Nacional sobre a População em Situação de Rua. Brasília: DF: MDS; Secretaria de Avaliação e Gestão da Informação, Secretaria Nacional de Assistência Social, 2009. Disponível em: https://www.mds.gov.br. Acesso em: 23 maio 2024.

_____. Ministério do Desenvolvimento Social e Combate à Fome. *Censo Suas*. Brasília: DF: MDS; Secretaria de Avaliação e Gestão da Informação, Secretaria Nacional de Assistência Social, 2009. Disponível em: https://www.gov.br/mds/pt-br/acoes-e-programas/suas/gestao-do-suas/vigilancia-socioassistencial-1/censo-suas. Acesso em: 23 maio 2024.

Centenaro, A. E. M. "O mercado de trabalho e os trabalhadores em vulnerabilidade social". In: *Rumo a Assis: na direção da economia de Francisco,* Fiocruz, 2021. Disponível em: https://cee.fiocruz.br/?q=node/1366. Acesso em: 15 maio 2024.

Dantas, B. S. A.; Rusche, R. J. "Estratégias de intervenção em Psicologia Social Comunitária: possibilidades, conflitos e desdobramentos". In: Caldas, R F. S.; Araújo, M. V. *Estágios em psicologia: a atuação profissional na formação.* São Paulo: Ed. Mackenzie, 2021. p. 77-110.

Dimenstein, M. "A cultura profissional do psicólogo e o ideário individualista: implicações para a prática no campo da assistência pública à saúde". *Estudos de Psicologia,* v. 5, n. 1, p. 95-121, 2000.

_____. "O psicólogo e o compromisso social no contexto da saúde coletiva". *Psicologia em Estudo,* Maringá, v. 6, n. 2, p. 57-63, 2001.

Gaiger, L I. G. "A economia solidária diante do modo de produção capitalista". *Caderno CRH,* Salvador, n. 39, p. 181-211, jul./dez. 2003.

Ipea — Instituto de Pesquisa Econômica Aplicada. Relatório de Atividades 2020. Brasília, DF: IPEA, 2020. Disponível em: https://www.ipea.gov.br/portal/. Acesso em: 23 maio 2024.

Lancetti. A. *Clínica peripatética.* São Paulo: Hucitec, 2008.

Marx, K. *O Capital — Livro I — crítica da economia política: o processo de produção do capital.* Trad. Rubens Enderle. São Paulo: Boitempo, 2013.

Moraes, D. J.; Macêdo, C. M. V. de. "Caminhos da autonomia: grupo reflexivo com ex-moradores de rua". *Psicologia: Ciência e Profissão* [online]. v. 40, p. 1-13, e290411, 2020. Acesso em: 13 set. 2021.

Oliveira, J. F *et al.* "Satisfação profissional e sobrecarga de trabalho de enfermeiros da área de saúde mental". *Ciência & Saúde Coletiva,* v. 24, n. 7, p. 2593-99, 2019.

Oliveira, L. V. *et al.* "Muros (in)visíveis: reflexões sobre o itinerário dos usuários de drogas no Brasil". *Physis: Revista de Saúde Coletiva* [online]. v. 29, n. 4, 2019. Acesso em: 15 set. 2021, e290411.

PETERSEN, F.; SOUZA, T. G. de; LOPES, A. de A. "Relações entre autogestão e cidadania: o papel da participação em uma cooperativa na construção da identidade de cidadão". *Psicologia & Sociedade* [online], v. 26, n. 2, 2014.

PINHO, R. J do; PEREIRA, A. P. F. B.; LUSSI, I. A. de O. "População em situação de rua, mundo do trabalho e os centros de referência especializados para população em situação de rua (centro pop): perspectivas acerca das ações para inclusão produtiva". *Caderno Brasileiro de Terapia Ocupacional*, São Carlos, v. 27, n. 3, p. 480-95, 2019. https://doi.org/10.4322/2526-8910.ctoAO1842.

SILVA, L. B. da. "População negra em situação de rua: uma breve análise da reprodução do racismo institucional e os desafios colocados sobre a prática profissional do assistente social". *Congresso Brasileiro de Assistentes Sociais*, Brasília — DF, v. 16 n. 1, 3 nov. 2019.

SINGER, P. "A recente ressurreição da economia solidária no Brasil". In: SANTOS, B. de S. (org.). *Produzir para viver: os caminhos da produção não capitalista*. Rio de Janeiro: Civilização Brasileira, 2002a. p. 79-81.

______. *Introdução à economia solidária*. 1. ed. São Paulo: Ed. Fundação Perseu Abramo, 2002b.

TEIXEIRA, M. B. *et al.* "Os invisibilizados da cidade: o estigma da população em situação de rua no Rio de Janeiro". *Saúde em Debate* [online]. v. 43, n. spe7. p. 92-101, 2020. Acesso em: 15 set. 2021.

WWP. *Pesquisa Nacional Sobre a População em Situação de Rua: Série WWP Relatos de Uso de M&A*. Secretaria de Avaliação e Gestão da Informação (SAGI) em parceria com a Secretaria Nacional de Assistência Social (SNAS), ambas do Ministério do Desenvolvimento Social e Combate à Fome (MDS). 2008.

ZAKABI, D. "Clínica LGBT: contribuições do psicodrama para superação do estigma e da discriminação". *Revista Brasileira de Psicodrama*, São Paulo, v. 22, n. 2, p. 6-14, 2014.

14 A MÚSICA COMO MEDIADOR TERAPÊUTICO PARA A CRIAÇÃO DE VÍNCULOS NA POPULAÇÃO EM SITUAÇÃO DE RUA

ALINE SOUZA MARTINS

MARIANA DE MELLO ANDREIS

MARINA ALVES MARTINS

A população em situação de rua, além de sofrer com a exclusão, a privação, a violência e o enfraquecimento ou rompimento de vínculos passados, sofre com o impacto desses fatores em seus relacionamentos e vínculos nas dimensões micro e macrossocial. Não raramente, essa vivência provoca relações distanciadas e conflituosas, além de sentimentos de solidão e rejeição entre os homens que se encontram nessa situação, tanto na rua como em aparelhos estatais e federais de acolhimento.

O relatório "População em situação de rua: diagnóstico com base nos dados e informações disponíveis em registro administrativo e sistemas do Governo Federal" (MDHC, 2023, p. 5) define essa população como "um grupo populacional heterogêneo, que possui em comum a pobreza extrema, os vínculos familiares interrompidos ou fragilizados e a inexistência de moradia convencional regular". Acrescenta, ainda, que esse grupo tem aumentado significativamente no país (*ibidem*). O Cadastro Único para Programas Sociais aponta que havia 236.400 pessoas em situação de rua inscritas em 2022 (ou seja, 1 em cada 1.000 pessoas). Quanto ao perfil, a maioria é do sexo masculino (87%), adulta entre 30 e 49 anos (55%) e negra (68%, sendo 51% parda e 17% preta). Em oposição às expectativas do senso comum, a maioria sabe ler e escrever (90%) e já teve emprego com carteira assinada (68%). Foram apontadas como causas para a dificuldade de terem uma moradia fixa os problemas familiares (44%), seguidos do desemprego (39%), alcoolismo e/ou uso de drogas (29%) e a deficiência física (15%) (MDHC, 2023).

Os Centros Pop são os aparelhos destinados a atender essa população. Em 2022 foram contabilizados 246 centros em funcionamento, enquanto na saúde, entre dezembro de 2015 e dezembro de 2022, o número de Equipes de Consultórios na Rua (eCR) passou de 142 para 259, um aumento de 82% (MDHC, 2023). O grande número desse grupo, sua complexidade e o crescente investimento estatal na assistência demonstram uma necessidade de estratégias para seu acolhimento. Os psicólogos e estudantes são cada dia mais chamados para comporem equipes de saúde e assistência territorial dessa população, entretanto as estratégias específicas de escuta são pouco desenvolvidas.

Nesse sentido, apresentaremos uma iniciativa de uso da música como objeto mediador (Vacheret, Gimenez e Abud, 2013) para favorecer o vínculo e a elaboração psíquica em grupos com população em situação de rua. A música funciona nesses contextos como instrumento facilitador para a expressão, representação e mobilização de afetos e diálogos nas rodas de conversa, principalmente por evitar a exposição dos participantes diante do grupo antes que o vínculo de confiança tenha sido estabelecido. Esse instrumento contribuiu na construção coletiva de novos significados e possibilidades para o cotidiano, de potencialidades individuais e sociais, e de relações comunitárias dentro do grupo. Ao não precisarem se expor contando suas histórias, os participantes puderam se integrar na atividade ouvindo as músicas da sua preferência e compartilhando afetos, o que produziu um campo fértil para processos de ressignificação particulares e conjuntos, alicerçados em suas próprias subjetividades (Vacheret, Gimenez e Abud, 2013; Vigotski, 1999; Souza, Dugnani e Reis, 2018).

Metodologia: música como mediador terapêutico

Para Vacheret, Gimenez e Abud (2013), em "Como pensar a sinergia entre o grupo e o objeto mediador?", existem duas grandes metodologias usadas em dispositivos clínicos e de saúde mental: os grupos que utilizam objetos mediadores e os que não utilizam. Os primeiros são conhecidos pelo fluxo da palavra na busca da elaboração de experiências de difícil metabolização psíquica. Para as autoras, duas complexidades aparecem no uso desses dispositivos: a dificuldade de os participantes falarem livremente e as especificidades no tipo de transferência e de interpretação. Com a população em situação de rua esses pontos representam desafios, não devido à dificuldade no processo de simbolização, mas pela condição social de privação e violência que geralmente levam à desconfiança e dificuldade de fazer vínculos. Essas pessoas geralmente padecem de problemas físicos, econômicos ou psicológicos que geram uma marginalização e as colocam como alvos da violência estatal e civil. Além dos conteúdos traumáticos gerados por essa posição, muitas pessoas escutadas são sobreviventes do sistema prisional ou estão na rua se escondendo de familiares, conhecidos ou polícia, o que faz que elas preservem sua intimidade, apesar das tentativas de conversa nos serviços de atendimento.

Uma alternativa seriam os grupos nos quais são introduzidos objetos mediadores como receptáculos das projeções dos usuários, favorecendo o processo de associação livre e transferência, uma vez que as pessoas podem falar das suas questões ou expressar seus sentimentos conscientes e inconscientes por meio de metáforas dirigidas ao objeto. Segundo Vacheret, Gimenez e Abud (2013), os grupos podem utilizar: músicas, máscaras, fantoches, pintura, escultura, modelagem, recorte, colagem ou fotografia.

Para Nogueira (2021), as experiências de violência e desenraizamento do trauma podem produzir silenciamento. Isso ocorre pois o trauma, como experiência de excesso de excitação para a qual o sujeito não está preparado, fratura o sentido de unidade do sujeito e suas construções simbólicas e imaginárias sobre o mundo. A música seria um veículo para tratar essa invasão de real que paralisa o tempo e o espaço em repetições infinitas. Nas oficinas que o autor ministra os participantes adolescentes compõem letras e cantam, trazendo a sua voz para a cena.

Nos grupos descritos neste capítulo, os usuários do serviço escolhem, escutam e compartilham suas impressões sobre as músicas. Nesse ato, entram em contato com memórias, afetos e traumas invocados pelas melodias, bem como, através das letras, podem falar de seus sentimentos em relação aos personagens descritos. Ao compartilharem sua interpretação sobre as letras, indiretamente falam de si, são acolhidos pelos colegas de grupo ou confrontados, o que amplia seus recursos simbólicos e afetivos, além de possibilitar a criação de laços.

Considerando a demanda de proximidade e vinculação entre os conviventes, foram pensados temas que permeiam a vida de todos os indivíduos e possibilitam identificação, como família, relacionamentos, vivência na rua, cotidiano, futuro e identidade. Buscou-se resgatar sentimentos e vivências que pudessem proporcionar sentimentos de reconhecimento, empatia e pertencimento entre os pares. Para tal fim, as músicas escolhidas foram diversificadas, de outros estados, de diferentes estilos e conteúdos, o que permitiu o aprendizado de diversos olhares sobre a mesma situação. No próximo tópico, traremos as discussões provocadas pela prática.

Discussão: cantando o desamparo

Uma vez que a sobrevivência nas ruas implica a flexibilização de diretrizes e sociabilidades constituídas, busca-se compreender as consequências desses fenômenos e das novas formas de ser e se relacionar apreendidas nesse ambiente. Identifica-se a vulnerabilidade, a desumanização e o fatalismo como elementos comuns nas relações e subjetividades de pessoas nesse contexto (Cunha *et al.*, 2017; Fiorati *et al.*, 2016), e encontra-se como resposta o descongelamento de afetos e de paradigmas existenciais e relacionais entre os conviventes da casa e da população em situação de rua como um todo.

De forma a realizar tais mudanças, entende-se como essencial a mobilização das emoções e da reflexão, em busca de concepções e atitudes mais conscientes, criativas e empáticas em relação a si mesmo e aos outros. Concebe-se a cultura, colocando a música em destaque, como alicerce para o desenvolvimento de potências particulares e comunitárias, considerando sua eficácia como mobilizadora para a sensibilização, a reflexão e o diálogo. Em finalização, pretende-se ilustrar a valia da música para a transformação e ressignificação das vivências cotidianas e dos relacionamentos que a partir dela podem ser construídos (Cunha *et al.*, 2017; Delfin, Almeida e Imbrizi, 2016).

A cultura como catalisadora de mudanças

De forma a impelir o reconhecimento e o sentimento de pertencimento entre os membros, componentes do sentimento de comunidade descrito por McMillan e Chavis (1986), visando à fecundação dessas relações direcionadas ao "nós", a cultura — especia ficamente a música — foi escolhida como ferramenta fundamental para a aproximação e conexão entre os pares. Antropologicamente, a cultura é uma instância social que permeia todos os aspectos da vida humana; além disso, a dimensão simbólica da vida humana expressa-se e é apreendida por meio dela.

Contemplada como uma ferramenta criada nas relações e com potencialidade para acessar e mobilizar as pessoas pela sensibilidade e subjetividade, a "arte, por apresentar conteúdos e formas da cultura por um lado, e por seu caráter aberto, por outro, pode promover o estranhamento da realidade, que é condição essencial para a atribuição de novos significados e sentidos em relação ao vivido" (Souza, Dugnani e Reis, 2018, p. 378).

Além disso, a cultura favorece relações dialógicas, por meio do compartilhamento das emoções, pensamentos, sensações e emoções suscitados pela contemplação da arte em suas diversas formas, agindo como uma mediadora na construção coletiva da ressignificação do cotidiano (Vigotski 1999; Souza, Dugnani e Reis, 2018). Desde o primeiro encontro com o grupo, foi possível constatar a potência da cultura e da música para mobilizar afetos, pensamentos e expressividade. Geralmente, os princípios dos encontros eram marcados pelo retraimento e a austeridade dos participantes, que se abriam no momento que as músicas eram compartilhadas e discutidas.

Pôde-se perceber o descongelamento afetivo em movimento ao entrarem em contato com músicas que lhes provocavam tanto sentimentos de nostalgia, alegria e inspiração como de estranhamento, revolta e tristeza. Os relatos a elas atrelados, às letras, e até mesmo os ritmos das músicas serviram como pontes para que os participantes pudessem aprofundar o conhecimento e a percepção que possuem de seus pares e de si mesmos.

Comumente, os participantes enfatizavam fatos surpreendentes que haviam aprendido sobre os demais, no que tange tanto a diversidade como as semelhanças existentes entre eles que até então haviam permanecido silenciadas. Além disso, falavam sobre músicas e gostos que haviam descoberto graças aos outros integrantes, e, acima de tudo, sobre reflexões, ideais e visões de mundo inovadoras proporcionadas pelo conteúdo compartilhado. As letras, não raramente antes desconhecidas, eram articuladas às suas vivências particulares e sociais, impelindo, além do resgate da memória biográfica, a elaboração e simbolização desses momentos sob novos prismas.

Corriqueiramente, um movimento dialético era percebido no grupo, no qual os sujeitos faziam o uso da música para contestar pensamentos e sentimentos expressados pelos outros participantes e pelas letras de suas músicas. Conteúdos que retratavam a infelicidade, a lástima e a estagnação eram contrapostos ora com músicas que reforçam a esperança e fé, ora com mensagens provocativas e instigantes sobre responsabilização, conscientização e ação. Mensagens que inspiram o levante e a mudança foram apresentadas através de músicas como "Até quando?", do artista Gabriel o Pensador. A letra, repleta de questionamentos em relação à violência, à opressão, à injustiça e sua perpetuidade, convida os participantes a ir contra o assujeitamento e a resignação através da reivindicação e da mobilização.

Já a música "Teto de vidro", da cantora Pitty, instiga a conscientização e a responsabilização, provocando os sujeitos a voltarem seus olhares para si mesmos e suas atitudes de forma a questionar a culpabilização e condenação alheias, frequentemente feitas pelos membros do grupo. Como um convite à reflexão e à inspiração, aponta-se a música "Se o mundo inteiro pudesse me ouvir", do grupo Filosofia de Rua. Contemplando a vida e a rua como despertadores e fontes de aprendizado, ela surge pela escuta e reconhecimento das vozes e vivências da população em situação de rua. Junto a isso, convoca atitudes compassivas, empáticas e a união, em vistas de relações mais humanas e coletivas.

Esse movimento dialógico entre os pares aclara a potencialidade da música, visto que, a partir dos conteúdos escolhidos, pôde-se perceber a mobilização de seus afetos e de sentimentos de empatia para com seus colegas, impulsionando a busca de novas visões de mundo e alternativas para apaziguar suas angústias. Além disso, pode-se dizer que, além de afetos como a compaixão e a empatia, as canções serviram como disparadoras para a reflexão e a busca por alternativas diferentes e positivas de enfrentamento das dificuldades e infortúnios relatados. Tendo isso em vista, a contemplação de produções artísticas e culturais pode conferir novas qualidades à subjetividade e à psique, como formas mais criativas, elaboradas, individuais e comunitárias de enxergar e agir sobre a realidade (Souza, Dugnani e Reis, 2018).

De acordo com Souza, Dugnani e Reis (2018), a relação entre sentimentos, significados e a imaginação proporcionada pela contemplação da arte favorece o movimento da intensidade e das formas de expressão das emoções e dos pensamentos, criando oportunidade para a ressignificação e transformação de seu modo de viver sua realidade cotidiana. Para Vigotski (1999), a potência para a transformação é proporcionada pelo estado contemplativo do sujeito, que, ao incorporar e transcender a vivência cotidiana, promove o desenvolvimento de formas mais diversas e autorais de relação com o mundo, possibilitando o desenvolvimento de ações dirigidas à transformação de sua realidade.

Sendo a música, além de obra artística, uma forma de linguagem e comunicação humana, ela está sujeita a infindáveis compreensões e interpretações. Cada vez que é ouvida por alguém diferente, ela ganha um significado único, criado por uma experiência e subjetividade singulares. Em consonância com os pensamentos de Vigotski (1999), é possível afirmar que esse processo de recepção da música, sendo entendida como uma forma simbólica e subjetiva, não é passivo, não é uma simples introjeção ou assimilação; ao contrário, é um processo criativo e mobilizador de interpretação e apropriação, no qual o significado e a representação dos afetos, percepções e vivências podem ser ativamente construídos e reconstruídos (Cunha *et al.*, 2017). Essa ideia permite considerar que, se são os afetos, enfraquecidos e cristalizados, que estão na base dos conflitos de relação entre a população em situação de rua, a utilização de instrumentos que possibilitem e provoquem a expressão e ressignificação de seus afetos são a chave para a transformação.

Vínculos e rupturas

Apesar de a música ser veículo de comunicação e transmissão de afetos, a penúria dos vínculos entre a população em situação de rua é apresentada tanto pela literatura (Cunha, 2015; Cunha *et al.*, 2017; Fiorati *et al.*, 2016) como pela própria instituição, e foi corroborada pelos relatos e conteúdos líricos compartilhados pelos participantes no decorrer dos encontros. A perda de laços e os inúmeros rompimentos por eles vividos se fizeram presentes na trajetória de cada um deles como marcos profundos em suas histórias, atravessando seus relacionamentos amorosos, familiares e amizades. Essas rupturas são marcadas como consequências de relacionamentos abusivos, drogadição, casos de doença mental, morte e desavenças irreconciliáveis. Tais perdas se mostram fortemente sentidas e ativamente presentes nas escolhas musicais.

Em geral, as músicas e os relatos divergem entre seus âmbitos, relacionando-se a questões ora microssociais, ora macrossociais. Apesar dessa divergência, o rompimento se faz presente em todas as obras, seja das relações pessoais ou sociais, seja de forma objetiva ou abstrata. Isso é retratado de forma mais explícita nas músicas escolhidas pelos participantes, que narram histórias de separação conjugal e de ruptura com a família, e de forma mais implícita naquelas que refletem problemáticas sociais, em que o rompimento é uma questão latente, mas também palpável. Reflexões e comoções foram provocadas sobretudo ao se falar sobre casamento, relacionamentos abusivos, separações turbulentas e o papel da mulher nos relacionamentos, na vida do homem e na sociedade.

Geralmente, percebe-se uma necessidade de resgate e reparação desses vínculos, em seus relatos e nas letras escolhidas para representá-los. A perda de laços, de modo geral, é uma forte realidade na vida de todos os presentes nos grupos de cada encontro. Para alguns deles, ela é vista como o motivo provocador para a situação de perda de moradia, enquanto, para outros, é uma consequência da situação de rua, que por si só dificulta arbitrariamente o contato com familiares e amigos, e o manejo de seus laços e afetos. A despeito das circunstâncias, a falta de vínculos afetivos que possam servir como uma base de sustentação para o sujeito é uma realidade na vida dos conviventes, bem como explicitada pela falta de confiança e da resistência para a criação de laços entre eles próprios (Cunha *et al.*, 2017).

Novos relacionamentos intra e interpessoais

Visto que a sucessão de experiências antes do ingresso nas ruas é marcada por uma série de perdas evidenciadas, é possível afirmar que o ingresso na rua também implica uma repetição de rompimentos, sobretudo no que tange a identidade (Frangela, 2014). Mediante relatos dos conviventes quanto às suas vivências nas ruas, pôde-se compreender o deslocamento abrupto vivido por eles, rumo a uma condição radicalmente diferente e obscura em relação ao que conheciam, que acarreta, além da necessidade de conhecer a rua, a necessidade de dominá-la. Em decorrência disso, pode-se observar um esvaziamento identitário na fala de alguns participantes decorrente do contexto de rua, descrito como uma espécie de "prova de sua integridade e dignidade" (sic), momento em que tiveram de travar batalhas, majoritariamente fracassadas, contra si mesmos e contra os outros para que não tivessem suas identidades, crenças e valores violados.

Mesmo vindo de diversas localidades e com diferentes bagagens para enfrentar as adversidades da rua, as pessoas que resistem nesse contexto precisam criar uma cultura própria, que não raramente subverte as convenções e os sistemas de organização dos demais grupos sociais. O ingresso na rua implica um doloroso rito de passagem em que é preciso apreender novos mecanismos de sobrevivência e construir novos recursos e círculos de sociabilidade, um novo modo de se vincular ao contexto urbano e às pessoas que os circundam, relatado pelos participantes como uma experiência árdua e conflituosa (Cunha *et al.*, 2017; Varanda e Adorno, 2004).

As experiências de vida narradas de suas biografias implicam, de maneira geral, experiências individuais que, em vez de fortalecer os recursos pessoais que qualificam o indivíduo para enfrentar os desafios com que se depara, despotencializam sua autoimagem, autoestima e sua identidade (Espinosa, 2009). Esses eventos também estão atrelados a questões estruturais da sociedade. A partir disso, pode-se entender por que tantos participantes relataram sentirem-se "perdidos" e "fracos" (sic) em seus primeiros momentos nas ruas.

Frangella (2004) enfatiza ainda mais a dificuldade de formar vínculos no contexto da situação de rua ao afirmar que a organização de grupos é principalmente baseada e limitada pela espacialidade e pela temporalidade, com inconstância contínua. De acordo com parte dos conviventes, na medida em que se vai dominando os códigos necessários à vida na rua, são formadas alianças e relações que se revelam embasadas majoritariamente no saneamento de interesses e necessidades. Dessa forma, as relações teriam por característica a efemeridade e a insidiosidade, que acaba por trazer consigo desconfiança e reserva entre os pares (Cunha *et al.*, 2017).

Seria possível dizer, assim, que, muitas vezes, as relações dos conviventes se resumem a interações, ou seja, relações inconstantes e limitadas no tempo, frágeis e voláteis. Outros fatores que atravessam e perturbam as relações entre eles são ameaças externas e pressões contraditórias por autonomia e proximidade, ou até mesmo por subsistência, além do fato de que, diferentemente de outros, os relacionamentos entre a população em situação de rua carecem de forças externas para a manutenção de sua qualidade, haja visto a escassez de mecanismos sociais que promovam a reconciliação e a integração entre essa população. Os mecanismos sociais de sustentação dos grupos podem ser descritos como uma série de forças estruturantes que viabilizam a manutenção de relacionamentos grupais e interpessoais (Oliveira, 2001).

A escassez dos mecanismos sociais na vida dessa população é vista no que tange tanto a sociedade como um todo como especificamente as instituições de acolhimento em que estes conviventes se encontram inseridos. Distantes de instituições e instâncias sociais que promovem a estruturação das relações intra e interpessoais, como a família, o trabalho, a faculdade e até mesmo a escola em tempos remotos de suas vidas, esses sujeitos se encontram relegados às normas e códigos de ser e de se relacionar das ruas. Mesmo dentro do centro de acolhida, esta realidade é perpetuada (Cunha *et al.*, 2017).

Não raramente, eram-nos ilustradas a vida cotidiana e a dinâmica relacional entre os residentes da casa. As narrativas revelaram conflitos, brigas e violência entre os pares como o *status quo* dos dias e relacionamentos vividos na instituição. Ademais, os participantes retratam os espaços propiciados por projetos interventivos realizados por parceiros da instituição, como os únicos momentos em que conseguem se relacionar de forma adequada e positiva, sem que haja brigas e desentendimentos.

Pádua e Magalhães (2003) argumentam que tais relacionamentos podem ser emocionalmente positivos segundo traços afetivos como a sinceridade e a confiança, ou negativos, pela constante ameaça de ruptura e alienação, pela natureza solitária e individualista de suas dimensões. Portanto, as formas como os relacionamentos se dão oferecem maior ou menor grau de suporte social. Segundo Andrade, Costa e Marquetti (2014, p. 9), "é a baixa qualidade de tais relações que produz os processos de vulnerabilidade social, caracterizada por fragilidade e fugacidade das relações, ausência de suporte permanente e caracterização do cotidiano por relações superficiais e/ou por processos de quebra de vínculos importantes".

O panorama ilustrado pelos conviventes retrata as peculiaridades e adversidades na forma de se relacionar no contexto da situação de rua, que modifica a forma de se relacionarem em sua totalidade. Esse processo pode ser entendido segundo as ponderações de Hinde (1997) sobre relacionamento interpessoal e comportamentos sociais. Conforme a autora, os relacionamentos são perpetuamente influenciados por elementos psicológicos, valores, crenças, características grupais e sociais, além do contexto espaço-temporal em que se encontram. Dessa forma, pode-se entender que, durante a vivência nas ruas, muitos desses elementos são estremecidos ou modificados em suas interações, o que traz à tona a mudança de suas concepções e atitudes sobre relacionamentos como um todo (Cunha *et al.*, 2017).

A situação de rua e a vulnerabilidade

A vulnerabilidade é formada pela precarização do trabalho, acrescida à fragilização do vínculo social. Já a desfiliação seria a vulnerabilidade em seu extremo, isto é, a privação de trabalho e a exclusão social (Castel, 1994; Fenato, 2005). Segundo Castel (1994), o espaço de existência social que mais cresce é o da desfiliação, que está relacionada às mudanças nas relações de trabalho, nas redes de sociabilidade primária e nas emergentes rupturas em relação ao status social que é atribuído a cada indivíduo. Desse modo, a quebra da sociabilidade primária resulta da insuficiência das redes familiar e social, redes de proximidade e amparo, que garantem a proteção e a existência de seus membros. Enquanto a vulnerabilidade financeira acarreta privação, a vulnerabilidade e a escassez relacional resultam na marginalização ou exclusão social (Fenato, 2005).

Essa vulnerabilidade que os acomete vem à tona nas letras de diversas músicas escolhidas pelos participantes. Canções como "Adiada pela ressaca", da banda Porcos Cegos, denunciam um sistema econômico e social pautado na ganância e na ignorância, que se constrói e se fortifica a partir da tragédia e da exploração. As letras de "Vida Loka (Parte II)" retratam vivências relegadas às margens, onde a miséria e a guerra imperam, e a violência e o crime são vislumbradas como vias para a sobrevivência e a prosperidade. Reiterando esse quadro, "Baseados em fatos reais", do grupo Detentos do Rap, narra as lástimas de um personagem que tem sua vida atravessada pela drogadição, pelo crime e pela morte. "Quem vai chorar?", do grupo NSC (Neurônio Sub-Consciente), transborda os sentimentos de nulidade e abandono que assaltam os participantes. A letra da música desenha o retrato de um personagem que, submetido a um cotidiano marcado pela violência, degradação e desigualdade social, acredita que ninguém chorará por sua vida, muito menos por sua morte.

A desigualdade social, racismo, pobreza, invisibilidade, violência e as condições precárias gerais que permeiam a vida desses indivíduos são questões denunciadas recorrentemente em suas músicas, evidenciando a crítica social e de classe desenvolvida na adversidade. As canções apresentadas e seus decorrentes relatos trazem diversas perspectivas e olhares direcionados à razão política e social da circunstância das pessoas em situação de rua ou de pobreza, atribuindo a responsabilidade ora aos próprios indivíduos durante sua trajetória de vida, ora à sociedade e seus representantes no Congresso. Discursos políticos com certa frequência emergiram a partir de discussões relacionadas às músicas escolhidas ou de discursos que traziam a roda de conversa para dentro desse âmbito.

Outro tema emergente nos encontros foi a escassez relacionada ao trabalho e formas de sustento. Além da pouca oferta existente no mercado, grande parte dessa escassez é voltada para trabalhos braçais e definidos pelos conviventes como "degradantes", "humilhantes", "desumanos" e "indignos" (sic). Além da precariedade relacionada à remuneração, segurança e salubridade desses trabalhos, sua instabilidade é mais um fator prejudicial à essa população.

Hannah Arendt (2006), em sua análise sobre o trabalho, afirma que as ações dos homens são voltadas para dois planos: um no qual o principal objetivo das ações é a preservação da espécie e outro no qual as ações dizem respeito à individualidade de cada ser. Tais planos contemplam em si a existência de outros dois: o labor e o trabalho. O primeiro é voltado para atividades mecânicas, básicas e objetivas, e tem como finalidade única a subsistência, sendo, então, um limitador da criatividade, da subjetividade e das ações do homem. É neste plano que os conviventes e, em geral, toda a população de rua estão inseridos. Já o trabalho, para Arendt (2006), contém em si uma produção que permite ao homem, além de expressar, engrandecer sua subjetividade e saciar seus desejos, servindo como uma espécie de contraponto à mera subsistência que o labor permite.

Dessa maneira, é a própria condição humana que, para Arendt, está impedida de ser realizada, se não há possibilidade de praticar o trabalho ou a política. Escorel (1999) descreve a exclusão social como um processo em que as pessoas são diminuídas à existência de *animal laborans*, limitadas a possibilidade de sobrevivência e impedidas de exercer plenamente suas potencialidades humanas. A exclusão social é vista pela autora como a impossibilidade de realização da condição humana, devido a uma série de desvinculações sociais operadas, advindas da precariedade extrema no campo do trabalho e dos rompimentos sociofamiliares.

Além disso, a partir dos sentimentos de exclusão e dos rompimentos de vínculos particulares e sociais elucidados pelos conviventes e suas músicas, foi possível pensar no conceito do sofrimento ético-político elaborado por Bader Sawaia (1999). De acordo com a autora, ele não é de ordem individual, mas determinado pela situação social da pessoa, que a impossibilita de lutar contra os cercamentos sociais. Em síntese, é "[...] sofrimento que surge da situação de ser tratado como inferior, subalterno, sem valor, apêndice inútil da sociedade" (Sawaia, 1999, p. 56).

Por meio da constatação do sentimento como constitutivo da consciência, o estudo das emoções tornou-se um dos focos de estudo da autora, embasando-se nos conceitos de bons e maus encontros elaborados por Espinosa (2009), os quais aumentam e diminuem nossas potências de vida, respectivamente. Pode-se definir o sofrimento ético-político como "sofrimento gerado nos maus encontros caracterizados por servidão, heteronomia e injustiça, sofrimento que se cristaliza na forma de potência de padecimento" (Sawaia, 2009, p. 370), como pôde ser vislumbrado em algumas letras das músicas compartilhadas, bem como em seus relatos referentes às suas vivências em situação de rua e aos trabalhos a que são preteridos.

Dualidades cristalizadas

No tocante à vivência na rua, em todos os encontros houve uma dualidade no discurso dos conviventes baseada na relação dialética entre sofrimento e esperança. Muitas das falas dos participantes relativas aos sofrimentos vivenciados e sua atual condição de vivência na rua vinham atreladas a um discurso de esperança de que tudo iria ou poderia melhorar. Apesar de alguns darem justificativas e possibilidades para essa melhora, como, por exemplo, a busca por emprego e educação, outros atrelam tal esperança à fé religiosa, creditando a Deus os acontecimentos de suas vidas e a possibilidade de melhora através da crença nas vontades Dele. Algumas das músicas escolhidas, em diversos encontros, eram relacionadas a Deus, Sua vontade e ao fato de não estarem sozinhos por conta de Sua presença.

Entre as escolhas que exprimem a esperança através da religiosidade, pode-se citar "Ele não desiste de você", que discorre sobre amor incondicional de Jesus, que, nunca os abandonará, a despeito de quem são, do que fizeram e de onde vieram. A música "Deus de promessas" também traz consigo sentimentos de confiança e segurança depositados em Deus, ilustrando-O como uma figura atenta e sensível a seus sofrimentos e clamores, com quem podem contar para apaziguar seus tormentos e alegrar a vida. No âmago das canções, encontra-se Deus como quem acalenta e sustenta, lhes confere a perspectiva, a confiabilidade e o reconhecimento que tanto carecem.

Todas as falas relativas a Deus foram respeitadas pelos participantes e reforçadas pela maioria. A presença de Deus na subjetividade dos indivíduos teve um aparecimento constante durante os encontros, assim como a esperança depositada na vontade Dele. Embora a esperança e a resiliência sejam ativamente discursadas e aparentam ser potentes nesses sujeitos, se traduzem em forma de inação e passividade. Essa atribuição às vontades divinas pode ser interpretada como uma manifestação do fatalismo, no qual o indivíduo crê nos acontecimentos do mundo como predestinados e imutáveis, muitas vezes controlados por uma força cósmica que é quem preside a vida cotidiana.

De acordo com o pensador Martín-Baró (1998), o fatalismo que se observa no grupo de participantes e em contingentes populacionais marginalizados da América Latina origina-se de um sistema ideológico vivenciado e introjetado no cotidiano, que é espalhado nas relações e instituições, como a família, a escola, a igreja e o trabalho (Ansara e Dantas, 2010). A atribuição constante à presença e às ações de Deus na vida dos conviventes, tanto em pensamentos de que estão nessa situação por vontade divina quanto em pensamentos que atribuam a Ele uma saída divina para essa condição, podem não ser favoráveis aos indivíduos, imobilizando os sujeitos que então ficam à mercê dessas forças externas e imperiosas que são retratadas tanto como a sociedade em si quanto como Deus em suas falas durante os encontros.

Relegados a situações e relações, que, além de adversas, são crônicas, passam a enxergá-las sob um único prisma, dando origem ao engessamento dos modos de enxergar, compreender, se relacionar e agir em diferentes contextos. As necessidades estão na base dos motivos que forçam os indivíduos a se relacionarem de forma pragmática e superficial com a realidade e dirigirem seus esforços e atitudes para sanar urgentemente as demandas que se apresentam. A vida cotidiana acaba sendo impulsionada pela carência e urgência de recursos básicos, com poucas oportunidades para a reflexão individual e compartilhada. A promoção de mudanças dessas condições perpassa pelo favorecimento de vivências que tenham em sua base a quebra do paradigma da vida cotidiana que se orienta pelo "eu", e pela constituição de formas de relação direcionadas ao "nós" (Souza, Dugnani e Reis, 2018).

Considerações finais: a música e o despertar

Considerando a exclusão e violência que atravessam os relacionamentos intra e interpessoal da população em situação de rua, buscou-se com esse projeto uma mudança desse paradigma através de trocas e relações mais positivas e saudáveis entre os conviventes da casa. De forma a atenuar a condição de invisibilidade, de isolamento e de confronto a que estão expostos tanto na rua como dentro do centro de acolhimento, foi-se pensado um espaço acolhedor e encorajador para a fala e a escuta, onde novas vivências, olhares e formas de se relacionar pudessem ser criadas comunitariamente.

Como afirmado anteriormente, a arte, especificamente a música, se mostrou potente para o resgate e estabelecimento de vínculos e de vivências comunitárias no grupo. Através da representação e simbolização concedidas pela música, junto à narrativa, os sujeitos puderam expressar suas maiores tristezas, angústias e saudades, recebendo em troca o alento tanto de histórias semelhantes às suas como de perspectivas que as apaziguam.

A música, além de eficaz como disparadora para o discurso e o diálogo, serviu como instrumento de comunicação entre os participantes, que as escolhiam com o fim de dialogar com as demais letras e perspectivas expostas, tanto as divergentes como convergentes às suas. Pôde-se perceber a inscrição gradual do interesse e do envolvimento entre os pares, em detrimento da rigidez, constrangimento e distanciamento que amiúde norteiam suas relações. Compreende-se que, por trás do movimento dialógico despertado, subjaz sentimentos de identificação, reconhecimento e zelo que haviam florescido sutilmente entre os membros do grupo, ora agindo como questionadores e instigadores, ora como uma fonte de acolhimento e amparo uns para os outros.

Não obstante, em meio a mudanças tão significativas, a resistência entre os pares ainda se faz presente, de forma latente e tangível. Embora possam ser reconhecidos avanços importantes na dimensão coletiva dos relacionamentos do grupo, pouco se pode dizer sobre melhorias expressivas nas dimensões mais estreitas e particulares de suas relações. Enquanto os compartilhamentos e momentos vivenciados dentro do coletivo tinham em sua essência a proximidade e a profundidade, os contatos individuais entre os conviventes eram permeados pelo retraimento e o embaraço.

Em conclusão, destaca-se a arte e a cultura, em suas dimensões humanizadora e potencial para afetar o sujeito, como instrumento proficiente de trabalho para o psicólogo na mediação da constituição de formas mais elaboradas de ser, estar, pensar e agir no mundo. Acreditamos que este espaço, mediado por música, possibilitou o processo de conscientização, expressão e vinculação entre os participantes, além de fortalecer suas potencialidades individuais e comunitárias.

Referências

ANSARA, S.; DANTAS, B. S. A. "Intervenções psicossociais na comunidade: desafios e práticas". *Psicologia & Sociedade*, v. 22, n. 1, p. 95-103, 2010.

ARENDT, H. *A condição humana*. 10. ed. Rio de Janeiro: Forense Universitária, 2007.

CASTEL, R. "Da indigência à exclusão, a desfiliação: precariedade do trabalho e vulnerabilidade relacional". In: LANCETTI, A. (org.). *SaúdeLoucura 4: grupos e coletivos*. São Paulo: Hucitec, 1994, p. 21-48.

CUNHA, J. G. da *et al.* "Novos arranjos: lançando um olhar sobre os relacionamentos interpessoais de pessoas em situação de rua". *Gerais: Revista Interinstitucional de Psicologia*, Belo Horizonte, v. 10, n. 1, p. 95-108, jun. 2017.

DELFIN, L.; ALMEIDA, L. A. M. de; IMBRIZI, J. M. "A rua como palco: arte e (in)visibilidade social". *Psicologia & Sociedade*, São Paulo, v. 5, n. 29, p. 23-46, maio 2016.

ESCOREL, S. *Vidas ao léu: trajetórias de exclusão social*. Rio de Janeiro: Fiocruz, 1999.

ESPINOSA, B. *Ética*. Belo Horizonte: Autêntica, 2009.

FENATO, T. S. L. "Desfiliação, sociabilidade e violência". *Associação Brasileira de Psicologia Social — ABRAPSO*, v. 5, n. 6, p.1-13, nov. 2005.

FIORATI, R. C. *et al.* "As rupturas sociais e o cotidiano de pessoas em situação de rua: estudo etnográfico". *Revista Gaúcha de Enfermagem*, 2016; 37(esp):e 72861. doi: http:// dx.doi.org/10.1590/1983-1447.2016. esp.72861.

FRANGELLA, S. M. *Corpos urbanos errantes: uma etnografia da corporalidade de moradores de rua em São Paulo*. São Paulo: Annablume, Fapesp, 2009.

MCMILLAN, D.; CHAVIS, D. "Sense of community: A definition and theory". *American Journal of Community Psychology*, v. 14, n. 1, p. 6-23, 1986.

MINISTÉRIO DOS DIREITOS HUMANOS E DA CIDADANIA. População em situação de rua: diagnóstico com base nos dados e informações disponíveis em registro administrativo e sistemas do Governo Federal. Brasília, 2023. Disponível em file:///Users/alinesouza.martins/Documents/Biblioteca/Pop%20Rua/relat_pop_rua_digital.pdf. Acesso em: 31 jan. 2024.

NOGUEIRA, T. S. "A canção de si: a música como instrumento de intervenção na clínica do traumático". *Revista Latinoamericana de Psicopatologia Fundamental*, São Paulo, v. 24, n. 2, p. 460-75, jun. 2021.

OLIVEIRA, P. S. *Introdução à sociologia*. São Paulo: Ática, 2001.

SAWAIA, B. B. "Comunidade como ética e estética da existência.: uma reflexão mediada pelo conceito de identidade". *Revista Psykhe*, São Paulo, v. 8, n. 1, p. 19-25, 1999.

SAWAIA, B. B. (org.). *As artimanhas da exclusão: uma análise ético-psicossocial da desigualdade*. Petrópolis: Vozes, 1999.

Souza, V. L. T.; Dugnani, L. A. C.; Reis, E. C. G. "Psicologia da Arte: fundamentos e práticas para uma ação transformadora". *Estudos de Psicologia*, Campinas, v. 35, n. 4, p. 375-88, 2018. https://doi.org/10.1590/1982-02752018000400005.

Vacheret, C.; Gimenez, G.; Abud, C. C. "Como pensar a sinergia entre o grupo e o objeto mediador?" *Revista Brasileira de Psicanálise*, São Paulo , v. 47, n. 3, p. 156-169, set. 2013. Disponível em: http://pepsic.bvsalud.org/scielo.php?script=sci_arttext&pid=S0486-641X2013000300015&lng=pt&nrm=iso. Acesso em: 1 fev. 2024.

Vigotski, L. S. *Psicologia da arte*. São Paulo: Martins Fontes, 1999. (Originalmente publicado em 1925)

Parte IV

OUTRAS EXPERIÊNCIAS

15 ELAS CUIDAM: GRUPO DE APOIO PSICOLÓGICO A TRABALHADORAS DOMÉSTICAS

MARIANA LUZIA ARON
BARBARA NASCIMENTO ROSSETTO
BEATRIZ GUARDINO CHOHFI
THAINARA DA ROCHA JARILLO

Introdução

O grupo de apoio psicológico a trabalhadoras domésticas nasceu no contexto da pandemia de Covid-19. Rememoremos que a primeira vítima fatal da Covid-19 foi uma trabalhadora doméstica e que este ofício não pode ser exercido de forma remota, diferentemente de outros que assim foram transformados naquela conjuntura. Estas trabalhadoras tiveram suas rotinas profundamente modificadas pela pandemia: passaram a ser vistas como ameaça de contágio por parte de seus patrões. Pelo uso do transporte público e convívio com suas famílias nucleares, muitas eram impedidas de retornarem às suas casas para minimizar o risco de contaminar os contratantes, alterando sua rotina profissional, pessoal e familiar. Além disso, tantas perderam seus trabalhos por receio de contágio dos contratantes ou mesmo pela queda de renda e desemprego destes. Nesse contexto, o Sindicato das Trabalhadoras Domésticas do estado de São Paulo procurou auxílio junto ao Grupo de Pesquisa em Psicologia Política e Movimentos Sociais da Pontifícia Universidade Católica de São Paulo (PUC-SP). Após algumas conversas com o sindicato, no segundo semestre de 2020, foi ofertada pela primeira vez uma roda de conversa online para trabalhadoras domésticas, como estágio profissionalizante de psicologia comunitária a estudantes do último ano da graduação em Psicologia da Universidade Presbiteriana Mackenzie (UPM), na cidade de São Paulo. Desde então, os encontros acontecem uma vez por semana, excetuando-se as férias e o recesso acadêmico, no período noturno e no formato remoto. A princípio os encontros aconteciam online devido às condições sanitárias; posteriormente, optou-se por manter esse formato para não excluir algumas participantes, dado que o tempo e o custo de deslocamento poderiam ser impedimentos para a participação de mais mulheres.

A "Roda de Conversa com Trabalhadoras Domésticas" (nome inicial da proposta de intervenção junto às trabalhadoras domésticas, posteriormente renomeada como "Elas Cuidam — Grupo de apoio psicológico a trabalhadoras domésticas") faz parte do rol de atividades desenvolvidas pelo Laboratório de Estudos da Violência e Vulnerabilidade Social (LEVV) da Universidade Presbiteriana Mackenzie (UPM), que tem como propósito contribuir para a compreensão do fenômeno da violência e da vulnerabilidade social, bem como com o seu enfrentamento. A princípio iniciou-se o trabalho devido à alta exo posição das trabalhadoras domésticas na pandemia, pois não foi garantido a essa população o direito ao isolamento social. No início, as questões sanitárias eram alarmantes e o projeto parte desse ponto para pensar os atravessamentos sociopolíticos e históricos da população atendida. Na presença da crise sanitária, o trabalho aqui referenciado começou com a criação de um perfil nas redes sociais com o intuito de compartilhar informações e conteúdos psicoeducativos sobre como a psicologia comunitária pode ajudar trabalhadoras e trabalhadores em condições de trabalho precarizadas e desvalorizadas socialmente.

Em 2021, o projeto apropria-se de um novo corpo e torna-se de fato um grupo composto por domésticas para pensar os impactos da pandemia em seu trabalho e, principalmente, em si mesmas. O grupo de apoio psicológico, nesse momento, se organizou para reduzir o sofrimento dessa população, e as oficinas grupais construíram um espaço seguro capaz de acolher as angústias e questões, bem como promover a autonomia das participantes, sob a luz da clínica sócio-histórica.

De 2022 em diante, entende-se que o principal tema a ser articulado está relacionado aos sofrimentos, às violências e aos atravessamentos sociopolíticos e históricos dessa população. Desse modo, a pandemia deixa de ser central nas discussões grupais. Nesse momento de transformação, o nome do grupo passa a ser "Roda de conversa com trabalhadoras domésticas", pois o grupo de apoio existe para elas e por elas.

Essa iniciativa de estágio específico supervisionado acontece através da plataforma Google Meet. A roda visa construir junto com as trabalhadoras domésticas um espaço em que elas possam compartilhar suas vivências, experiências, reflexões e sentimentos. Assim, parte-se do potencial grupal para acolher e transformar as violências e as situações de vulnerabilidade sociais que essas trabalhadoras enfrentam cotidianamente.

Objetivos

O grupo de apoio psicológico para trabalhadoras domésticas busca construir, a partir das técnicas e práticas de grupo, a conscientização sociopolítica e o protagonismo das participantes. Almeja-se contribuir para o empoderamento dessa população, que se apresenta como ferramenta de enfrentamento da opressão sofrida no cotidiano.

A potência do grupo se dá à medida que o sentimento de pertencimento é estaebelecido, o que é fundamental para a articulação dos objetivos. A grupalidade permite que o processo de conscientização sociopolítica e histórica aconteça dentro do coletivo, além de viabilizar a circulação de informações importantes sobre os direitos trabalhistas dessa população, encorajando, dessa forma, as trabalhadoras no processo de emancipação dos seus contratantes.

Nesse contexto, o grupo não é apenas de acolhimento, mas de fortalecimento da relação entre as participantes. Como consequência, almeja-se a transformação da realidade concreta (Nepomuceno *et al.*, 2008) com maior visibilidade para essa categoria profissional, garantia de direitos e dignidade.

Método

A partir da escuta e do acolhimento terapêutico, as coordenadoras do grupo sugeriram dinâmicas, discussões e reflexões às participantes, com o objetivo de incentivar o protagonismo na fala de uma população histórica, social e culturalmente oprimida. O espaço criado por e para essas mulheres fomenta a construção de autonomia, protagonismo e empoderamento. É pelo ato de escutar, discutir, compartilhar experiências e acolher que o grupo se transformou em um espaço seguro de cuidado para as trabalhadoras que ocupam na sociedade, majoritariamente, o papel de cuidadoras e que, em geral, não se sentem autorizadas a transitar em determinados lugares e receber cuidados.

Durante o desenvolvimento do grupo ao longo dos semestres, diversos métodos foram utilizados. Em alguns encontros a roda de conversa era utilizada como forma de fortalecer o vínculo com as participantes, aumentar a grupalidade e acolher as integrantes. Além disso, por meio do vínculo positivo estabelecido com os estagiários, as mulheres puderam compartilhar suas vivências dolorosas, não se restringindo ao trabalho doméstico.

As rodas de conversa eram alternadas com encontros em que dinâmicas eram propostas pelas próprias participantes. Dessa forma, mesmo que trouxéssemos uma dinâmica para direcionar o encontro, ainda assim mantivemos o protagonismo das trabalhadoras.

Uma das dinâmicas utilizadas foi a "roda da vida", que consiste em mapear as áreas da vida em um círculo, possibilitando a autorreflexão sobre diversos aspectos da vida. O "bazar das emoções" é uma atividade que envolve expor diferentes emoções em uma espécie de "barraca de feira" e visa fortalecer o vínculo intragrupal, criando um espaço de escuta, acolhimento e empatia entre as participantes.

O "curtograma" é outra dinâmica interessante. Nela, as trabalhadoras dividem um papel em quatro quadrantes, cada um com um título específico: "gosto e não faço", “gosto e faço”, “não gosto e faço” e “não gosto e não faço”. A finalidade é fazer que elas reflitam sobre suas ações e desejos. Esse tipo de trabalho em grupo, conforme apontado por Bastos (2010), estimula o aprendizado mútuo e a reflexão sobre si e o outro. O grupo se torna um lugar transformador, onde cada integrante pode crescer e se sentir parte de algo maior.

Outro recurso utilizado foi a “dramatização”, que consiste na encenação de uma situação difícil que as domésticas tivessem vivido em seu ambiente de trabalho. Seu objetivo era promover maior consciência dos fatos ocorridos, pois todo o procedimento de dramatização é:

> Favorecido pelas possibilidades de ampliação da autorregulação do comportamento e dos procedimentos de abstração que o uso dessa técnica coloca, tendo a imaginação, na sua relação essencial com o pensamento e com a linguagem, como função psicológica a ser mediada. (Vigotski *apud* Pinheiro, 2010, p. 3)

Desenvolvimento

Tendo em vista que as trabalhadoras se sentem invisibilizadas no seu cotidiano, o espaço de acolhimento do grupo foi potente no sentido acolhê-las e ouvir suas histórias, construindo, assim, a grupalidade pautada no compartilhamento de vivências semelhantes, marcadas por violências e negações de direitos. Como já apontado anteriormente, o autocuidado dessas mulheres foi muito negligenciado, e o grupo forneceu a possibilidade de uma cuidar da outra. Ademais, gradativamente os recursos audiovisuais, assim como as dinâmicas que estimulavam a participação de todas as integrantes, foram ganhando força, fazendo que o grupo fosse se distanciando do formato de roda de conversa e aproximando-se do de grupo de apoio. Portanto, ao perceber esse movimento, o nome do grupo torna-se “Elas Cuidam — Grupo de apoio para trabalhadoras domésticas” no segundo semestre de 2023.

Analisando o perfil das integrantes, é possível perceber um certo padrão entre elas: mulheres, em sua maioria pretas, vindas de famílias mais pobres e majoritariamente nordestinas. Das participantes desse projeto, a maioria é alfabetizada, porém não é a realidade da maior parte das trabalhadoras domésticas no Brasil. Por si só, quando pensamos em mulheres trabalhadoras, já ocorre de pensarmos em trabalhos constituídos por atividades precárias e informais, principalmente manuais (Bruschini *apud* Teixeira, 2015). As integrantes exercem funções laborais, como empregada doméstica, diarista e babá, e residem em São Paulo, Barueri, Mogi das Cruzes, Rio de Janeiro e Suzano. As idades variaram entre 35 e 65 anos.

Em relação ao número de estagiários que passaram pelo grupo ao longo desses anos, foram 17 estudantes em formação (15 mulheres e 2 homens). A condução era realizada por dupla ou trio de estagiários e cada um(a) ficou no grupo por pelo menos um ano. Os estagiários são, portanto, figuras passageiras, das quais a cada semestre as trabalhadoras se despedem. Por isso, pontua-se neste espaço de registro como o coletivo sustenta o protagonismo das trabalhadoras, dado que elas são as estruturas centrais e fundamentais do grupo.

Visando compreender a relevância do grupo de apoio psicológico a trabalhadoras domésticas, propõe-se a contextualização histórica do trabalho doméstico no Brasil contemporâneo. Para tanto, faz-se necessário o retorno ao período da escravatura e da divisão sexual do trabalho. Kergoat (*apud* Coutinho *et al.*, 2018) aponta que, embora não sejam imutáveis, as práticas decorrentes da divisão sexual do trabalho resultam de relações sociais de separação e de hierarquização entre os sexos. Além disso, deve-se tomar como pauta não só o trabalho produtivo assalariado, mas também o trabalho reprodutivo, seja no cuidado de suas próprias famílias ou das de outros (Coutinho *et al.*, 2018).

No contexto latino-americano, os serviços domésticos para outras famílias têm origem na escravidão, quando as escravas exerciam as tarefas domésticas na casa de seus senhores, o que caracterizava uma "relação de troca" — isto é, serviços por moradia e alimentação —, mas isentas de remuneração (Teixeira *et al.*, *apud* Coutinho *et al.*, 2018). A partir da abolição da escravatura, o serviço doméstico passa a se tornar a principal forma de ocupação remunerada das ex-escravizadas, mas, mesmo com as reformas trabalhistas organizadas ao longo do tempo, na contemporaneidade:

> [...] a herança escravista fortalece a condição servil das trabalhadoras domésticas, pois a natureza da atividade, reforçada em função do contexto privado em que acontece, implica a disponibilidade permanente para resolver as vontades e emergências não só de uma pessoa, mas de famílias inteiras com seus próprios ritmos, valores e hábitos. (Soratto *et al.*, *apud* Coutinho *et al.*, 2018, p. 89)

Atualmente, mesmo com a consolidação da PEC 72/13, regulamentada em 2015 (Brasil, 2013), que garante às domésticas os direitos trabalhistas equiparáveis a outras categorias de trabalhadores regidos pela Consolidação das Leis de Trabalho (CLT), as trabalhadoras domésticas ainda se deparam com uma ambivalência marcada pelo "jogo de interações entre sujeitos provenientes de lugares sociais distintos" ao adentrarem o ambiente privado das famílias a quem prestam serviço (Coutinho *et al.*, 2018, p. 90).

Dada a origem do trabalho doméstico no Brasil, considera-se de extrema importância um olhar crítico e questionador sobre a herança do sistema escravocrata nesta forma de trabalho. Neste texto, usa-se o termo "trabalhadoras domésticas", porque o termo "empregada", segundo Santos (*apud*. Teixeira, Saraiva e Carrieri, 2015), refere-se a contextos de falta de reconhecimento profissional e político. Diante da dívida social brasileira, o grupo teve como propósito fomentar a conscientização sociopolítica e o protagonismo das integrantes com a finalidade de empoderá-las.

Dessa forma, os estagiários responsáveis pela condução da roda de conversas com as trabalhadoras domésticas tomaram como objetivo principal, a partir da escuta e do acolhimento fornecidos no âmbito terapêutico, proporcionar atividades, dinâmicas, discussões e reflexões em busca de promover o acesso à saúde mental, à informação, à conscientização política, além de incentivar o protagonismo na fala de uma população histórica, social e culturalmente oprimida. O trabalho doméstico caracteriza-se por ser um ofício do cuidado, mas que tem como contraponto comumente o autocuidado negligenciado, por razões diversas, como ausência de tempo, disposição — pelo cansaço — e recursos financeiros.

Ao longo dos encontros foi possível perceber a formação dos sentimentos de empoderamento e da representatividade. Por exemplo, nos momentos em que uma participante contava algo que tinha acontecido com ela, outras integrantes identificavam vivências parecidas, mas que às vezes relativizavam a violência vivida. "Achei que era coisa da minha cabeça" (sic) e "Achei que estava exagerando" (sic) foram algumas das frases ditas nas rodas, porém, em contato com uma realidade parecida, trouxe para elas a resposta de que era de fato uma situação de injustiça ou de desrespeito.

Além disso, no decorrer das atividades surgiu outro papel no grupo, que foi o de informar essas mulheres, pois não é possível separar o indivíduo da posição que ele ocupa e de seus papéis na sociedade. Assim, os mediadores passaram a armá-las de conhecimentos e ferramentas para que consigam defender-se e exigir seus direitos.

Cabe ressaltar que a função laboral exercida por essas mulheres promove o cuidado, contudo nota-se no decorrer dos encontros semanais como é difícil para as participantes transitarem do papel de quem cuida para o papel de quem é cuidada. Cuidam da casa dos patrões, cuidam dos filhos dos patrões e, quando não estão no local de trabalho, cuidam dos seus lares e das suas famílias, sempre imersas em diversas tarefas, o que gera a negligência do autocuidado.

Diversos temas foram elaborados durante as sessões, sempre buscando abordar assuntos do interesse das trabalhadoras, e que pudessem ampliar as formas de cuidado, protagonismo, empoderamento, conscientização, autoconhecimento, representatividade, grupalidade e humilhação social. Nesse sentido, algumas temáticas emergem com força, trazendo à tona questões essenciais para as trabalhadoras domésticas.

A dinâmica da dramatização tinha como proposta expor situações de desrespeito ou injustiça. No entanto, as integrantes do grupo apresentaram situações engraçadas em vez disso, o que não atingiu o objetivo principal. A reflexão permitiu que as trabalhadoras domésticas pensassem em outras maneiras de se protegerem das injustiças. Além disso, mesmo que a dinâmica não tenha ocorrido como planejado, notou-se que a encenação fortaleceu o vínculo do grupo. Entende-se que na psicologia comunitária o método deve ser fundamentado na "facilitação do modo de vida comunitária" (Góis, *apud* Pinheiro, 2010, p. 1); sendo assim, é essencial lembrar para quem são feitas as rodas de conversa e mediar os encontros de maneira acolhedora e satisfatória para os integrantes.

A voz das trabalhadoras domésticas ganha destaque quando se reconhecem como protagonistas de suas próprias histórias. O empoderamento surge quando elas se apropriam de seus direitos, reivindicam dignidade e se tornam agentes de mudança. Como disparadora dessa temática, utilizamos a figura inspiradora de Preta Rara, que, com sua luta pela valorização da cultura negra e pelo acesso à educação, nos lembra da importância da conscientização. Conhecer seus direitos e entender o contexto social é fundamental para a emancipação dessas mulheres.

A humilhação social enfrentada por elas é uma realidade dolorosa. Muitas vezes, são vistas como invisíveis, relegadas a papéis secundários. No entanto, a conscientização e a luta coletiva podem romper essas barreiras. Para discutir esse tema, trouxemos cenas do filme *Que horas ela volta?*, que nos lembra da complexidade das relações familiares. As trabalhadoras domésticas são parte da família, mas também estão à margem. Como equilibrar essa dualidade? Como promover respeito e igualdade? Além disso, trouxemos trechos do episódio "Falas Femininas" da plataforma Globoplay.

A palestra sobre direitos trabalhistas foi um marco. Essa troca de conhecimento permitiu que as trabalhadoras se protejam contra a exploração ou as violações. Afinal, o Brasil, historicamente, carece de cumprimento de leis, e a conversa com uma advogada trabalhista ajudou a elucidar muitas questões das trabalhadoras, munindo-as com informações sobre seus direitos. Alguns dos temas foram a legislação da "PEC das domésticas", as vantagens e desvantagens de ser MEI (Microempreendedor Individual) e questões relacionadas ao INSS (Instituto Nacional do Seguro Social). Dado o histórico de não cumprimento de leis no Brasil, conscientizar essa classe trabalhadora é fundamental para promover autonomia, protagonismo e empoderamento no contexto social brasileiro.

Texeira *et al.* (2015) afirmam que a existência de mulheres ainda exercendo o trabalho doméstico faz que fomente os modelos familiares tradicionais, uma vez que, apesar de ser remunerado, ele consiste em afazeres do lares e, muitas vezes, cuidados com os filhos dos patrões. Porém, segundo o IBGE (2010, *apud* Teixeira *et al.*, 2015), 39% das famílias brasileiras são chefiadas por mulheres, apesar de continuarem exercendo em sua grande maioria dois turnos de trabalho, sendo o segundo dentro de suas próprias casas, o que é possível perceber quando comparamos com as mulheres que frequentam as rodas de conversa.

Considerações

No decurso dos encontros semanais, destacaram-se alguns desafios enfrentados pelo grupo, como o cansaço das trabalhadoras domésticas devido às jornadas de trabalho, as longas viagens no transporte público e os cuidados com os seus próprios lares e familiares. O acesso à internet também foi uma questão adversa, pois algumas integrantes tinham dificuldades com a tecnologia, além de ser recorrente a queda da conexão das participantes durante o encontro.

Cabe neste espaço pensar a ambiguidade enfrentada sobre os encontros remotos. Essa modalidade se manteve após o momento de crise sanitária, a fim de atingir um número maior de participantes, garantindo o espaço de cuidado às integrantes de outras cidades e estados, visto que o serviço dessa instituição privada é em uma região central da cidade de São Paulo. Contudo, as integrantes do grupo moram em regiões periféricas, o que as faz enfrentar uma longa jornada de volta para casa após um dia exaustivo de trabalho.

Destaca-se, entre as adversidades, o caso de uma das participantes que dormia na casa dos patrões, o que era uma questão para ela participar dos encontros quando os patrões estavam em casa. Muitas vezes, ela apenas ouvia a discussão e fazia falas pontuais com medo de eles a escutarem. Outras participantes não conseguiam chegar em casa a tempo, então participavam do transporte público, o que também implicava uma menor participação, pois ficavam mais quietas e receosas de falar.

Os desafios apareceram para os mediadores à medida que não conseguiram interromper as participantes, pois na roda de conversa emergiram histórias singulares, majoritariamente atravessadas por violências e sofrimento, que tomavam um tempo considerável do encontro, evitando que a palavra circulasse pela roda para que todas tivessem a oportunidade de ser escutadas. Outro desafio que merece ser destacado é a dificuldade para que o convite à participação, enviado por mensagem de aplicativo, chegasse efetivamente às trabalhadoras, pois o comunicado, mais comumente, circula apenas entre os pares das proponentes da atividade.

Por fim, dado o pioneirismo do projeto, os estagiários se depararam com a escassez de teoria, manejo e prática na execução do trabalho de apoio psicológico às trabalhadoras domésticas, o que implica a escrita deste capítulo, cujo intuito é difundir essa experiência para outros espaços. A atuação do "Elas Cuidam" é política e promove a politização do grupo, por meio das discussões, dinâmicas, debates e das próprias trabalhadoras, que já apresentam um discurso politizado. O grupo se torna potente à medida que se estabelece o sentimento de grupalidade entre as participantes e a circulação de afetos e saberes.

O estudo "Praticando a equidade: estratégias de efetivação de direitos no trabalho doméstico", escrito por Louisa Acciari e Tatiane Pinto em 2020, indica "a magnitude do significado da legislação". Na pesquisa realizada foi possível identificar o uso da legislação como "[...] uma ferramenta, um instrumento para negociar melhores condições de trabalho e estabelecer um limite entre o que elas consideram justo ou injusto" (Acciari e Pinto, 2020, p. 77-78), como no caso de uma das participantes que se posicionou diante da exploração dos patrões e cobrou deles os seus direitos, como adicional noturno, horas extras trabalhadas e férias remuneradas.

Em suma, nota-se que as trabalhadoras domésticas têm articulado estratégias para enfrentar, contestar e lutar contra as relações de trabalho opressivas e exploratórias, mesmo que não estejam organizadas formalmente, pautando-se e usando da legislação para reivindicar e contestar a exploração por parte dos empregadores (Acciari e Pinto, 2020, p. 79).

Referências

Acciari, L.; Pinto, T. "Praticando a equidade: estratégias de efetivação de direitos no trabalho doméstico". *Estudos Avançados*, v. 34, n. 98, p. 73-90, jan. 2020.

Bastos, A. B. B. I. "A técnica de grupos-operativos à luz de Pichon-Rivière e Henri Wallon". *Revista Psicólogo Informação*, São Paulo, v. 14, n. 14, p. 160-69, out. 2010. Disponível em: http://pepsic.bvsalud.org/scielo.php?script=sci_arttext&pid=S1415-88092010000100010&lng=pt&nrm=iso. Acesso em: 2 abr. 2023.

Brasil. Constituição (1988). Emenda constitucional nº 72, de 2 de abril de 2013. Brasília, DF: Presidência da República, 2013. Disponível em: http://www.planalto.gov.br/ccivil_03/constituicao/emendas/emc/emc72.htm. Acesso em: 3 jun. 2023.

Coutinho, M. C. *et al.* "Trabalhadoras domésticas: trajetórias, vivências e vida cotidiana". *Cadernos de Psicologia Social do Trabalho*, São Paulo, v. 21, n. 1, p. 87-101, jun. 2018. Disponível em: http://pepsic.bvsalud.org/scielo.php?script=sci_arttext&pid=S1516-37172018000100007&lng=pt&nrm=iso. Acesso em: 3 jun. 2023.

Nepomuceno, L. B. *et al.* "Por uma psicologia comunitária como práxis de libertação". *Psico*, Porto Alegre, v. 39, n. 4, p. 456-64, 2008. Disponível em: https://dialnet.unirioja.es/descarga/articulo/5161531.pdf . Acesso em: 15 jul. 2016.

Pinheiro, F. P.; Colaço, V. "Dramatizações e psicologia comunitária: um estudo de processos de mediação simbólica". *Arquivos Brasileiros de Psicologia*, Universidade Federal do Rio de Janeiro, Rio de Janeiro v. 62, n. 2, p. 78-90, 2010. Disponível em: https://www.redalyc.org/pdf/2290/229016553008.pdf. Acesso em: 9 jun. 2023.

Teixeira, J. C.; Saraiva, L. A. S.; Carrieri, A. de P. "Os lugares das empregadas domésticas". *Organizações & Sociedade* [online], v. 22, n. 72, 2015. Disponível em: https://doi.org/10.1590/1984-9230728.

16 GRUPOS NA ABORDAGEM DA PSICOLOGIA ANALÍTICA COM O USO DA TÉCNICA DE *SANDPLAY*: RELATO DE UMA PRÁTICA INOVADORA

ANA LÚCIA RAMOS PANDINI

A Universidade Presbiteriana Mackenzie possui em seu serviço-escola de psicologia uma clínica que conta com uma sala de *sandplay* com duas caixas de areia, sendo uma usada como caixa de areia seca e outra como caixa de areia molhada, bem como dezenas de miniaturas. Essa sala é ampla o suficiente para atendimentos individuais, mas também de pequenos grupos. Pacientes de todas as idades e demandas são atendidos por estagiários sob a supervisão de professores do estágio de psicoterapia na abordagem da psicologia analítica, que se realiza no último ano do curso.

O *sandplay* é uma técnica não verbal, não racional, criada pela psicoterapeuta junguiana suíça Dora Kalf que atinge um nível profundo pré-verbal da psique. Os pacientes criam cenas tridimensionais, cenários ou desenhos abstratos numa caixa de areia, usando areia, água e muitas miniaturas. O equipamento básico consiste numa caixa retangular rasa, com dimensões de 72 x 50 x 7,5cm, com areia até a metade. Durante a realização das cenas, nenhuma interpretação é dada. Ao término da confecção, é pedido que se contemple a imagem que se construiu e que se fale sobre ela (Ammann, 1993; Weinrib, 1993).

Essa técnica proporciona uma regressão criativa e segura por meio do contato com um material lúdico, podendo acessar conflitos intrapsíquicos e, principalmente, potenciais de desenvolvimento da personalidade através de forças criativas arquetípicas, contribuindo para o processo de individuação. O contato com a função transcendente da psique trazida pelos diálogos ego-*self* (arquétipo central) é bastante mobilizado pela técnica do *sandplay*, trazendo a cura — cura aqui no sentido de capacitar o ego para dialogar com as diversas partes da psique sem apresentar fixação em nenhuma destas. Dessa maneira, *insights* são promovidos pelo fazer a cena e contemplá-la, bem como falar sobre ela.

Como professora e supervisora do curso de psicologia do Mackenzie, nas disciplinas de Psicologia Analítica, Teorias e Técnicas de Psicologia Analítica e Modalidades de Trabalhos com Grupos, bem como supervisora de Psicoterapia Breve Analítica e Psicologia da Saúde, sempre me perguntei sobre o potencial do trabalho com grupos com a utilização do *sandplay* e passei a pesquisar e realizar atendimentos com pessoas com demandas em comum, os chamados grupos temáticos, com as minhas estagiárias de psicologia analítica, à época realizando o último ano do curso — hoje já formadas em Psicologia.

Minha ideia de realizar encontros de grupos temáticos com o uso dessa técnica se baseou na minha experiência no trabalho com grupos na abordagem da psicologia analítica e no conceito desenvolvido por Byington de *self* grupal. Esse conceito alicerça boa parte do atendimento de grupos na psicologia junguiana. Sendo o uso do *sandplay* nas psicoterapias uma forma de ampliar o contato do indivíduo com o *self*, por que não utilizá-lo como forma de mobilizar o *self* grupal?

Segundo Byington (1984, p. 10):

> O Self Individual é um sistema de retroalimentação múltipla (*multiple feedback system*) entre a consciência e o Arquétipo Central através de símbolos coordenados intermediariamente por todos os demais arquétipos. Baseado na capacidade inata coordenadora, centralizadora e criativa do Arquétipo Central, descrita por Jung para o Self Individual, estendi o conceito para o grupo, segundo Erich Neumann (1949). Isto me ocorreu após trabalhar muitos anos como psicoterapeuta de grupo e observar que a mesma coordenação criativa que Jung descreveu no inconsciente individual existe também no inconsciente grupal.

Podemos notar, através das palavras de Byington, a importância de trabalhar com o *self* grupal, possibilitando a ativação da criatividade e o desenvolvimento da personalidade em cada membro do grupo.

Sobre a riqueza do trabalho junguiano com grupos, Freitas (2005, p. 61) conta que:

> Em um grupo vivencial, podemos oferecer diferentes linguagens para a expressão dos símbolos, como, por exemplo, desenho, modelagem, palavras, gestualidade, os quais podem encontrar a melhor forma de se apresentar à consciência. Não há regras a priori. Coordenador cuida da manutenção de um campo fértil para a vivência do self grupal, [...] à espera do que emergirá e coloca-se no foco da consciência grupal.

Ainda a respeito do trabalho na abordagem analítica com grupos, Freitas (2005, p. 58) descreve que essa intervenção cria

> [...] um campo interacional específico, no qual se relacionam forças dinâmicas que põem em contato todos os participantes e, simultaneamente, encarregam-se do estabelecimento de uma

coesão tal, que considero possível e pertinente propor os conceitos de consciência grupal, sombra grupal e símbolos grupais. É o campo simbólico constelado que acolhe e conduz ao conceito de self grupal.

Sabemos que a técnica de *sandplay* possibilita amplamente o contato com os símbolos do inconsciente, trazendo a expressão da sombra, da *anima*, do *animus*, dos diversos complexos e das imagens do *self* e das imagens dos diversos arquétipos. Ao se realizarem cenas na caixa de areia, emergem forças intrapsíquicas e potenciais de desenvolvimento ainda não reconhecidos ou não sustentados pela consciência. A partir dessas reflexões, propus a realização de atendimentos grupais com o uso do *sandplay* na clínica psicológica do serviço-escola da UPM.

A seguir, relato da primeira experiência com grupos temáticos através da técnica de *sandplay* realizada em 2015.

Grupo de mulheres com a utilização de *sandplay*

O primeiro grupo realizado foi de mulheres com queixa inicial de dificuldades nos relacionamentos interpessoais (relacionamentos afetivos, familiares, no trabalho). Esse grupo foi escolhido pelo fato de ser a maior demanda existente no serviço-escola naquele ano.

Essas mulheres passaram pela triagem e aguardavam na fila de espera para atendimento em psicoterapia individual. Não havia mais vagas para essa modalidade naquele semestre, então as pacientes foram convidadas a participar de um grupo de mulheres, com a frequência de um encontro semanal, totalizando sete encontros. No semestre seguinte, elas seriam chamadas para a psicoterapia individual, pois continuariam na fila de espera para tal modalidade.

Formou-se, então, um grupo de mulheres com idade compreendida entre 25 e 41 anos, com diferentes níveis socioeconômicos, bem como de escolaridade. Cada encontro teve a duração de uma hora e meia.

O uso do *sandplay* em contexto grupal foi delimitado da seguinte forma: as pacientes escolhiam o tema que queriam trabalhar naquele encontro. A partir disso, exploravam as miniaturas e iam colocando na caixa de areia escolhida (seca ou molhada) as que desejavam utilizar. Usavam o espaço com total liberdade, bem como podiam mexer na posição de miniaturas colocadas por outra participante, mediante o aceite desta. Quando o grupo terminava a cena como um todo, eram estimuladas a falar sobre ela e dizer o que evocava para si. Depois, eram estimuladas a falar sobre a parte da cena que haviam construído na caixa. A seguir, se quisessem, eram estimuladas a falar de partes da cena que haviam sido construídas por outra participante.

Após o término de cada sessão, a cena era fotografada de diversos ângulos, para que, em encontros posteriores, ela fosse apresentada e novamente contemplada. Somente aí eram feitas interpretações pelos coordenadores do grupo e pelas participantes.

O processo grupal

Primeira sessão

Início do processo: apresentações e levantamento da queixa

No primeiro encontro compareceram quatro de cinco pacientes. Após as apresentações destas e das coordenadoras, foi perguntado por que haviam procurado psicoterapia naquele momento. As queixas surgidas no primeiro encontro foram dificuldades no relacionamento familiar, autoestima baixa, imagem corporal negativa, dificuldades com relacionamentos amorosos e conflitos com a carreira profissional.

Foi feito o contrato de trabalho, com a descrição do número total de sessões que seriam realizadas, a periodicidade e a duração de cada uma delas.

As coordenadoras apresentaram o material de *sandplay*, solicitaram às participantes que escolhessem se queriam usar a caixa de areia seca ou molhada e as deixaram explorar as miniaturas. Foi pedido para que fizessem uma cena com o material que quisessem, da forma que quisessem.

A cena realizada foi a imagem a seguir:

Figura 16.1 — Explorando imagens internas.

Fonte: Arquivo pessoal da autora

Nota-se que cada participante fez uma cena própria, isolada das outras.

As pacientes relataram ter trazido imagens que falavam sobre os seguintes temas: relação entre autoestima e relacionamentos amorosos; vontade de se cuidar em vez de ficar exclusivamente cuidando da família; pressão social para ser diferente do que se realmente é; medo de desagradar à família sendo quem realmente gostaria de ser; dificuldade de estar sozinha e de ser bonita para si.

Observou-se que algumas das participantes apresentavam mais dificuldade de se expressar verbalmente, sendo delicadamente estimuladas. Porém, todas quiseram prontamente fazer cenas na areia com as miniaturas e mexeram com prazer nos materiais. Essa atitude demonstra o alcance da atividade não racional para mobilizar o contato com emoções muitas vezes até então inacessíveis para a consciência e ainda não passíveis de verbalização.

Ao final deste encontro, todas relataram ter gostado da experiência.

Segunda sessão

No segundo encontro compareceram todas as cinco participantes.

As coordenadoras solicitaram que elas escolhessem um tema dentro das queixas levantadas no primeiro encontro para ser trabalhado, bem como para realizar as cenas na caixa de areia. O tema escolhido por elas foi: a autoestima.

As participantes construíram imagens separadas, mas que tinham relação entre si. Ao contemplarem a cena como um todo, narraram visualizar um caminho "que todas estamos começando a seguir".

Caminho: gangorra - esqueleto no barco - farol - pote de cristais: "Somos todas iguais e estamos no mesmo barco. Tem um farol que nos guia para onde temos que ir: um pote de cristais, de coisas boas".

Começa a se observar um processo de grupalização, com coesão e sentimento de pertencimento, tão importante às psicoterapias grupais. É importante ressaltar que elas reconheciam as diferenças entre si, nas idades, nos estilos de vida, entre outras, mas percebiam o sofrimento psíquico comum a todas, bem como a necessidade de cuidar de si.

A seguir, a imagem realizada no segundo encontro:

Figura 16.2 — Autoestima.

Fonte: Arquivo pessoal da autora

Terceira sessão

No terceiro encontro, todas as cinco participantes do grupo compareceram. O tema escolhido para ser trabalhado nesta sessão foi: as dificuldades nos relacionamentos interpessoais.

Não houve construção de cena nesta sessão devido aos diálogos terem sido muito fluentes e ricos. É muito frequente, após o uso de *sandplay* na sessão individual, as verbalizações fluírem com naturalidade e riqueza de conteúdo na sessão seguinte. No grupo não foi diferente. Não havia obrigação de uso da técnica em nenhuma das sessões — as pacientes que escolhiam se fariam seu uso ou não.

Os temas que mais se destacaram foram: vontade de se casar, da parte de duas integrantes, e questionamentos sobre permanecer casada ou não, da parte de uma integrante; exigência interna e externa (sociedade) de um romântico final feliz na vida, o que o grupo relatou como um fator de muita pressão para elas; parceiro ideal x parceiro real (qualidades e defeitos); buscar aquilo que falta (realizar diversos papéis na vida ou modificar a forma como vivem certos papéis); padrões e repetições que perceberam ser prejudiciais em sua vida; reconhecimento de que a insatisfação com a conjugalidade era parecida com a insatisfação no relacionamento com mãe e pai — algumas participantes apresentavam crises conjugais, enquanto outras apresentavam sérios conflitos familiares.

Quarta sessão

No quarto encontro, apenas três pacientes estiveram presentes.

O tema escolhido pelo grupo foi a família. Nota-se a estreita ligação com os *insights* surgidos na sessão anterior. A princípio, o grupo não sabia como se posicionar sobre o tema, então, retornaram à caixa de areia. O tema se definiu a partir da imagem surgida. Construíram imagens separadas, mas que tinham relação entre si e, principalmente, com a temática familiar.

A seguir, a cena construída:

Figura 16.3 — Família.

Fonte: Arquivo pessoal da autora

As imagens estavam separadas, mas, após observá-la, as pacientes foram capazes de definir por onde gostariam de começar. Sua escolha pelas participantes fez que ficassem muito mobilizadas, permanecendo certo tempo em silêncio. As coordenadoras, então, pediram uma palavra sobre família: "dor de cabeça". Ao serem solicitadas sobre uma boa recordação com a família: "Não consigo pensar em nenhuma".

As participantes observaram que tinham sentimentos muito parecidos no tocante à relação familiar e que viviam situações muito similares. Começaram, então, a trocar dicas entre si de enfrentamento a esse sofrimento em comum. As falas giraram em torno de "Viver para além da família, além da comunidade, de sua cultura" e "Às vezes a família não é acolhedora, não cumpre a função de família". Todas chegaram à conclusão de que, apesar de ser assim na relação familiar, tudo pode ficar bem na própria vida.

Neste encontro, ficou muito bem expressa a potência do uso do *sandplay* nas sessões grupais. A princípio, as participantes relataram estar sem assunto, então foi proposto fazer a cena sem um tema definido. Disto emergiu uma dor profunda de um tema extremamente complexo para elas. Foi neste encontro que as trocas se aprofundaram mais e foram muito significativas para todas as participantes.

Quinta sessão

O encontro contou com a presença de quatro participantes.

Nesta sessão, o tema escolhido pelo grupo foi: papéis/lugar ocupados no mundo.

Uma das pacientes trouxe uma mudança/conquista que obteve naquela semana e atribuiu esse seu desenvolvimento à experiência vivida no grupo. Ela conseguiu se impor diante das pressões sociais e familiares e havia feito uma escolha a partir de suas necessidades pessoais. O grupo ficou muito animado com o fato de a integrante ter reconhecido o benefício alcançado por participar dos encontros. Surgiram falas a respeito de quais papéis cada uma ocupa nos espaços em que convivem, reflexões sobre se os papéis desempenhados durante a vida e se estes são fixos ou flexíveis.

Desta vez, construíram uma única cena. A construção sempre ocorre de maneira espontânea e as pacientes só perceberam que fizeram uma cena única, sem separações, quando a contemplaram.

Relataram as seguintes interpretações:

- elementos de espiritualidade (imagens arquetípicas), simbolizando transformação e força;
- o menino com os baldes cheios de água simbolizando o peso das coisas e o quanto era preciso equilibrá-los para conseguir seguir: "Esvaziar o balde de vez em quando, como a gente esvazia aqui nesses encontros".

A seguir, a cena realizada neste encontro:

Figura 16.4 — Papel/lugar ocupado no mundo.

Fonte: Arquivo pessoal da autora

Sexta sessão

Nesta sessão, compareceram quatro participantes.

O grupo escolheu a temática mundo real e ideal pensando a partir do encontro anterior. As estagiárias propuseram começar o encontro com o *sandplay*. Após a construção da cena, as participantes retomaram todos os temas trabalhados anteriormente. Foi impressionante como traziam vívido na memória cada momento surgido no grupo.

A cena construída na sexta sessão foi a seguinte:

Figura 16.5 — Mundo real e mundo ideal.

Fonte: Arquivo pessoal da autora

Houve muitas trocas de experiências e ideias surgidas após a contemplação da cena. Chegaram a sintetizar uma imagem: "descer alguns degraus na vida para fazer algo possível e depois tentar subir aos poucos".

Trabalhar as necessidades de realização pessoal foi muito importante para as participantes: "No grupo, a gente tem espaço para falar sobre o que quiser; a gente se sente menos sozinha".

Observou-se um intenso desenvolvimento grupal e de cada participante.

Foi rememorado com elas que a próxima sessão seria a última.

Sétima sessão

Esta foi a sessão de fechamento do processo grupal, e todas as cinco participantes compareceram.

Iniciou-se o encontro com a apresentação das fotos de todas as cenas de *sandplay* realizadas. As coordenadoras solicitaram que as participantes falassem sobre o que viam, o que acharam do grupo, bem como sobre o que perceberam de si mesmas e de suas companheiras de grupo ao longo do processo.

As participantes contemplaram todas as fotos, comentaram sobre as imagens e falaram bastante sobre o desenvolvimento do grupo. Foi feita uma rodada de considerações em relação a cada uma das participantes. Foi um momento de síntese de todo o processo grupal. O tema que mais surgiu foi o desenvolvimento da força intrapsíquica de cada uma devido aos encontros. Todas relataram ter observado profundas transformações em si e em cada membro do grupo.

O encontro contemplou a finalização do processo, e foi dito também que no próximo semestre, após o recesso acadêmico, haveria a disposição de vagas para a psicoterapia individual. Surpreendeu a reação do grupo: apenas uma delas quis ser atendida individualmente, enquanto as outras quatro pediram para que o grupo continuasse sendo atendido no retorno das férias. Foi dito que os encontros seriam realizados com outras estagiárias, pois as coordenadoras estavam se formando, mas mesmo assim as quatro participantes optaram por ter mais um semestre de atendimento juntas.

O trabalho grupal na abordagem da psicologia analítica com o uso do recurso do *sandplay* aqui apresentado possibilitou a narrativa dos temas escolhidos pelo grupo tanto nos diálogos como nas realizações das cenas. Manifestou-se no grupo a capacidade de construir novos olhares sobre os conflitos individuais, proporcionando novas interpretações e elaborações, bem como a construção de olhares a partir do coletivo. O espaço construído coletivamente fortaleceu o desenvolvimento psíquico e o fortalecimento das participantes.

Podemos dizer que o trabalho grupal junto à técnica promoveu o desenvolvimento do processo de individuação tanto no âmbito individual quanto a partir do coletivo. A participação neste grupo proporcionou uma busca constante de coexistência das diferenças e das semelhanças entre as participantes, incentivando o diálogo ego-*self* e, ao mesmo tempo, ampliando a relação com o outro e o grupo.

Cada sessão pode ser compreendida como um ritual em que se proporciona uma regressão criativa, pois a técnica do *sandplay* possibilita um espaço livre e protegido, através de seus aspectos lúdicos, que acessam a dimensão matriarcal da consciência e a psique criativa, não racional, sem o risco de perda de autonomia e massificação. Whitmont (1991) afirma que o *setting* analítico (no trabalho individual ou grupal) deve funcionar como um ritual. Este é um espaço protegido por regras ou normas de funcionamento e se torna um continente para afetos que precisam desse lugar continente para a sua elaboração. O autor ainda nos conta que no ritual a personalidade consciente pode aprender a desidentificar-se dos afetos evocados, ao mesmo tempo que se relaciona com eles. Nas sessões, observou-se esse movimento diversas vezes: quando, ao contemplarem a imagem realizada no *sandplay*, puderam visualizar a expressão de seus conflitos mais profundos, fazendo surgir novos *insights* na consciência. Também ao compartilharem emoções que, segundo elas, nunca tinham falado para ninguém, puderam, através do confronto dos conteúdos da sombra, elaborar dores antes inacessíveis para a consciência.

As pacientes relataram que olhar para as cenas permitiu que elas falassem das angústias com mais facilidade, porque viam seu sofrimento compartilhado com o grupo. As trocas promoveram a desidentificação dos afetos hostis que muitas vezes as paralisavam, porque foram compreendidos como humanos, passíveis de ser expostos e elaborados.

Whitmont (1991) afirma que, dentro da unidade protetora do ritual e do grupo, as forças arquetípicas podem ser integradas e disponibilizadas para as necessidades pessoais e coletivas. Ao afirmar que o *self* fala não só do interior da pessoa, mas também de fora, ele mostra que o trabalho grupal conduzido como um ritual pode levar a um ego novo e diferente, realizado e amadurecido na troca com o grupo. No ritual, explica ele, é possível transformar o padrão dos eventos, por meio da consciência e dos significados que ele traz.

A cena realizada na quinta sessão, quando foram utilizadas várias miniaturas que evocam imagens arquetípicas, demonstra claramente as colocações de Whitmont descritas anteriormente. É interessante notar que a sessão havia começado com o relato de uma paciente que havia conseguido agir de forma mais saudável a respeito de suas escolhas pessoais, diferenciando-se das intensas projeções familiares a que era constantemente submetida. Ela declarou que só conseguiu realizar essa transformação pelo trabalho que vinha sendo feito no grupo. Isso foi festejado pelas participantes, que, ao partirem para a realização da cena em conjunto, acabaram por reconhecer que, sem terem combinado nada — mesmo porque a cena é feita com as participantes totalmente em silêncio —, fizeram uma imagem em que as forças arquetípicas aparecem na somatória das miniaturas escolhidas pelo grupo. Essas forças arquetípicas simbolizadas pela cena foram reconhecidas em cada uma das mulheres como própria, bem como uma potência que pertencia àquele grupo. Foi observado a função do *self* grupal como força de desenvolvimento pessoal e coletivo. A estruturação da consciência a partir das imagens surgidas nas cenas de *sandplay* foi fortemente ativada nesta sessão.

Zinkin (1998) ressalta que no trabalho grupal é possível a preservação das mesmas possibilidades que existem no trabalho individual e determina que, reconhecidas as diferenças, pode-se perceber que há suficientes semelhanças para que a individuação tenha lugar no grupo. Neste grupo, as forças arquetípicas mobilizadas pelo trabalho com *sandplay* foram elaboradas na individualidade. As pacientes relataram que, mesmo tendo histórias de vida tão diferentes, podiam utilizar o conhecimento desenvolvido no grupo para suas próprias questões, seja no âmbito familiar, na conjugalidade ou no mundo das relações de trabalho.

O material aqui apresentado corrobora com o trabalho de Ettin (1993) e Zinkin (1998), bem como com autores brasileiros da psicologia analítica que se utilizam de trabalhos grupais em suas pesquisas e na sua prática clínica, como Faria (2003), Freitas (2005), Pandini (2014) e Parisi (2009), que afirmam ser o trabalho grupal um trabalho emocional profundo e transformador, pois no fluxo e refluxo das dinâmicas coletivas acolhidas no *self* grupal a elaboração pode ocorrer, tanto no que tange ao individual como no que é coletivo. Uma diferenciação se faz importante: a questão do grupo e a questão da massa. A compreensão dos processos grupais desses autores é diametralmente oposta ao funcionamento do que Jung (1995) preconizava a respeito do funcionamento do *self* grupal. Para este último, o *self* grupal é uma expressão coletiva da participação mística, ou seja, refere-se ao rebaixamento da consciência. Ele acreditava que nesse estado de primitividade uma parte (ou um membro do grupo) controla os outros membros. Dessa forma, não haveria ampliações da personalidade consciente dos participantes, pois o contato com os conteúdos do inconsciente do outro produziria apenas identificação projetiva, simbiose e indiferenciação eu-outro. Essa descrição trata, na verdade, de fenômenos de massa e não de grupo. É preciso lembrar que, quando Jung descreve o perigo do rebaixamento da consciência no grupo, ele estava oprimido pelo nazismo que assolava a Europa e observava esse tipo de contaminação psíquica na população que seguia o ditador.

A realização deste grupo comprovou que mesmo um grupo que utiliza o recurso do *sandplay*, técnica que promove um profundo contato com a dimensão matriarcal de consciência, através da regressão criativa trazida pelo contato lúdico com a areia, a água e as miniaturas, tendo sido observado o manejo clínico das intervenções da psicologia analítica, promove o autoconhecimento e o desenvolvimento da personalidade, bem como a ampliação da consciência como um fenômeno individual, ao mesmo tempo grupal e coletivo. Em nenhum momento das sessões o grupo se comportou como massa. A individualidade de cada participante foi respeitada e as trocas emocionais, mesmo as de imagens arquetípicas, não dissolveram as particularidades de cada pessoa — ao contrário, essas trocas ampliaram enormemente os recursos psicológicos e a capacidade de elaboração das demandas de cada uma das participantes, bem como a capacidade de ação diante dos diversos desafios da vida. Foi também observado o desenvolvimento positivo da autoestima dessas mulheres.

A partir dessa primeira experiência, muitos outros grupos temáticos foram atendidos com o uso do *sandplay* sob minha supervisão, no estágio de Psicologia Analítica, tornando-se mais uma categoria de serviços prestados à comunidade no serviço-escola da Universidade Mackenzie.

Quero deixar aqui meu enorme agradecimento à Milena Klinke e Jessica Hage, que conduziram de maneira tão dedicada este grupo de mulheres, realizando uma jornada criativa, transformadora e de qualidade para cada participante.

Referências

AMMANN, R. *A terapia do jogo de areia*. São Paulo: Paulus, 1993.

BYINGTON, C. A. "O conceito de self terapêutico e a interação da transferência defensiva e da transferência criativa no quatérnio transferencial: um estudo da psicopatologia simbólica junguiana". 2010. Trabalho apresentado no VI Curso de Aperfeiçoamento para Psiquiatras do Cone Sul, Clínica Psiquiátrica, Faculdade de Medicina de Montevidéu, out. 1984 [revista em 2010].

ETTIN, M. "The spirit of jungian group psychotherapy: from taboo to totem". *International Journal of Group Psychotherapy*, p. 450-70, 1993.

FARIA, D. L. *O pai possível: conflitos da paternidade contemporânea*. São Paulo: Educ; Fapesp, 2003.

FREITAS, L. V. "Grupos vivenciais sob uma perspectiva junguiana". *Psicologia USP*, v. 16, n. 3, p. 45-69, 2005.

JUNG, C. G. "Psicologia do inconsciente". In: *Obras completas de C. G. Jung* (Vol. VII/1). Petrópolis: Vozes, 1995.

PANDINI, A. L. R. *Metanoia: caminhos para o desenvolvimento no meio da vida*. Tese de doutorado — Instituto de Psicologia da Universidade de São Paulo, 2014.

PARISI, S. *Separação amorosa e individuação feminina: uma abordagem em grupo de mulheres na abordagem da psicologia analítica*. Tese de doutorado — Instituto de Psicologia da Universidade de São Paulo, São Paulo, 2009.

WEINRIB, E. L. *Imagens do self: o processo terapêutico na caixa de areia*. São Paulo: Summus, 1993.

WHITMONT, E. C. *O retorno da deusa*. São Paulo: Summus, 1991.

ZINKIN, L. *Dialogue in the Analytic setting: spoken from the being*. Londres; Filadélfia: Jéssica Kingsley Publ., 1998.

17 "NEM SEMPRE O QUE A GENTE VÊ É O QUE A GENTE É": FOTOLINGUAGEM© E CONVERSAÇÃO COM MULHERES EM SERVIÇO-ESCOLA

ALINE SOUZA MARTINS
DENISE DE MORAES ZUCATO
JULIA CALDAS
CAMILLA MARQUES GRIMALDI

Introdução

Pesquisas mostram que a alta demanda por atendimento psicoterápico no serviços-escola de universidades de psicologia resulta em longas filas de espera, contribuindo para altas taxas de desistência (Cerioni e Herzberg, 2016). O usuário percorre uma longa trajetória entre a busca pelo serviço, a realização dos procedimentos de inscrição e o início efetivo do tratamento, podendo provocar nele um sentimento de desesperança, principalmente em casos de grande sofrimento psíquico e necessidade de atendimento emergencial (Herzberg e Chammas, 2009).

Diante de tal dinâmica, foi proposto à direção de um serviço-escola de psicologia o estabelecimento de um atendimento psicossocial em grupo para mulheres que estavam aguardando na fila de espera. Por um lado, busca-se criar maior agilidade entre a chegada do usuário ao serviço e seu atendimento, contribuindo para a aderência dele ao tratamento. Por outro, dá-se as bases para a formação de uma cultura de atendimento em grupo enquanto dispositivo efetivo de cuidado e saúde mental (Moretto, 2012).

Optou-se por delimitar o público atendido às mulheres, pois a literatura e a prática clínica têm demonstrado que existem especificidades da vivência feminina no que tange ao espaço psíquico e à troca social, uma vez que, ao longo da história, mulheres tiveram suas subjetividades condicionadas a padrões sociais específicos que acabam por gerar, até os dias atuais, rivalidades, padrões de exigências inalcançáveis e falta de autonomia em diversos âmbitos da vida (Souza e Calais, 2019; Balbinotti, 2018).

Além disso, um conceito que pode ser utilizado para compreender melhor as relações femininas na sociedade é a manifestação da hegemonia masculina que se enraíza nas instituições sociais e culturais, moldando as relações de poder e a distribuição desigual de recursos entre os gêneros, chamado por Blackstone e Mclaughlin (2012) de machismo estrutural. Outrossim, esse processo marginaliza as vozes femininas, subestimando suas experiências e perspectivas, o que pode resultar em uma escuta superficial e desatenta. No entanto, as relações grupais desempenham um papel crucial ao proporcionar visibilidade para essas questões; como afirma Opotow (2017), quando as mulheres se unem em grupos e comunidades solidárias, elas podem desafiar as normas de gênero arraigadas e criar espaços onde suas vozes sejam ouvidas e valorizadas. Esses grupos oferecem apoio emocional, validação e empoderamento. O trabalho em grupo pode contribuir para que as mulheres compartilhem suas vivências, encontrando o apoio e acolhimento necessários para a reconstrução de suas identidades e a busca por maior autonomia.

Metodologia: combinação da fotolinguagem© com roda de conversação

O projeto considera a importância do compartilhamento de vivências em comum, considerando os papéis de gênero impostos pela sociedade como geradores de sofrimento a essas mulheres. O objetivo é proporcionar um espaço de escuta e reflexão sobre as vivências femininas e suas especificidades, buscando ampliar e aprofundar o contato das mulheres com sua realidade psíquica, nas dimensões de impulsos, fantasias inconscientes, conflitos, dores e sofrimento.

Foram utilizadas nos encontros, as metodologias de trabalho em grupos com fundamentação psicanalítica, os grupos de mediação com fotolinguagem© e de rodas de conversação (Vacheret, 2008; Miranda *et. al.*, 2006). A primeira consiste em um trabalho grupal com objetos mediadores utilizando um conjunto de dossiês fotográficos padronizados. O objetivo é criar um espaço para que a associação livre em torno da imagem, objeto mediador, possa se desenvolver, e a foto serve de suporte à fala. Os mediadores criam no grupo um anteparo, um facilitador, para os afetos suscitados intrapsiquicamente e que precisam ser comunicados ao conjunto dos participantes para posteriormente serem apropriados pelo sujeito (Vacheret, 2008).

Nesse dispositivo, pode-se abordar temas de diferentes perspectivas, ampliando a percepção de cada participante e oferecendo novas possibilidades de compreensão e transformação. A imagem fotográfica, um tipo de representação anterior à palavra, possibilita o acesso a questões inconscientes que podem ser trabalhadas quando apresentadas ao grupo e acompanhadas de trocas afetivas e experiências do pensar compartilhado, bem como pode pôr em marcha o processo de apropriação, simbolização e integração pelo psiquismo dos afetos antes clivados, dissociados ou recalcados (Vacheret, 2002; Brun, Chouvier e Roussillon, 2013; Roussillon, 2013).

Resumidamente, o processo da fotolinguagem© se constitui de quatro fases. O trabalho começa antes do encontro com o grupo. Primeiramente, os facilitadores escolhem uma pergunta de pesquisa objetiva que será respondida pelo grupo com a escolha de uma dentre cerca de 40 fotos relacionadas ao tema. As fotos podem ser abstratas, de animais, de paisagens, de grupos de pessoas, de pessoas sozinhas, de pedras ou monumentos, de elementos da natureza e de famílias, entre outras. Em um segundo momento, no encontro com o grupo, é apresentada a pergunta para os participantes, que devem, em silêncio, pensar sobre ela enquanto as fotos são dispostas uma ao lado da outra em uma superfície lisa. Em uma terceira etapa, é dito aos participantes que eles devem, em silêncio, observar as fotos e escolher uma, inicialmente apenas com o olhar. Após todos escolherem, eles podem pegar a foto escolhida e levá-la de volta com eles ao regressarem para a roda. Caso a foto seja escolhida por mais de um participante e não esteja disponível na mesa, a pessoa pode voltar para o seu lugar, sem alterar sua escolha, pois a foto estará na roda e ele terá a oportunidade de falar sobre ela no quarto tempo. Quando todos estiverem de volta à roda, o facilitador pergunta quem deseja começar a descrever sobre o que vê. A ideia é que todos escutem com atenção a descrição sem interromper. Ao final, é perguntado pelo facilitador se alguém gostaria de falar mais alguma coisa sobre a foto. Neste momento, todos que tiverem o desejo podem contribuir tanto com aspectos que também veem quanto com interpretações discordantes. Se houver mais alguém que escolheu a foto em questão, essa pessoa deve se manifestar nesse momento. O importante é que seja feito um esforço para que se fale sobre as fotos, e não sobre as pessoas envolvidas na descrição, para que não ocorra uma exposição excessiva dos integrantes. Após todos os integrantes falarem, é encerrado o processo (Vacheret, 2002).

Os facilitadores podem fazer interpretações sobre o processo grupal a partir da retomada posterior da sequência de fotos escolhidas, mas não no momento da fala compartilhada no grupo, uma vez que os próprios facilitadores também participam do jogo como integrantes. Entendemos que esse dispositivo facilita o acesso a conteúdos traumáticos ou inconscientes da constituição da mulher na sociedade ocidental, uma vez que estruturalmente este mundo pode ser vivido como violento e opressor. Simultaneamente, através da brincadeira (Winnicott, 1975) ou do jogo (Roussillon, 2013), o grupo pode se constituir como possibilidade de apoio para que seja possível elaborar, através do compartilhamento, uma narrativa da experiência vivida que ofereça novas possibilidades de significação para essas mulheres.

Entendemos que, após o primeiro momento de constituição de uma rede segura e de um vínculo de confiança entre os facilitadores e o grupo, é possível estabelecer um grupo de conversa. Após as sessões iniciais de fotolinguagem©, que podem variar entre três e cinco a depender das necessidades do dispositivo, o grupo passa a adotar a metodologia de roda de conversa, na qual as participantes são convidadas a trazer as temáticas para serem discutidas. São realizados entre três e quatro encontros de conversação psicanalítica com o objetivo de abrir espaço para a associação livre coletivizada e o trabalho de simbolização dos afetos suscitados. Na última sessão, por mobilizar afetos intensos diante do fim e da despedida, é utilizada novamente a fotolinguagem©, com o objetivo de oferecer maior continência ao grupo.

O método da conversação psicanalítica consiste numa proposta de escuta das falas e assuntos trazidos pelas próprias mulheres do grupo em um ambiente que tem como objetivo a possibilidade de elaboração e testemunho das experiências compartilhadas. Consiste em uma metodologia de intervenção com grupos desenvolvida por Miller *et al.* (2005, p. 15-16), na qual "um significante chama outro significante, não sendo tão importante quem o produz em um momento dado, [...] da qual esperamos um certo efeito de saber". A metodologia prioriza a multiplicidade de significantes sobre o mesmo objeto, localizando os pontos de mal-estar e criando possibilidades para que as máximas da cultura sejam questionadas.

As participantes são convidadas a trazer livremente os temas que querem abordar no encontro, não existindo um direcionamento temático propriamente dito por parte das facilitadoras. As intervenções das facilitadoras visam provocar a surpresa, buscando o sem sentido que existe além do discurso ligado à ficção de cada uma. Essa proposta foi escolhida por possibilitar a associação livre coletivizada (Miranda, Vasconcelos e Santiago, 2022) do grupo, que possui como objetivo propiciar um espaço de escuta, acolhimento e formação de vínculos entre as mulheres, para que assim possam trazer suas próprias reflexões para o grupo de forma totalmente livre.

A hipótese subjacente à combinação das duas metodologias num mesmo dispositivo é que o uso de objetos mediadores, como a fotografia, cria as bases necessárias para a formação inicial dos vínculos intersubjetivos no momento de instauração do grupo, que, uma vez estabelecidos, abrem espaço para a fala sem direcionamento prévio. O início de um trabalho em grupo pode suscitar afetos persecutórios e agressivos que podem muitas vezes impossibilitar sua formação, principalmente em contextos nos quais os participantes estejam em grande sofrimento psíquico ou com falhas na capacidade associativa. Dispositivos com objetos mediadores como a fotolinguagem© proporcionam um espaço percebido como seguro ou menos ameaçador, propício para os primeiros contatos e trocas em grupo. Após a formação dos vínculos de segurança, o grupo se beneficia da possibilidade de abordarem mais diretamente na associação livre as temáticas e experiências que lhes interessam, tendo como suporte o próprio grupo, as facilitadoras e a possibilidade de elaboração.

Formação do grupo de mulheres

A formação do grupo partiu de uma demanda institucional antiga de estabelecimento de dispositivos grupais de atendimento para dar vazão à alta demanda dos usuários, que encontrou eco no desejo de três alunas em estágio de sétimo semestre de criação de um grupo voltado para mulheres. O processo teve seu início com algumas reuniões com o responsável técnico de psicologia do serviço-escola para alinhamento da estratégia de gestão da fila de espera e fluxo de chegada das usuárias ao grupo. Após uma primeira seleção dos prontuários de usuárias que já tinham passado pela triagem e pelo processo de psicodiagnóstico, foram excluídos casos com traços psicóticos, histórico de problemas graves com abuso de substância, em situação de violência doméstica ou em grande desordem psíquica. Em seguida, as usuárias foram contatadas por telefone e e-mail e convidadas a participar do grupo. Nesse momento, foram fornecidas as informações de data, local e frequência dos encontros.

Sessenta e uma usuárias foram contatadas, e cinco demonstraram interesse e confirmaram sua participação no grupo. Considerando a possibilidade de desistências e o número ideal de integrantes, decidiu-se abrir a participação do grupo às alunas. Por se tratar de um grupo de conversa psicossocial, a heterogeneidade pareceu contribuir à profundidade do processo e às possibilidades de criação de vínculos. Nesse momento, as estagiárias foram presencialmente à sala de aula fazer o convite para as alunas, e 18 demonstraram interesse em participar. Após serem contatadas por WhatsApp, oito retornaram o contato e quatro se dispuseram efetivamente a participar do grupo. Do lado das usuárias, das cinco que haviam confirmado, uma veio aos encontros, uma justificou sua ausência e três não justificaram.

Um ponto de atenção que se acredita ter influenciado o processo de formação do grupo é a dificuldade de estabelecer um contato de confiança com as usuárias através de uma ligação telefônica ou por e-mail. Nossa hipótese é a de que grande parte das usuárias, as quais não manifestaram interesse no atendimento em grupo, ou aquelas que faltaram sem se justificar, poderiam ter uma maior receptividade ao dispositivo, caso este fosse apresentado ao final do processo de diagnóstico, durante ao qual um vínculo transferencial já estaria estabelecido.

Descrição do processo grupal

Os atendimentos em grupo foram realizados em nove sessões semanais, no período de 5 de setembro a 7 de novembro de 2022, e conduzidos pelas três estagiárias e supervisionado semanalmente pela professora responsável. Como descrito anteriormente, o dispositivo grupal combinou duas metodologias de trabalho com grupos, a fotolinguagem© e a conversação psicanalítica, divididas da seguinte forma:

Quadro 17.1 — Atividades propostas por semana.

Semana	Atividade proposta
01	Início do grupo **Dinâmica das palavras com sentimentos ou ideias que as participantes gostariam de abordar com o grupo.** Palavras escolhidas: liberdade, angústia, curiosidade, troca, solidão. **Sessão de fotolinguagem©: o que é um grupo para você?** Temas*: sentimento de repressão, movimento, confiança x desconfiança, autismo, estar confortável ou desconfortável na presença do outro. Participantes: 5
02	**Sessão de fotolinguagem©: como você se vê como mulher?** Temas: imposição de expectativas sociais com base no gênero, se sentir amordaçada, padrões estéticos, opressão, machismo, "você pode ser boa, mas nunca demais". Participantes: 5
03	**Sessão de fotolinguagem©: em que momentos você se sente vulnerável? Em que momentos você se sente confiante?** Temas: vulnerabilidade, pobreza, conflitos familiares, demanda real ou imaginada do outro, confiança, possibilidade de se apoiar nos vínculos. Foi solicitado que as participantes trouxesse uma música com as quais se identificassem para conversarmos na semana seguinte. Participantes: 5
04	**Sessão com objeto mediador da música** Apresentação da música solicitada no encontro anterior e discussão sobre os afetos e reflexões suscitadas. Tema: ritmo frenético, autocobrança, religião, transcendência, sexualidade. Participantes: 4
05	**Sessão de fotolinguagem©: o que é se relacionar para você?** Temas: conexão, estar dentro x estar fora, possibilidades, opressão, liberdade. Participantes: 5
06	**Roda de conversa psicanalítica a partir de temas trazidos pelas participantes: o que vocês gostariam de conversar hoje?** Temas: lugar social da mulher, "papo de mulher", conto de fadas, raça, branquitude, visibilidade e invisibilidade, sexualidade e religiosidade. Participantes: 5
07	**Roda de conversa psicanalítica a partir de temas trazidos pelas participantes: o que vocês gostariam de conversar hoje?** Temas: filmes de terror, a "ovelha negra" x "filho prodígio", relação com a família e as expectativas dos pais sobre o futuro das filhas. Participantes: 4
08	**Roda de conversa psicanalítica a partir de temas trazidos pelas participantes: o que vocês gostariam de conversar hoje?** Temas: a morte, a angústia, o ócio e a relação com o tempo livre, personagens criados e performance diante dos pais. Participantes: 5
09	**Sessão de fotolinguagem©: o que foi o grupo para você?** Temas: estar juntas na caminhada, "vamos nos rever?", estar interligadas, troca, vulnerabilidade, seguir em frente, ser tocada pelo outro. Participantes: 5

O fio condutor dessa análise são as mobilizações psíquicas intra e intersubjetivas inerentes à formação e condução do grupo ao longo dos encontros. Nas primeiras sessões, as mulheres participantes estavam no processo de se identificarem e se reconhecerem como um grupo, isto é, estavam tentando formar um vínculo e buscar ideias e vivências em comum que pudessem compartilhar entre si. As perguntas propostas nas sessões de fotolinguagem© abordavam temas relacionados aos afetos suscitados no estar em grupo e na relação com outras mulheres.

No decorrer dos encontros, nota-se que tais identificações conseguiram se constituir, uma vez que as participantes estavam dispostas a trocar suas vivências e a entender/experienciar como elas funcionavam como grupo. Sendo assim, com o desenvolvimento das sessões, utilizando objetos mediadores como dossiês fotográficos e músicas (trazidas por cada uma do grupo em uma das sessões), as mulheres conseguiram demonstrar suas vulnerabilidades e expressar suas emoções. Notou-se que muitos assuntos como sociedade patriarcal, traumas familiares, identidade sexual e formação de personalidade eram trazidos à tona com grande frequência.

Em nenhum momento as participantes se opuseram a realizar as tarefas propostas — pelo contrário, chegaram a elogiá-las. Elas mencionaram repetidas vezes estarem gostando de participar no grupo e de acharem as trocas benéficas. A heterogeneidade entre usuárias e alunas, por se tratar de mulheres de contextos muito distintos, se manteve durante todo o processo grupal. No entanto, pôde-se perceber que elas conseguiram se identificar entre si e formar uma identidade, valorizando o que estavam criando ali em conjunto, a partir da dedicação de um espaço e tempo definidos, sustentados pela presença e pelas intervenções das estagiárias. Houve diversas ocasiões em que uma participante entrava em contato com sua própria história e com as marcas deixadas a partir da escuta de outra participante.

Em relação à demanda observada nos discursos repetidos dos assuntos mencionados anteriormente, percebeu-se que, no decorrer das sessões, as participantes desenvolveram sua capacidade de elaboração. Além disso, a comunicação entre elas foi se tornando mais espontânea e produtiva. Elas conseguiram expor para o grupo suas vulnerabilidades, questionamentos, incômodos, vivências, pontos de vista e reflexões. Assim, considera-se que, de maneira individual e coletiva, elas foram capazes de trabalhar as questões diretamente ligadas ao sofrimento psíquico de cada uma.

Para analisar o processo de formação do grupo, utilizamos o conceito de aparelho psíquico grupal proposto por Kaës (2007), que explicita as tensões inerentes à formação de um grupo e vínculos, e a manutenção do sujeito singular na sua diferença. A vivência de estar em grupo é entendida como uma tensão entre a perda de limites individuais e a criação de um espaço comum e indiferenciado, além da possibilidade de diferenciação entre os espaços individuais e o grupal.

Na primeira sessão, iniciamos o grupo pedindo que as participantes escrevessem em uma folha de papel algum sentimento que as representasse ou o que estavam sentindo no momento e explicassem o porquê da escolha. Essa sessão foi marcada por um sentimento de ansiedade do primeiro encontro com as outras ali presentes. As palavras escolhidas em ordem de apresentação foram: R.: liberdade; M.: angústia; O.: curiosidade; N.: troca; A.: solidão. Em seguida, pediu-se às participantes que escolhessem uma foto para responder à pergunta: "O que é um grupo para você?"

A análise posterior desse primeiro momento do encontro é especialmente rica, pois traz elementos significativos da singularidade e da problemática de cada sujeito, as quais foram trabalhadas ao longo do processo grupal, bem como movimentos importantes dos membros entre si. Pensamos esse início como "a cena de abertura" do grupo, conceito proposto por Wegner (2012) com base nos ensinamentos freudianos para refletir acerca da característica distintiva do primeiro encontro entre analista e paciente, momento no qual os participantes não tiveram qualquer experiência um com o outro. Tal conjuntura é marcada pela intensidade dos afetos, uma "tempestade de emoções" atualizada na situação analítica (Bion *apud* Wegner, 2012), na medida em que analista e paciente estão desprotegidos diante do novo (Wegner, 2012).

R. nos conta sobre a sua escolha da palavra "liberdade" com uma fala sem pausa ou abertura para diálogo com as demais. Ela faz contraponto à forma como foi oprimida ao longo de toda a sua vida pelas pessoas de seu convívio social e, por conta disso, acredita que isso a levou a se tornar uma pessoa opressora também. Isso, juntamente com o tema da possibilidade de se aproximar do outro, ou não, e o nível de agressividade e intrusão presentes no encontro, serão recorrentes ao longo de sua participação no grupo.

M., por sua vez, fala da palavra "angústia", afirmando que se sente angustiada por temer que R. não esteja sendo representada dentro do grupo e que não se enturme e nem se sinta acolhida no decorrer dos encontros. Como mencionado, R. era a usuária do serviço-escola, público para o qual o grupo tinha sido inicialmente criado, mas que, por circunstâncias descritas anteriormente, teve de acolher integrantes estudantes. Essa diferença entre quem é usuária e quem é aluna vai acompanhar todo o processo grupal, algumas vezes trazendo sentimentos de compartilhamento e conexão, como quando R. se reconhece nas falas de A. sobre a escolha da palavra "solidão", e outras trazendo uma certa heterogeneidade mais complexa de lidar.

Essa heterogeneidade servirá para M. projetar sua angústia em torno da presença de outros considerados diferentes, principalmente por ser R. uma pessoa de outra geração. Essa dinâmica ficará mais clara na quarta sessão, quando, na ausência de R., M. consegue trazer para o grupo questões referentes à sua sexualidade que provocavam conflitos entre ela e sua família, que é muito religiosa. As estagiárias discutiram nas reuniões de análise de intertransferência (Vacheret, 2008) que temas relacionados à sexualidade feminina não seriam considerados nas reuniões do grupo.

O. traz a palavra "curiosidade" para exprimir sua preferência por situações em grupo e sua curiosidade com o que é possível criar coletivamente. Ela demonstrou essa mesma curiosidade e abertura para troca e acolhimento de suas vivências internas com as demais participantes.

N. escolhe a palavra "troca". Ela relata sua vontade de estabelecer maior troca com o outro e o compartilhamento de experiências. Em torno de sua foto, ela mostra uma mulher que se vê com a imagem deturpada no espelho, afirmando que "nem sempre o que a gente vê é o que a gente é", alegando que a visão sobre si mesma dependia dos outros.

O tema do conflito no estabelecimento de uma identidade pessoal dentro da dinâmica familiar é recorrente para essas duas participantes no grupo. O. vai nos contar de seus sentimentos de solidão e de não reconhecimento no grupo familiar. Já N., na penúltima sessão, em tom confessional, relata que não tinha como seus pais a verem como uma "ovelha negra" na família, já que criou uma personagem para agradá-los.

Além disso, notou-se que a participante A. possuía muitos problemas para se expressar. Pantuza *et al.* (2019) afirmam que o medo de falar em público representa uma situação social difícil de se enfrentar, o que pode ser considerado uma forma de ansiedade. No decorrer dos encontros, a participante passou a falar mais abertamente sobre esse sentimento, comentando sua repulsa às experiências que fugiam de seu controle. Seguindo, ainda, o raciocínio desses autores, quando o indivíduo sente que o contexto no qual está inserido se torna previsível e significativo, ele está menos predisposto a desenvolver quadros de ansiedade e estresse. Assim, a partir do momento que A. se sentiu confortável para falar sobre seus medos e que o grupo lhe dava a devida atenção, percebeu-se uma diminuição nos sintomas de ansiedade, visto que ela sempre falava por último nas atividades propostas, porém essa dinâmica foi se modificando, e ela se tornou notavelmente mais participativa, trazendo questões sobre sua vida que a colocaram, inclusive, no contexto de vulnerabilidade do qual ela se sentia bastante apreensiva.

Por conseguinte, constatou-se uma conexão entre duas participantes. Na segunda sessão de fotolinguagem©, A. relatou que não sabia responder à pergunta "como você se vê como mulher?", pois não sabia quem ela era. A. criava personagens para se adequar às pessoas a sua volta e acabou se perdendo no meio disso. R. falou que se sentia exatamente assim.

Em análise a posteriori, observou-se também a emergência de temas que atravessam a vivência feminina e as possibilidades de ocupação de espaços de troca social, como o sentimento de se sentir reprimida no seu potencial expressivo e de não ser ouvida pelas pessoas ao redor, a sensação de que a mulher deve ser muito boa, mas não a ponto de ultrapassar e se sobressair diante dos homens, a vivência do corpo feminino como objeto passível de ser atacado pelo outro e de se ter que moldá-lo para agradar ao outro, e a (im)possibilidade de se criar um laço social e de vínculo com outras mulheres num imaginário social onde "mulheres competem entre si para atrair o melhor homem".

A partir do sexto encontro, em que se estabeleceu a utilização da conversação psicanalítica, nota-se uma mudança interessante no que diz respeito à elaboração das participantes sobre temas que já haviam sido expostos, de uma maneira projetiva em relação às fotos. Dito de outro modo, no método da fotolinguagem©, por mais que as participantes estivessem falando sobre si o tempo todo, a possibilidade de se voltar à foto era sempre possível, muitas vezes barrando uma análise inconsciente de que no fundo elas não estariam apenas falando da foto, mas, sim, sobre si mesmas. Esse processo foi essencial para o estabelecimento do vínculo e para a criação de um ambiente seguro, além da identidade do próprio grupo, que era claramente transposta no processo, principalmente na ordem na qual as fotos eram faladas e os temas eram consequentemente expostos. Pode-se dizer que foi o "caminhar" do grupo se formando. A partir da mudança para a roda de conversa, temas como o papel social da mulher em intersecção com as referências a que elas são expostas desde a infância, que reforçam esse papel, foram muito discutidos. Além disso, um denso debate a respeito de raça, classe e colonização também perpassou bastante o grupo, o que elucida o processo de sua elaboração. Elas não mais falam sobre as fotos, mas sobre si mesmas, em relatos de histórias pessoais e de suas famílias.

De início, considera-se que houve uma certa resistência em relação à mudança de método, o que não é incomum, já que a associação livre abre portas que até então não haviam sido abertas de uma maneira consciente, tendo como objetivo "[...] extrair do minério bruto das associações intencionais o metal puro dos pensamentos recalcados" (Freud, 1987, p. 235). Esse processo, na maioria das vezes, não é muito confortável. Por isso, considera-se a importância da fotolinguagem© como método de início do processo de formação do grupo, contribuindo para a diminuição das resistências.

Uma das alunas, M., trouxe ao grupo no segundo encontro uma foto de uma maçã na árvore. Ela falou sobre essa maçã ser intocada, pois "não há interferência humana" na foto, estava apenas existindo em meio à natureza. Alegou ser uma maçã pura. Em contrapartida, ao final do processo, em que foi realizada a última sessão de fotolinguagem©, a aluna trouxe uma foto de um copo que continha uma bebida e várias cerejas espetadas por agulhas metálicas. É uma simbolização do processo grupal, daquilo que nos atravessa, que nos toca, que nos faz sentir. O objeto fruta é o mesmo, e, no começo, essa fruta não havia perpassado pelo processo do grupo, pelos atravessamentos que ele proporciona em sua dimensão pessoal. Já ao final, esse mesmo objeto se torna "espetado", havendo agora uma interferência humana, aquilo que a experiência com o outro pode proporcionar.

Discussão da importância de grupos para mulheres

Assim, o processo permitiu que compreendêssemos o dispositivo grupal como a construção de um espaço de escuta aberta para gerar acolhimento, trocas de experiências e possível formação de vínculos, para que as mulheres se sintam ouvidas e amparadas de acordo com suas demandas. O grupo é um fenômeno que permite a coexistência da noção de individualidade na realidade psíquica das participantes. Ao mesmo tempo, essa noção é ameaçada, já que há uma perda dos limites individuais para o próprio grupo, e este, como um organismo vivo único, passa a ser constituído por todos os sujeitos pertencentes. Partindo dessa lógica, entende-se que o grupo dispara funções, diálogos, desejos e deslocamentos que são próprios dele mesmo, porém a maneira como esses fenômenos se distribuem só se institui a partir do momento em que cada indivíduo, em sua singularidade, passa a atuar dentro dele.

Entende-se nos fenômenos grupais, que utilizam a psicanálise como epistemologia, que os sujeitos ali postos adquirem funções no grupo, as quais são instituídas de maneira inconsciente. Nada no grupo pode ser considerado aleatório, uma vez que uma ação aciona outra, uma fala dispara outra e assim sucessivamente, numa cadeia de significantes que permite o movimento orgânico do grupo, tal como propõe a associação livre, sem que se torne uma massa sem sentido.

Como coloca Freud (1976, p. 91), em sua obra *Psicologia das massas e análise do eu:*

> É verdade que a psicologia individual relaciona-se como o homem tomado individualmente e explora os caminhos pelos quais ele busca encontrar satisfação para seus impulsos instintuais; contudo, apenas raramente e sob certas condições excepcionais, a psicologia individual se acha em posição de desprezar as relações desse indivíduo com os outros. Algo mais está invariavelmente envolvido na vida mental do indivíduo, como um modelo, um objeto, um auxiliar, um oponente, de maneira que, desde o começo, a psicologia individual, nesse sentido ampliado mas inteiramente justificável das palavras, é, ao mesmo tempo, também psicologia social.

Partindo de seu escrito, é possível compreender que, mesmo inserido dentro de um grupo, o fenômeno analítico atinge as camadas individuais do sujeito, cumprindo assim com seu objetivo principal que é a superação do sintoma e o direcionamento para a cura através da associação livre. As integrantes, considerando as funções que ocupam de maneira inconsciente, tornam-se disparadoras entre si a partir de suas falas, permitindo que a associação aconteça entre todas, possibilitando novos caminhos e discursos. A realidade psíquica de cada indivíduo é constituída por meio da relação com outros, e principalmente daquilo que lhe foi introjetado nas primeiras experiências do desenvolvimento, como a psicanálise se propõe a revelar. Sendo assim, podemos considerar que o conceito de uma psicologia individual desvinculada da importância dos fenômenos de grupo é alienante.

Pensar a subjetividade da mulher em um mundo constituído pelo molde do patriarcado e do machismo estrutural é uma tarefa árdua, justamente pelas marcas deixadas ao longo do seu processo de construção. São vivências atravessadas por traumas, violências e inseguranças, em que mulheres são castradas de sua liberdade ao interagir com o mundo. Lidar com esses conteúdos recalcados se constitui como um dos objetivos da formação do grupo com mulheres. Este pode ser considerado o ponto de partida, que é mediado pela fotografia, considerando o curto período de duração do processo grupal. Em segundo plano, a fala das participantes é o principal recurso de elaboração. Sendo assim, o espaço seguro se faz necessário para que todas consigam se sentir confortáveis para se engajarem no processo.

Considerações finais

Considera-se que o processo grupal proporcionou às participantes um ambiente seguro para compartilharem suas vivências, vulnerabilidades, sentimentos e questionamentos. A utilização do objeto mediador nas sessões iniciais permitiu a elas falarem de si e de suas questões ao falarem da fotografia. Este movimento deu o suporte necessário para que elas se identificassem entre si e pudessem criar as bases comuns para a formação do grupo. Uma vez estabelecida esta vinculação, foi possível introduzir a metodologia da conversação psicanalítica, na qual elas próprias trazem os temas que gostariam de abordar, sem que esse movimento fosse vivido como muito desestabilizador ou persecutório. As participantes se mostraram engajadas no processo grupal ao longo das sessões e foram capazes de se abrir sobre experiências marcantes em sua história. O contato com o grupo permitiu que vozes fossem ouvidas e ressoassem dentro de cada uma e do grupo, criando associações e mobilizando afetos. A dimensão que perpassa o gênero feminino proporcionou uma identificação comum que a princípio foi o que sustentou o grupo, proporcionando uma intensa troca entre as mulheres e espaço que muitas vezes pode fazer falta em outros âmbitos da vida.

Referências

Balbinotti, I. "A violência contra a mulher como expressão do patriarcado e do machismo". *Revista da ESMESC*, v. 25, n. 31, p. 239-64, 2018.

Blackstone, A.; Mclaughlin, H. "Considering divorce: how gender, race, and marital status influence women's divorce-initiation expectations". *Journal of Family Issues*, v. 33, n. 12, p. 1700-21, 2012.

Brun, A.; Chouvier, B.; Roussillon, R. *Manuel des médiations thérapeutiques*. Paris: Dunod, 2013.

Cardoso, P. T.; Silva, C. R.; Ribeiro, F. de C. "Poder, patriarcado e (r)existência: notas sobre uma experiência sensível e crítica entre mulheres na academia". *Interface*, Botucatu, v. 26, 2022.

Cerioni, R. A. N.; Herzberg, E. "Expectativas de pacientes acerca do atendimento psicológico em um serviço-escola: da escuta à adesão". *Psicologia: Ciência e Profissão*, v. 36, n. 3, p. 597-609, 2016.

Freud, S. (1913). "Recordar, repetir e elaborar (Novas recomendações sobre a técnica da psicanálise)". In: *Edição standard brasileira das obras psicológicas completas de Sigmund Freud*, v. XII. Rio de Janeiro: Imago, 1969.

______. (1921). "Psicologia de grupo e análise do ego". In: *Edição standard brasileira das obras completas de Sigmund Freud*, v. XVIII. Rio de Janeiro: Imago, 1976.

______. "Uma breve descrição da psicanálise (1924[1923])". In: Freud, S. *Edição Standard brasileira das obras psicológicas completas de Sigmund Freud*. Rio de Janeiro: Imago, 1987. v. XIX, p. 235-59.

Herzberg, E.; Chammas, D. "Triagem estendida: serviço oferecido por uma clínica-escola de Psicologia". *Paidéia*, v. 19, n. 42, p. 107-14, 2009.

Kaës, R. *Um singular plural: a psicanálise à prova do grupo*. São Paulo: Loyola, 2007.

Miller, J.-A. *et al. La pareja e el amor: conversaciones clinicas com Jacques Alain-Miller em Barcelona*. 1. ed. Buenos Aires: Paidós, 2005, p. 15-20.

Miranda, M.; Vasconcelos, R.; Santiago, A. L. "Pesquisa em psicanálise e educação: a conversação como metodologia de pesquisa". *Scielo Proceedings*, 2006.

Moretto, C. C. "O grupo como estratégia de intervenção em saúde mental da infância e adolescência". *Revista Mental*, v. 10, n. 19, 2012.

Opotow, S. "Moral exclusion and injustice: an introduction". *Social Justice Research*, v. 30, n. 3, p. 195-212, 2017.

Pantuza, J. J. *et al.* "Senso de coerência e o medo de falar em público em universitários". *CoDAS*, set. 2019.

Roussillon, R. "O desamparo e as tentativas de solução para o traumatismo primário". *Revista de Psicanálise*, Porto Alegre, v. 19, n. 2, p. 271-95, ago. 2012.

_____. *Teoria da simbolização: simbolização primária*. Conferência proferida na Reunião Científica "A Psicanálise e a clínica contemporânea — Elasticidade e limite na clínica contemporânea: as relações entre a psicanálise e psicoterapia", 2013.

Site do serviço-escola de psicologia UPM. Disponível em: https://www.mackenzie.br/atendimento-a-comunidade/servico-escola-de-psicologia-mackenzie. Acesso em: 8 nov. 2022.

Souza, M. R. L; Calais, L. B. "Ser mulher: existências e subjetividades marcadas pela lógica patriarcal". *Cadernos de Psicologia*, Juiz de Fora, v. 1, n. 2, p. 714-38, dez. 2019.

Vacheret, C. "Groupes à médiation et processus de liaison". In: Vacheret, Claudine. *et al. Pratiquer les médiation en groupes thérapeutiques*. Paris: Dunod, 2002.

_____. "A fotolinguagem©: um método grupal com perspectiva terapêutica ou formativa". *Psicologia: Teoria e Prática*, São Paulo, v. 10, n. 2, p. 180-91, 2008.

Wegner, P. "Trabalho psicanalítico processualmente orientado na primeira entrevista e a importância da cena de abertura". *Jornal de Psicanálise,* São Paulo, v. 45, n. 82, 2012.

Winnicott, D. W. *O brincar e a realidade.* Trad. J. Salomão. Rio de Janeiro: Imago, 1975.

AUTORAS E AUTORES

Adriana Ricci dos Santos

Psicanalista e psicóloga (Universidade de São Paulo — Ribeirão Preto), mestre em Psicos logia Social pela Universidade de São Paulo (USP). Entre 2021 e 2023, foi docente na graduação em Psicologia e supervisora de estágios nas áreas de práticas psicossociais com grupos e psicologia organizacional e do trabalho na Universidade Presbiteriana Mackenzie (UPM). Coordenou a especialização em Psicologia Organizacional e do Trabalho na mesma instituição, onde atua como professora convidada na pós-graduação. Trabalha com atendimento clínico em psicanálise e orientação profissional e de carreira.

Aline Souza Martins

Psicóloga pela Universidade Federal de Minas Gerais (UFMG). Doutora e mestre em Psicologia Clínica pela Universidade de São Paulo (USP). Estágio no exterior: Birkbeck University of London (2018). Psicanalista e professora de Psicologia da USP. Foi profesa sora na Universidade Presbiteriana Mackenzie (UPM) entre 2019 e 2024. Coordenadora do Laboratório de Psicanálise Sociedade e Política (Psopol-USP) e do Grupo de Estudos, Pesquisas e Escritas Feministas (Gepef). Escreveu e organizou os livros *Por que a guerra? Política e subjetividade de jovens envolvidos na guerra do tráfico de drogas: um ensaio sem resposta* (CRV, 2024) e *Limiares: desafios contemporâneos da psicanálise* (Blucher, 2024).

Allan Henrique Gomes

Professor adjunto na Universidade da Região de Joinville (Univille), lecionando no curso de Psicologia e atuando como docente permanente no Programa de Pós-Graduação em Educação (PPGE-Univille). Doutor em Psicologia pela Universidade Federal de Santa Catarina (UFSC). Integra o Grupo de Pesquisa em Políticas e Práticas para Educação e Infância (GPEI) e coordena o projeto de pesquisa-intervenção Percurso de Formação e Trabalho Docente no campo da Desigualdade Social (Performa/Univille).

Ana Carolina Fávaro de Almeida Costa

Psicóloga pela Universidade Presbiteriana Mackenzie (UPM) e pedagoga pela Pontifícia Universidade Católica de São Paulo (PUC-SP). Estagiou na disciplina de Práticas Psicossociais com Grupos em um centro juvenil da cidade de São Paulo durante o primeiro semestre de 2023.

Ana Lúcia Ramos Pandini

Psicóloga pela Pontifícia Universidade Católica de São Paulo (PUC-SP). Mestre em Psicologia Clínica e doutora em Psicologia do Desenvolvimento Humano pelo Instituto de Psicologia da Universidade de São Paulo (USP). Psicoterapeuta na abordagem junguiana há 38 anos. Foi psicóloga hospitalar no Hospital das Clínicas da FMUSP e na Santa Casa de São Paulo. Professora universitária e supervisora há 27 anos na área de Psicologia Analítica, Psicologia da Saúde e Modalidades de Trabalhos com Grupos no curso de Psicologia, sendo há 17 anos na Universidade Presbiteriana Mackenzie (UPM). Coordenadora de grupos em psicologia analítica com o uso do *sandplay*. Coordenadora do Laboratório de Psicologia Analítica do Laboratório Imaginando Outras Realidades (Lior) na UPM.

Andréia De Conto Garbin

Psicóloga com mestrado e doutorado pela Faculdade de Saúde Pública da Universidade de São Paulo (USP). Professora e supervisora de estágio dos cursos de Psicologia da Universidade Presbiteriana Mackenzie (UPM) e da Pontifícia Universidade Católica de São Paulo (PUC-SP) até 2024. Atuou na Secretaria de Estado da Saúde e nos municípios de Diadema, São Bernardo do Campo, Santo André e São Paulo. Atualmente, é docente da Faculdade de Saúde Pública da Universidade de São Paulo (USP).

Bárbara Nascimento Rossetto

Psicóloga voluntária na Unidade de Psiquiatra Infantil da Universidade Federal de São Paulo (Unifesp). Psicóloga pela Universidade Presbiteriana Mackenzie (UPM). Estagiou na disciplina de Psicologia Comunitária, no "Elas Cuidam — Grupo de Apoio Psicológico a Trabalhadoras Domésticas", na cidade de São Paulo, em 2022 e 2023. Pós-graduanda em Análise do Comportamento aplicado à Infância, Adolescência e Parentalidade no Instituto Par.

Beatriz Fernandes Martin Farias

Psicóloga pela Universidade Presbiteriana Mackenzie (UPM). Estagiou na disciplina de Práticas Psicossociais com Grupos em um Centro para Crianças e Adolescentes, na cidade de São Paulo, durante o primeiro semestre de 2023. Realizou estágios na área de psicologia da saúde em UBS na cidade de São Paulo e na área de psicologia comunitária em um movimento social por moradia. Especializanda no Programa de Residência Multiprofissional em Atenção Primária à Saúde da Secretaria Municipal de Saúde de Santos.

Beatriz Gomes Barbosa

Psicóloga pela Universidade Presbiteriana Mackenzie (UPM). Estagiou na disciplina de Práticas Psicossociais com Grupos em um Centro para Crianças e Adolescentes (CCA), na cidade de São Paulo, durante o primeiro semestre de 2023. Atua como psicóloga clínica de crianças e adolescentes.

Beatriz Guardino Chohfi

Psicóloga pela Universidade Presbiteriana Mackenzie (UPM). Estagiou na disciplina de Psicologia Comunitária no "Elas Cuidam — Grupo de Apoio Psicológico a Trabalhadoras Domésticas", na cidade de São Paulo, durante o segundo semestre de 2022 e o primeiro semestre de 2023. Especializanda em Atenção Psicossocial pelo Centro de Formação de Recursos Humanos para o SUS/SP pelo Centro de Atenção Psicossocial Professor Luís da Rocha Cerqueira. Atua na área da saúde mental desde 2021, como acompanhante terapêutica de crianças, adolescentes e adultos pela Equipe Passos de Acompanhamento de Terapêutico.

Bruna Castiñeiras Lopes

Psicóloga pela Universidade Presbiteriana Mackenzie (UPM). Estagiou na disciplina de Práticas Psicossociais com Grupos em uma escola de educação infantil, na cidade de São Paulo, durante o primeiro semestre de 2023 e, em 2024, na disciplina de Psicologia Escolar em uma escola municipal com um projeto de educação sexual. Estagiou ainda como acompanhante terapêutica em ambiente clínico e escolar e atuou com pesquisa na área da educação no Instituto Ayrton Senna. Atualmente, trabalha como auxiliar no projeto de desenvolvimento socioemocional do Colégio Nossa Senhora do Rosário (SP).

Bruna Suruagy do Amaral Dantas

Psicóloga; mestre e doutora em Psicologia Social pela Pontifícia Universidade Católica de São Paulo (PUC-SP), com estágio de doutoramento na Universidad Complutense de Madrid (Espanha). Professora de Psicologia Social da Universidade Presbiteriana Mackenzie (UPM). Desenvolve pesquisas sobre as relações entre democracia, religião e política, os novos movimentos religiosos e as crises da democracia ocidental.

Camilla Marques Grimaldi

Psicóloga pela Universidade Presbiteriana Mackenzie (UPM). Estagiou na disciplina de Práticas Psicossociais de Grupos em 2022. Tem experiência com intervenções em saúde mental nos contextos da clínica ampliada e da luta antimanicomial. Trabalha como acompanhante terapêutica em ambiente escolar desde 2022. Nos anos de 2023-2024, realizou práticas de cuidado através de oficinas artísticas e convivência no Instituto Casa do Todos, estagiou na área de psicologia comunitária pelo projeto CCA do Dom Bosco e atuou no projeto Fique Vivo — Clínica Social (UPM) atendendo pessoas em situação de rua. Atualmente, atua como psicóloga clínica na modalidade online. Aperfeiçoou-se em Saúde Mental e Atenção Psicossocial de Adolescentes e Jovens na Fundação Oswaldo Cruz (MS).

Carla Belandrino Rusig

Formada em Psicologia pela Universidade Presbiteriana Mackenzie (UPM) e em Direito pela Universidade de São Paulo (USP). Estagiou na disciplina de Práticas Psicossociais com Grupos em organização humanitária, na cidade de São Paulo, durante o segundo semestre de 2021. Psicóloga clínica em consultório particular e psicanalista em formação pelo Departamento de Psicanálise do Instituto Sedes Sapientiae.

Danielle Laina de Godoi Erbolato

Graduada em Psicologia e em Direito pela Universidade Presbiteriana Mackenzie. Tem MBA em Gestão Empresarial pela Fundação Getúlio Vargas (FGV) e cursa especialização em Direitos Humanos pela Universidade Federal de São Paulo (Unifesp). Em sua prática clínica, atende adolescentes e adultos, de forma individual e em grupo. No âmbito social e comunitário, atua em instituições e projetos comprometidos com redução de desigualdades sociais, fortalecimento do protagonismo feminino, promoção da saúde integral e cuidados às pessoas envolvidas com o cuidar.

Denise de Moraes Zucato

Psicóloga pela Universidade Presbiteriana Mackenzie (UPM). Consultora em mudança organizacional formada pelo Tavistock Institute of Human Relations (Londres). Mestre em Sustentabilidade e Gestão de Riscos pelo Institut d'Études Politiques de Paris (Scis ences Po) e bacharel em Relações Internacionais pela Pontifícia Universidade Católica de São Paulo (PUC-SP). Atuou como estagiária da disciplina Práticas Psicossociais com Grupos na UPM e como bolsista de pesquisa no projeto "Avaliação de grupos psicoterapêuticos de mediação para vítimas de violência realizados no Serviço-Escola da UPM", financiado pelo MackPesquisa.

Eliane Regina Pereira

Doutora em Psicologia pela Universidade Federal de Santa Catarina (UFSC), com pós-doutorado em Psicologia Social na Pontifícia Universidade Católica de São Paulo (PUC-SP). Professora do Departamento de Psicologia e do Programa de Pós-Graduação em Psicologia da Universidade Federal de Uberlândia (UFU). Atua na área da psicologia e saúde, com ênfase em psicologia social e nos processos de criação em contextos de saúde.

Evelyn Torres Piconi

Psicóloga pela Universidade Presbiteriana Mackenzie (UPM). Cursou o estágio da disciplina de Práticas Psicossociais com Grupos em organização humanitária, na cidade de São Paulo, durante o segundo semestre de 2021. Psicóloga clínica em consultório particular, com experiência em atendimento de crianças e adolescentes em situação de vulnerabilidade social adquirida em atuação no conselho tutelar.

Giovana Lo Prete Fazan

Psicóloga pela Universidade Presbiteriana Mackenzie (UPM). Estagiou na disciplina de Práticas Psicossociais com Grupos em um Centro para Crianças e Adolescentes, na cidade de São Paulo, durante o primeiro semestre de 2023. Realizou estágios na área de psicologia da saúde no contexto hospitalar e na área de psicologia comunitária em um Centro de Atenção Psicossocial Infantojuvenil (Caps IJ). Atua como educadora em escola infantil e também como psicóloga clínica.

Giovanna Carletti Al Makul

Psicóloga pela Universidade Presbiteriana Mackenzie (UPM). Estagiou na disciplina de Práticas Psicossociais com Grupos no Centro de Desenvolvimento Social e Produtivo de São Paulo (Cedesp), durante o segundo semestre de 2021. Atua na área clínica com foco no atendimento infantil, fundamentado na terapia cognitivo-comportamental (TCC) e em práticas da análise do comportamento aplicada (ABA). Realiza intervenções individualizadas e orientação parental com o objetivo de promover o desenvolvimento emocional, comportamental e social das crianças.

Giovanna de Sousa Riça

Psicóloga pela Universidade Presbiteriana Mackenzie (UPM). Estagiou na disciplina de Práticas Psicossociais com Grupos de Jovens Aprendizes em um centro juvenil, na cidade de São Paulo, durante o primeiro semestre de 2023. Atuou no Projeto Quixote em 2024, com foco em promoção da saúde mental e intervenção comunitária com pré-adolescentes. Atualmente, é psicóloga clínica com abordagem analítico-comportamental, realizando atendimentos individuais com adolescentes e adultos. Integra o Grupo de Estudos e Pesquisa em Comportamento Humano e Sociedade da UPM, dedicando-se às relações entre comportamento, cultura e subjetividade.

Giovanna Seixas Farinassi

Psicóloga pela Universidade Presbiteriana Mackenzie (UPM). Estagiou na disciplina de Práticas Psicossociais com Grupos em um Centro para Crianças e Adolescentes (CCA), na cidade de São Paulo, durante o primeiro semestre de 2023. Atua na área da psicologia organizacional e do trabalho.

Ian Garcia Yamin

Psicólogo pela Universidade Presbiteriana Mackenzie (UPM). Estagiou na disciplina de Práticas Psicossociais com Grupos em um Centro para Crianças e Adolescentes, na cidade de São Paulo, durante o primeiro semestre de 2023.

Isadora Simões de Souza

Psicóloga, mestre em saúde mental pela Faculdade de Ciências Médicas pela Universidade Nova de Lisboa (Portugal). Doutora em psicologia social pela Pontifícia Universidade Católica de São Paulo (PUC-SP). Professora e supervisora de estágio do curso de graduação em Psicologia da Universidade Presbiteriana Mackenzie (UPM) e da residência médica de psiquiatria da Escola Municipal de Saúde de São Paulo.

Joulber Carvalho

Psicólogo pela Universidade Presbiteriana Mackenzie (UPM). Realizou o estágio de Práticas Psicossociais com Grupos no segundo semestre de 2020. Em 2022, produziu a pesquisa de iniciação científica *Para que não se esqueça, para que se (re)conheça, para que nunca mais aconteça: um estudo sobre a importância da memória no enfrentamento ao trauma político*.

Joyce Paiva

Psicóloga pela Universidade Presbiteriana Mackenzie (UPM). Realizou o estágio de Práticas Psicossociais com Grupos no segundo semestre de 2020.

Julia Caldas

Psicóloga pela Universidade Presbiteriana Mackenzie (UPM). Estagiou na disciplina de Práticas Psicossociais com Grupos no Serviço-Escola de Psicologia Mackenzie, na cidade de São Paulo, durante o segundo semestre de 2022.

Lara Silveira Pillon

Psicóloga pela Universidade Presbiteriana Mackenzie (UPM). Estagiou na disciplina de Práticas Psicossociais com Grupos no Centro de Defesa dos Direitos da Criança e do Adolescente (Cedeca), na cidade de São Paulo, durante o primeiro semestre de 2023. Especializanda no curso Saúde Mental e Reforma Psiquiátrica: Clínica e Política na Transformação das Práticas no Instituto Sedes Sapientiae. Trabalhadora do Sistema Único de Assistência Social (Suas), em centro de acolhida para população em situação de rua na cidade de São Paulo.

Luana Matsuda Torres

Psicóloga pela Universidade Presbiteriana Mackenzie (UPM). Estagiou na disciplina de Práticas Psicossociais com Grupos em um Centro para Crianças e Adolescentes (CCA), na cidade de São Paulo, durante o primeiro semestre de 2023.

Lucas Cordon Martines

Psicólogo pela Universidade Presbiteriana Mackenzie (UPM). Foi pesquisador do Programa Institucional Voluntário de Iniciação Científica (Pivic) pela UPM, com projeto intitulado "Concepções e posicionamentos de estudantes de psicologia acerca da internação compulsória de pessoas que realizam uso abusivo de drogas". Foi estagiário de psicologia no Centro de Atenção Multidisciplinar (CAM) da Regional Criminal da Defensoria Pública do Estado de São Paulo. Estagiou na disciplina de Práticas Psicossociais com Grupos em um Centro para Crianças e Adolescentes (CCA), na cidade de São Paulo, durante o primeiro semestre de 2023. Especializando em Saúde Mental e Psicoterapia Psicanalítica pela Universidade Federal de São Paulo (Unifesp).

Luisa de Almeida Prado Arruda Pignalosa

Psicóloga pela Universidade Presbiteriana Mackenzie (UPM). Estagiou na disciplina de Práticas Psicossociais com Grupos em um Centro Juvenil, na cidade de São Paulo, durante o primeiro semestre de 2023. Psicóloga clínica em consultório particular e pós-graduanda em Terapia Cognitivo-Comportamental no Centro de Terapia Cognitiva Veda.

Maria Aparecida Fernandes Martin

Psicóloga pela Universidade Guarulhos. Mestre e doutora em Ciências do Desenvolvimento Humano pela Universidade Presbiteriana Mackenzie (UPM). Psicodramatista pela Associação Brasileira de Psicodrama e Sociodrama (ABPS). Professora/supervisora de estágios de Práticas Psicossociais com Grupos e Psicologia Comunitária do curso de Psicologia no Centro de Ciências Biológicas e da Saúde do Mackenzie (CCBS). Coordenadora do projeto de extensão Fique Vivo — Clínica Social (UPM). Professora/supervisora e presidente da ABPS. Atua principalmente nos seguintes temas: clínica psicológica infantil e de adultos, avaliação psicológica, desenvolvimento humano, psicologia social, educação, grupos clínicos e psicossociais, formação em saúde e psicodrama. Co-organizadora de *Masp, 1970: o psicodrama* (Summus, 2010).

Mariana Bastos Deolindo

Psicóloga pela Universidade Presbiteriana Mackenzie (UPM). Estagiou na disciplina de Práticas Psicossociais com Grupos em organizações humanitárias, na cidade de São Paulo, durante o segundo semestre de 2021. Mestranda no Programa de Pós-Graduação em Psicologia Clínica da Universidade de São Paulo (USP, bolsa Capes). Pesquisadora do Laboratório de Psicanálise, Sociedade e Política com atuação no Grupo Veredas: Psicanálise e Imigração (USP). Atua como psicóloga clínica em consultório particular.

Mariana Luzia Aron

Psicóloga (2000) e mestre em Psicologia Social (2003) pela Pontifícia Universidade Católica de São Paulo (PUC-SP). Professora universitária e supervisora nas áreas de psicologia da saúde e comunitária há 24 anos, sendo há sete anos na Universidade Presbiteriana Mackenzie (UPM). Coordenadora do Projeto Fique Vivo — Clínica Social (UPM).

Mariana de Mello Andreis

Psicóloga pela Universidade Presbiteriana Mackenzie (UPM). Pós-graduanda em Análise do Comportamento Aplicada e Estratégias Naturalistas aplicadas ao autismo e atrasos no desenvolvimento pelo Instituto Singular. Atua como Terapeuta ABA (análise do comportamento aplicada) e acompanhante terapêutica escolar com crianças autistas.

Marina Alves Martins

Psicóloga pela Universidade Presbiteriana Mackenzie (UPM). Pós-graduanda em Análise do Comportamento Aplicada ao Autismo pela Faculdade Metropolitana. Atua como terapeuta ABA (análise do comportamento aplicada) e acompanhante terapêutica escolar com crianças autistas, além de palestrante institucional sobre neurodiversidade e saúde mental.

Michelle Yejin Shim

Psicóloga pela Universidade Presbiteriana Mackenzie (UPM). Pós-graduanda em Análise do Comportamento Aplicada (ABA) a Indivíduos com Transtorno do Espectro do Autismo pela Faculdade Israelita Albert Einstein. Estagiou na disciplina de Práticas Psicossociais com Grupos, em uma escola de educação infantil na cidade de São Paulo, durante o primeiro semestre de 2023, e na disciplina de Orientação Profissional no serviço-escola de psicologia da UPM.

Nataly Santana de Melo

Psicóloga pela Universidade Presbiteriana Mackenzie (UPM). Realizou o estágio de Práticas Psicossociais com Grupos no segundo semestre de 2020. Tornou-se especialista em Saúde Mental pelo Centro de Atenção Psicossocial (Caps) Itapeva.

Nicole Mayumi Nakagawa

Psicóloga pela Universidade Presbiteriana Mackenzie (UPM). Educadora certificada para o ensino de adultos na língua inglesa pela Universidade de Cambridge (Celta). Estagiou na disciplina de Práticas Psicossociais com Grupos em um centro juvenil, na cidade de São Paulo, durante o primeiro semestre de 2023, e nas áreas de psicologia clínica analítico-comportamental e psicologia jurídica no Polo de Prevenção à Violência Doméstica e Sexual do Círculo dos Trabalhadores Cristãos da Vila Prudente, em 2024. Foi pesquisadora no projeto Avaliação de Grupos Psicoterapêuticos de Mulheres Sobreviventes de Violência Doméstica com o Método Fotolinguagem© na UPM. Atualmente, atende como psicóloga clínica na abordagem analítico-comportamental e integra o Grupo de Estudos e Pesquisa em Comportamento Humano e Sociedade da UPM, dedicando-se às relações entre comportamento, ética e políticas públicas.

Raul Alves Barreto Lima

Psicólogo, mestre e doutor em Psicologia Clínica pela Pontifícia Universidade Católica de São Paulo (PUC-SP). Professor no curso de Psicologia da Universidade Presbiteriana Mackenzie (UPM). Coordenador do Grupo de Apoio às Masculinidades para Estudantes de Psicologia (Gamepsi) e do Laboratório Imaginando Outras Realidades (Lior), ambos da UPM.

Robson Jesus Rusche

Psicólogo pela Pontifícia Universidade Católica de São Paulo (PUC-SP). Mestre em Psicologia Escolar e do Desenvolvimento Humano pela Universidade de São Paulo (USP) e doutor em Psicologia Escolar e do Desenvolvimento Humano pela mesma instituição. Foi coordenador de educação e cultura na Fundação de Amparo aos Trabalhadores Presos (Funap) e consultor da Secretaria Municipal de Educação de Guarulhos. Atualmente é professor do curso de Psicologia da Universidade Presbiteriana Mackenzie (UPM). Tem experiência nas áreas de psicologia institucional, grupos e educação, atuando principalmente nos seguintes temas: psicologia social, processos grupais, análise institucional, pedagogia social, psicologia do desenvolvimento humano, teatro e arte-educação.

Sabrina Giaretta Brasil

Psicóloga pela Universidade Presbiteriana Mackenzie. Estagiou na disciplina de Práticas Psicossociais com Grupos em um Centro para Crianças e Adolescentes, na cidade de São Paulo, durante o primeiro semestre de 2023. Realizou estágios na área de psicologia da saúde no Centro de Referência da Diversidade e na área de psicologia comunitária no Centro de Atenção Psicossocial Álcool e Drogas III.

Sara Kissimoto

Psicóloga pela Universidade Presbiteriana Mackenzie (UPM). Estagiou na disciplina de Práticas Psicossociais com Grupos em uma escola de educação infantil, na cidade de São Paulo, durante o primeiro semestre de 2023. Na área da psicologia comunitária estagiou, em 2024, em um Centro Temporário de Acolhimento para homens em situação de vulnerabilidade social.

Susete Figueiredo Bacchereti

Psicóloga pela Universidade Guarulhos, com licenciatura em Pedagogia pela Faculdade de Filosofia Ciências e Letras Nove de Julho, licenciatura e bacharelado em Psicologia pela Universidade Guarulhos e mestrado em Educação pela Universidade Presbiteriana

Mackenzie (UPM). Professora e supervisora de estágio de Psicologia Escolar e Práticas Psicossociais de Grupos da UPM. Tem experiência nas áreas de psicologia escolar, educação, formação de professores e programas de apoio aos discentes.

Thainara da Rocha Jarillo

Psicóloga pela Universidade Presbiteriana Mackenzie (UPM). Estagiária da disciplina de Psicologia Comunitária no "Elas Cuidam — Grupo de Apoio Psicológico a Trabalhadoras Domésticas", na cidade de São Paulo, durante 2023.

Victor Abreu Maskalenka

Psicólogo pela Universidade Presbiteriana Mackenzie (UPM). Estagiou na disciplina de Práticas Psicossociais com Grupos em um Centro para Crianças e Adolescentes, na cidade de São Paulo, durante o primeiro semestre de 2023. Plantonista psicológico na Praça do Acolhimento, que atua com a população do centro de São Paulo.